Frédéric Bastiat

Sophismes économiques

UltraLetters Publishing

UltraLetters

Titre: Sophismes économiques.

Auteur: Frédéric Bastiat.

Première publication: 1845-1848.

Frédéric Bastiat (Bayonne, 30 juin 1801 – Rome, 24 décembre 1850 (à 49 ans de la tuberculose) est un économiste, homme politique et polémiste libéral français. Entré tardivement dans le débat public, il marque la France du milieu du XIXe siècle en prenant part aux débats économiques : il collabore régulièrement au Journal des Économistes et entretient une polémique virulente avec Proudhon. Élu à l'Assemblée, il participe à la vie politique française en votant tantôt avec la gauche, tantôt avec la droite. Il développe une pensée libérale, caractérisée par la défense du libre-échange ou de la concurrence et l'opposition au socialisme et au colonialisme. Il est considéré comme un précurseur de l'école autrichienne d'économie et de l'école des choix publics. (Wikipedia)

ISBN: 978-2-930718-60-6

© 2014 UltraLetters Publishing, Brussels.

Connectez-vous sur www.UltraLetters.com, contact@UltraLetters.com

Table des Matières

Première Série.

(6e édition.)

En économie politique, il y a beaucoup à
apprendre et peu à faire.
(Bentham.)

J'ai cherché, dans ce petit volume, à réfuter quelques-uns des arguments qu'on oppose à l'affranchissement du commerce.

Ce n'est pas un combat que j'engage avec les protectionnistes. C'est un principe que j'essaie de faire pénétrer dans l'esprit des hommes sincères qui hésitent parce qu'ils doutent.

Je ne suis pas de ceux qui disent : La protection s'appuie sur des intérêts. — Je crois qu'elle repose sur des erreurs, ou, si l'on veut, sur des *vérités incomplètes*. Trop de personnes redoutent la liberté pour que cette appréhension ne soit pas sincère.

C'est placer haut mes prétentions, mais je voudrais, je l'avoue, que cet opuscule devînt comme le *manuel* des hommes qui sont appelés à prononcer entre les deux principes. Quand on ne s'est pas familiarisé de longue main avec la doctrine de la liberté, les sophismes de la protection reviennent sans cesse à l'esprit sous une forme ou sous une autre. Pour

---

[1] Si l'auteur eût vécu, il eût probablement publié une troisième série de *Sophismes*. Les principaux éléments de cette publication nous ont semblé préparés dans les colonnes du *Libre-Échange*, et, à la fin du tome II, nous les présentons réunis. (Note de l'éditeur.)

[2] Le petit volume, contenant la première série des *Sophismes économiques*, parut à la fin de 1845. Plusieurs des chapitres qu'il contient avaient été publiés par le *Journal des Économistes*, dans les numéros d'avril, juillet et octobre de la même année. (Note de l'éditeur.)

l'en dégager, il faut à chaque fois un long travail d'analyse, et ce travail, tout le monde n'a pas le temps de le faire; les législateurs moins que personne. C'est pourquoi j'ai essayé de le donner tout fait.

Mais, dira-t-on, les bienfaits de la liberté sont-ils donc si cachés qu'ils ne se montrent qu'aux économistes de profession?

Oui, nous en convenons, nos adversaires dans la discussion ont sur nous un avantage signalé. Ils peuvent en quelques mots, exposer une vérité incomplète; et, pour montrer qu'elle est *incomplète*, il nous faut de longues et arides dissertations.

Cela tient à la nature des choses. La protection réunit sur un point donné le bien qu'elle fait, et infuse dans la masse le mal qu'elle inflige. L'un est sensible à l'œil extérieur, l'autre ne se laisse apercevoir que par l'œil de l'esprit[3]. — C'est précisément le contraire pour la liberté.

Il en est ainsi de presque toutes les questions économiques.

Dites : Voici une machine qui a mis sur le pavé trente ouvriers;

Ou bien : Voici un prodigue qui encourage toutes les industries;

Ou encore : La conquête d'Alger a doublé le commerce de Marseille;

Ou enfin : Le budget assure l'existence de cent mille familles;

Vous serez compris de tous, vos propositions sont claires, simples et vraies en elles-mêmes. Déduisez-en ces principes :

Les machines sont un mal;

Le luxe, les conquêtes, les lourds impôts sont un bien;

Et votre théorie aura d'autant plus de succès que vous pourrez l'appuyer de faits irrécusables.

Mais nous, nous ne pouvons nous en tenir à une cause et à son effet prochain. Nous savons que cet effet même devient cause à son tour. Pour juger une mesure, il faut donc que nous la suivions à travers l'enchaînement des résultats, jusqu'à l'effet définitif. Et, puisqu'il faut lâcher le grand mot, nous sommes réduits à *raisonner*.

---

[3] Cet aperçu a donné plus tard lieu au pamphlet *Ce qu'on voit et ce qu'on ne voit pas*, compris dans le volume suivant. (Note de l'éditeur.)

Mais aussitôt nous voilà assaillis par cette clameur : Vous êtes des théoriciens, des métaphysiciens, des idéologues, des utopistes, des hommes à principes, — et toutes les préventions du public se tournent contre nous.

Que faire donc? invoquer la patience et la bonne foi du lecteur, et jeter dans nos déductions, si nous en sommes capables, une clarté si vive que le vrai et le faux s'y montrent à nu, afin que la victoire, une fois pour toutes, demeure à la restriction ou à la liberté.

J'ai à faire ici une observation essentielle.

Quelques extraits de ce petit volume ont paru dans le *Journal des Économistes*.

Dans une critique, d'ailleurs très-bienveillante, que M. le vicomte de Romanet a publiée (Voir le *Moniteur industriel* des 15 et 18 mai 1845), il suppose que je demande la *suppression des douanes*. M. de Romanet se trompe. Je demande la suppression du régime protecteur. Nous ne refusons pas des taxes au gouvernement; mais nous voudrions, si cela est possible, dissuader les gouvernés de se taxer les uns les autres. Napoléon a dit : « La douane ne doit pas être un instrument fiscal, mais un moyen de protéger l'industrie. » — Nous plaidons le contraire, et nous disons : La douane ne doit pas être aux mains des travailleurs un instrument de rapine réciproque, mais elle peut être une machine fiscale aussi bonne qu'une autre. Nous sommes si loin, ou, pour n'engager que moi dans la lutte, je suis si loin de demander la suppression des douanes, que j'y vois pour l'avenir l'ancre de salut de nos finances. Je les crois susceptibles de procurer au Trésor des recettes immenses, et, s'il faut dire toute ma pensée, à la lenteur que mettent à se répandre les saines doctrines économiques, à la rapidité avec laquelle notre budget s'accroît, je compte plus, pour la réforme commerciale, sur les nécessités du Trésor que sur la force d'une opinion éclairée.

Mais enfin, me dira-t-on, à quoi concluez-vous?

Je n'ai pas besoin de conclure. Je combats des sophismes, voilà tout.

Mais, poursuit-on, il ne suffit pas de détruire, il faut édifier. — Je pense que détruire une erreur, c'est édifier la vérité contraire.

Après cela, je n'ai pas de répugnance à dire quel est mon vœu. Je voudrais que l'opinion fût amenée à sanctionner une loi de douanes conçue à peu près en ces termes :

Les objets de première nécessité paieront un droit ad valorem de...   5%

Les objets de convenance...   10%

Les objets de luxe...   15 ou 20%

Encore ces distinctions sont prises dans un ordre d'idées entièrement étrangères à l'économie politique proprement dite, et je suis loin de les croire aussi utiles et aussi justes

I. ABONDANCE, DISETTE

Qu'est-ce qui vaut mieux pour l'homme et pour la société, l'abondance ou la disette?

Quoi! s'écriera-t-on, cela peut-il faire une question? A-t-on jamais avancé, est-il possible de soutenir que la disette est le fondement du bien-être des hommes?

Oui, cela a été avancé; oui, cela a été soutenu; on le soutient tous les jours, et je ne crains pas de dire que la *théorie de la disette* est de beaucoup la plus populaire. Elle défraie les conversations, les journaux, les livres, la tribune, et, quoique cela puisse paraître extraordinaire, il est certain que l'économie politique aura rempli sa tâche et sa mission pratique quand elle aura vulgarisé et rendu irréfutable cette proposition si simple : « La richesse des hommes, c'est l'abondance des choses. »

N'entend-on pas dire tous les jours : « L'étranger va nous inonder de ses produits? » Donc on redoute l'abondance.

M. de Saint-Cricq n'a-t-il pas dit : « La production surabonde? » Donc il craignait l'abondance.

Les ouvriers ne brisent-ils pas les machines? Donc ils s'effraient de l'excès de la production ou de l'abondance.

M. Bugeaud n'a-t-il pas prononcé ces paroles : « Que le pain soit cher, et l'agriculteur sera riche! » Or, le pain ne peut être cher que parce qu'il est rare; donc M. Bugeaud préconisait la disette.

M. d'Argout ne s'est-il pas fait un argument contre l'industrie sucrière de sa fécondité même? Ne disait-il pas : « La betterave n'a pas d'avenir, et sa culture ne saurait s'étendre, parce qu'il suffirait d'y consacrer quelques hectares par département pour pourvoir à toute la consommation de la France? » Donc, à ses yeux, le bien est dans la stérilité, dans la disette; le mal, dans la fertilité, dans l'abondance.

La *Presse*, le *Commerce* et la plupart des journaux quotidiens ne publient-ils pas un ou plusieurs articles chaque matin pour démontrer aux chambres et au gouvernement qu'il est d'une saine politique d'élever législativement le prix de toutes choses par l'opération des tarifs? Les trois pouvoirs n'obtempèrent-ils pas tous les jours à cette injonction de la presse périodique? Or, les tarifs n'élèvent les prix des choses que parce qu'ils en diminuent la quantité *offerte* sur le marché! Donc les journaux, les Chambres, le ministère, mettent en pratique la théorie de la disette, et j'avais raison de dire que cette théorie est de beaucoup la plus populaire.

Comment est-il arrivé qu'aux yeux des travailleurs, des publicistes, des hommes d'État, l'abondance se soit montrée redoutable et la disette avantageuse? Je me propose de remonter à la source de cette illusion.

On remarque qu'un homme s'enrichit en proportion de ce qu'il tire un meilleur parti de son travail, c'est-à-dire de ce qu'*il vend à plus haut prix*. Il vend à plus haut prix à proportion de la rareté, de la disette du genre de produit qui fait l'objet de son industrie. On en conclut que, quant à lui du moins, la disette l'enrichit. Appliquant successivement ce raisonnement à tous les travailleurs, on en déduit la *théorie de la disette*. De là on passe à l'application, et, afin de favoriser tous les travailleurs, on provoque artificiellement la cherté, la disette de toutes choses par la prohibition, la restriction, la suppression des machines et autres moyens analogues.

Il en est de même de l'abondance. On observe que, quand un produit abonde, il se vend à bas prix : donc le producteur gagne moins. Si tous les producteurs sont dans ce cas, ils sont tous misérables : donc c'est l'abondance qui ruine la société. Et comme toute conviction cherche à se traduire en fait, on voit, dans beaucoup de pays, les lois des hommes lutter contre l'abondance des choses.

Ce sophisme, revêtu d'une forme générale, ferait peut-être peu d'impression; mais appliqué à un ordre particulier de faits, à telle ou telle industrie, à une classe donnée de travailleurs, il est extrêmement spécieux, et cela s'explique. C'est un syllogisme qui n'est pas *faux*, mais *incomplet*. Or, ce qu'il y a de *vrai* dans un syllogisme est toujours et nécessairement présent à l'esprit. Mais *l'incomplet* est une qualité négative, une donnée absente dont il est fort possible et même fort aisé de ne pas tenir compte.

L'homme produit pour consommer. Il est à la fois producteur et consommateur. Le raisonnement que je viens d'établir ne le considère que sous le premier de ces points de vue. Sous le second, il aurait conduit à une conclusion opposée. Ne pourrait-on pas dire, en effet :

Le consommateur est d'autant plus riche qu'il achète toutes choses à meilleur marché; il achète les choses à meilleur marché, en proportion de ce qu'elles abondent, donc l'abondance l'enrichit; et ce raisonnement, étendu à tous les consommateurs, conduirait à la *théorie de l'abondance*!

C'est la notion imparfaitement comprise de *l'échange* qui produit ces illusions. Si nous consultons notre intérêt personnel, nous reconnaissons distinctement qu'il est double. Comme *vendeurs*, nous avons intérêt à la cherté, et par conséquent à la rareté; comme acheteurs, au bon marché, ou, ce qui revient au même, à l'abondance des choses. Nous ne pouvons donc point baser un raisonnement sur l'un ou l'autre de ces intérêts avant d'avoir reconnu lequel des deux coïncide et s'identifie avec l'intérêt général et permanent de l'espèce humaine.

Si l'homme était un animal solitaire, s'il travaillait exclusivement pour lui, s'il consommait directement le fruit de son labeur, en un mot, *s'il n'échangeait pas*, jamais la théorie de la disette n'eût pu s'introduire dans le monde. Il est trop évident que l'abondance lui serait avantageuse, de quelque part qu'elle lui vînt, soit qu'elle fût le résultat de son industrie, d'ingénieux outils, de puissantes machines qu'il aurait inventées, soit qu'il la dût à la fertilité du sol, à la libéralité de la nature, ou même à une mystérieuse *invasion* de produits que le flot aurait apportés du dehors et abandonnés sur le rivage. Jamais l'homme solitaire n'imaginerait, pour donner de l'encouragement, pour assurer un aliment à son propre travail, de briser les instruments qui l'épargnent, de neutraliser la fertilité du sol, de rendre à la mer les biens qu'elle lui aurait apportés. Il comprendrait aisément que le travail n'est pas un but, mais un moyen : qu'il serait absurde de repousser le but, de peur de nuire au moyen. Il comprendrait que, s'il consacre deux heures de la journée à pourvoir à ses besoins, toute circonstance (machine, fertilité, don gratuit, n'importe) qui lui épargne une heure de ce travail, le résultat restant le même, met cette heure à sa disposition, et qu'il peut la consacrer à augmenter son bien-être; il comprendrait, en un mot, qu'*épargne de travail* ce n'est autre chose que *progrès*.

Mais l'*échange* trouble notre vue sur une vérité si simple. Dans l'état social, et avec la séparation des occupations qu'il amène, la production et la consommation d'un objet ne se confondent pas dans le même individu. Chacun est porté à voir dans son travail non plus un moyen, mais un but. L'échange crée, relativement à chaque objet, deux intérêts, celui du producteur et celui du consommateur, et ces deux intérêts sont toujours immédiatement opposés.

Il est essentiel de les analyser et d'en étudier la nature.

Prenons un producteur quel qu'il soit; quel est son intérêt immédiat? Il consiste en ces deux choses, 1° que le plus petit nombre possible de personnes se livrent au même travail que lui; 2° que le plus grand nombre possible de personnes recherchent le produit de ce même travail; ce que l'économie politique explique plus succinctement en ces termes : que l'offre soit très-restreinte et la demande très-étendue; en d'autres termes encore : concurrence limitée, débouchés illimités.

Quel est l'intérêt immédiat du consommateur? Que l'offre du produit dont il s'agit soit étendue et la demande restreinte.

Puisque ces deux intérêts se contredisent, l'un d'eux doit nécessairement coïncider avec l'intérêt social ou général, et l'autre lui est antipathique.

Mais quel est celui que la législation doit favoriser, comme étant l'expression du bien public, si tant est qu'elle en doive favoriser aucun?

Pour le savoir, il suffit de rechercher ce qui arriverait si les désirs secrets des hommes étaient accomplis.

En tant que producteurs, il faut bien en convenir, chacun de nous fait des vœux antisociaux. Sommes-nous vignerons? nous serions peu fâchés qu'il gelât sur toutes les vignes du monde, excepté sur la nôtre : *c'est la théorie de la disette*. Sommes-nous propriétaires de forges? nous désirons qu'il n'y ait sur le marché d'autre fer que celui que nous y apportons, quel que soit le besoin que le public en ait, et précisément pour que ce besoin, vivement senti et imparfaitement satisfait, détermine à nous en donner un haut prix : *c'est encore la théorie de la disette*. Sommes-nous laboureurs? nous disons, avec M. Bugeaud : Que le pain soit cher, c'est-à-dire rare, et les agriculteurs feront bien leurs affaires : *c'est toujours la théorie de la disette.*

Sommes-nous médecins? nous ne pouvons nous empêcher de voir que certaines améliorations physiques, comme l'assainissement du pays, le développement de certaines vertus morales, telles que la modération et la tempérance, le progrès des lumières poussé au point que chacun sût soigner sa propre santé, la découverte de certains remèdes simples et d'une application facile, seraient autant de coups funestes portés à notre profession. En tant que médecins, nos vœux secrets sont antisociaux. Je ne veux pas dire que les médecins forment de tels vœux. J'aime à croire qu'ils accueilleraient avec joie une panacée universelle; mais, dans ce sentiment, ce n'est pas le médecin, c'est l'homme, c'est le chrétien qui se manifeste; il se place, par une noble abnégation de lui-même, au point de vue du consommateur. En tant qu'exerçant une profession, en tant que puisant dans cette profession son bien-être, sa considération et jusqu'aux moyens d'existence de sa famille, il ne se peut pas que ses désirs, ou, si l'on veut, ses intérêts, ne soient antisociaux.

Fabriquons-nous des étoffes de coton? nous désirons les vendre au prix le plus avantageux *pour nous*. Nous consentirions volontiers à ce que toutes les manufactures rivales fussent interdites, et si nous n'osons exprimer publiquement ce vœu ou en poursuivre la réalisation complète avec quelques chances de succès, nous y parvenons pourtant, dans une certaine mesure, par des moyens détournés : par exemple, en excluant les tissus étrangers, afin de diminuer la *quantité offerte*, et de produire ainsi, par l'emploi de la force et à notre profit, la rareté des vêtements.

Nous passerions ainsi toutes les industries en revue, et nous trouverions toujours que les producteurs, en tant que tels, ont des vues antisociales. « Le marchand, dit Montaigne, ne fait bien ses affaires qu'à la débauche de la jeunesse; le laboureur, à la cherté des blés; l'architecte, à la ruine des maisons; les officiers de justice, aux procez et et aux querelles des hommes. L'honneur même et practique des ministres de la religion se tire de nostre mort et de nos vices. Nul médecin ne prend plaisir à la santé de ses amis mêmes, ni soldats à la paix de sa ville; ainsi du reste. »

Il suit de là que, si les vœux secrets de chaque producteur étaient réalisés, le monde rétrograderait rapidement vers la barbarie. La voile proscrirait la vapeur, la rame proscrirait la voile, et devrait bientôt céder les transports au chariot, celui-ci au mulet, et le mulet au porte-balle. La laine exclurait le coton, le coton exclurait la laine, et ainsi de suite, jusqu'à ce que la disette de toutes choses eût fait disparaître l'homme même de dessus la surface du globe.

Supposez pour un moment que la puissance législative et la force publique fussent mises à la disposition du comité Mimerel, et que chacun des membres qui composent cette association eût la faculté de lui faire admettre et sanctionner une petite loi : est-il bien malaisé de deviner à quel code industriel serait soumis le public?

Si nous venons maintenant à considérer l'intérêt immédiat du consommateur, nous trouverons qu'il est en parfaite harmonie avec l'intérêt général, avec ce que réclame le bien-être de l'humanité. Quand l'acheteur se présente sur le marché, il désire le trouver abondamment pourvu. Que les saisons soient propices à toutes les récoltes; que des inventions de plus en plus merveilleuses mettent à sa portée un plus grand nombre de produits et de satisfactions; que le temps et le travail soient épargnés; que les distances s'effacent; que l'esprit de paix et de justice permette de diminuer le poids des taxes; que les barrières de toute nature tombent; en tout cela, l'intérêt immédiat du consommateur suit parallèlement la même ligne que l'intérêt public bien entendu. Il peut pousser ses vœux secrets jusqu'à la chimère, jusqu'à l'absurde, sans que ses vœux cessent d'être humanitaires. Il peut désirer que le vivre et le couvert, le toit et le foyer, l'instruction et la moralité, la sécurité et la paix, la force et la santé s'obtiennent sans efforts, sans travail et sans mesure, comme la poussière des chemins, l'eau du torrent, l'air qui nous environne, la lumière qui nous baigne, sans que la réalisation de tels désirs soit en contradiction avec le bien de la société.

On dira peut-être que, si ces vœux étaient exaucés, l'œuvre du producteur se restreindrait de plus en plus, et finirait par s'arrêter faute d'aliment. Mais pourquoi? Parce que, dans cette supposition extrême, tous les besoins et tous les désirs imaginables seraient complètement satisfaits. L'homme, comme la Toute-Puissance, créerait toutes choses par un seul acte de sa volonté. Veut-on bien me dire, dans cette hypothèse, en quoi la production industrielle serait regrettable?

Je supposais tout à l'heure une assemblée législative composée de travailleurs, dont chaque membre formulerait en loi son *vœu secret*, en tant que producteur; et je disais que le code émané de cette assemblée serait le monopole systématisé, la théorie de la disette mise en pratique.

De même, une Chambre, où chacun consulterait exclusivement son intérêt immédiat de consommateur, aboutirait à systématiser la liberté, la suppression de toutes les mesures restrictives, le renversement de toutes les barrières artificielles, en un mot, à réaliser la théorie de l'abondance.

Il suit de là :

Que consulter exclusivement l'intérêt immédiat de la production, c'est consulter un intérêt antisocial;

Que prendre exclusivement pour base l'intérêt immédiat de la consommation, ce serait prendre pour base l'intérêt général.

Qu'il me soit permis d'insister encore sur ce point de vue, au risque de me répéter.

Un antagonisme radical existe entre le vendeur et l'acheteur[4].

Celui-là désire que l'objet du marché soit rare, peu offert, à un prix élevé.

Celui-ci le souhaite *abondant*, très-offert, à bas prix.

Les lois, qui devraient être au moins neutres, prennent parti pour le vendeur contre l'acheteur, pour le producteur contre le consommateur, pour la cherté contre le bon marché[5], pour la disette contre l'abondance.

Elles agissent sinon intentionnellement, du moins logiquement sur cette donnée : *Une nation est riche quand elle manque de tout.*

---

[4] L'auteur a rectifié les termes de cette proposition dans un ouvrage postérieur. Voir *Harmonies économiques*, chap. xi. (Note de l'éditeur.)

[5] Nous n'avons pas en français un substantif pour exprimer l'idée opposée à celle de *cherté* (cheapness). Il est assez remarquable que l'instinct populaire exprime cette idée par cette périphrase : marché avantageux, *bon marché*. Les prohibitionnistes devraient bien réformer cette locution. Elle implique tout un système économique opposé au leur.

Car elles disent : C'est le producteur qu'il faut favoriser en lui assurant un bon placement de son produit. Pour cela, il faut en élever le prix; pour en élever le prix, il faut en restreindre l'offre; et restreindre l'offre, c'est créer la disette.

Et voyez : je suppose que, dans le monde actuel, où ces lois ont toute leur force, on fasse un inventaire complet, non en valeur, mais en poids, mesures, volumes, quantités, de tous les objets existants en France, propres à satisfaire les besoins et les goûts de ses habitants, blés, viandes, draps, toiles, combustibles, denrées coloniales, etc.

Je suppose encore que l'on renverse le lendemain toutes les barrières qui s'opposent à l'introduction en France des produits étrangers.

Enfin, pour apprécier le résultat de cette réforme, je suppose que l'on procède trois mois après à un nouvel inventaire.

N'est-il pas vrai qu'il se trouvera en France plus de blé, de bestiaux, de drap, de toile, de fer, de houille, de sucre, etc., lors du second qu'à l'époque du premier inventaire?

Cela est si vrai que nos tarifs protecteurs n'ont pas d'autre but que d'empêcher toutes ces choses de parvenir jusqu'à nous, d'en restreindre l'offre, d'en prévenir la dépréciation, l'abondance.

Maintenant, je le demande, le peuple est-il mieux nourri, sous l'empire de nos lois, parce qu'il y a *moins* de pain, de viande et de sucre dans le pays? Est-il mieux vêtu parce qu'il y a *moins* de fils, de toiles et de draps? Est-il mieux chauffé parce qu'il y a *moins* de houille? Est-il mieux aidé dans ses travaux parce qu'il y a *moins* de fer, de cuivre, d'outils, de machines?

Mais, dit-on, si l'étranger nous *inonde* de ses produits, il emportera notre numéraire.

Eh qu'importe? L'homme ne se nourrit pas de numéraire, il ne se vêt pas d'or, il ne se chauffe pas avec de l'argent. Qu'importe qu'il y ait plus ou moins de numéraire dans le pays, s'il y a plus de pain aux buffets, plus de viande aux crochets, plus de linge dans les armoires, et plus de bois dans les bûchers?

Je poserai toujours aux lois restrictives ce dilemme :

Ou vous convenez que vous produisez la disette, ou vous n'en convenez pas.

Si vous en convenez, vous avouerez par cela même que vous faites au peuple tout le mal que vous pouvez lui faire. Si vous n'en convenez pas, alors vous niez avoir restreint l'offre, élevé les prix et, par conséquent, vous niez avoir favorisé le producteur.

Vous êtes funestes ou inefficaces. Vous ne pouvez être utiles[6].

---

[6] L'auteur a traité ce sujet avec plus d'étendue dans le XIe chapitre des *Harmonies économiques*, puis, sous une autre forme, dans l'article Abondance, écrit pour le *Dictionnaire de l'économie politique*, et que nous reproduisons à la fin du 5e volume. (Note de l'éditeur.)

II. Obstacle, cause

L'obstacle pris pour la cause, — la disette prise pour l'abondance, — c'est le même sophisme sous un autre aspect. Il est bon de l'étudier sous toutes ses faces.

L'homme est primitivement dépourvu de tout.

Entre son dénuement et la satisfaction de ses besoins, il existe une multitude d'obstacles que le travail a pour but de surmonter. Il est curieux de rechercher comment et pourquoi ces obstacles mêmes à son bien-être sont devenus, à ses yeux, la cause de son bien-être.

J'ai besoin de me transporter à cent lieues. Mais entre les points de départ et d'arrivée s'interposent des montagnes, des rivières, des marais, des forêts impénétrables, des malfaiteurs, en un mot, des obstacles; et, pour vaincre ces obstacles, il faudra que j'emploie beaucoup d'efforts, ou, ce qui revient au même, que d'autres emploient beaucoup d'efforts, et m'en fassent payer le prix. Il est clair qu'à cet égard j'eusse été dans une condition meilleure si ces obstacles n'eussent pas existé.

Pour traverser la vie et parcourir cette longue série de jours qui sépare le berceau de la tombe, l'homme a besoin de s'assimiler une quantité prodigieuse d'aliments, de se garantir contre l'intempérie des saisons, de se préserver ou de se guérir d'une foule de maux. La faim, la soif, la maladie, le chaud, le froid, sont autant d'obstacles semés sur sa route. Dans l'état d'isolement, il devrait les combattre tous par la chasse, la pêche, la culture, le filage, le tissage, l'architecture, et il est clair qu'il vaudrait mieux pour lui que ces obstacles n'existassent qu'à un moindre degré ou même n'existassent pas du tout. En société, il ne s'attaque pas personnellement à chacun de ces obstacles, mais d'autres le font pour lui; et, en retour, il éloigne un des obstacles dont ses semblables sont entourés.

Il est clair encore qu'en considérant les choses en masse, il vaudrait mieux, pour l'ensemble des hommes ou pour la société, que les obstacles fussent aussi faibles et aussi peu nombreux que possible.

Mais si l'on scrute les phénomènes sociaux dans leurs détails, et les sentiments des hommes selon que l'échange les a modifiés, on aperçoit bientôt comment ils sont arrivés à confondre les besoins avec la richesse et l'obstacle avec la cause.

La séparation des occupations, résultat de la faculté d'échanger, fait que chaque homme, au lieu de lutter pour son propre compte avec tous les obstacles qui l'environnent, n'en combat qu'*un*; le combat non pour lui, mais au profit de ses semblables, qui, à leur tour, lui rendent le même service.

Or, il résulte de là que cet homme voit la cause immédiate de sa richesse dans cet obstacle qu'il fait profession de combattre pour le compte d'autrui. Plus cet obstacle est grand, sérieux, vivement senti, et plus, pour l'avoir vaincu, ses semblables sont disposés à le rémunérer, c'est-à-dire à lever en sa faveur les obstacles qui le gênent.

Un médecin, par exemple, ne s'occupe pas de faire cuire son pain, de fabriquer ses instruments, de tisser ou de confectionner ses habits. D'autres le font pour lui, et, en retour, il combat les maladies qui affligent ses clients. Plus ces maladies sont nombreuses, intenses, réitérées, plus on consent, plus on est forcé même à travailler pour son utilité personnelle. À son point de vue, la maladie, c'est-à-dire un obstacle général au bien-être des hommes, est une cause de bien-être individuel. Tous les producteurs font, en ce qui les concerne, le même raisonnement. L'armateur tire ses profits de l'obstacle qu'on nomme distance; l'agriculteur, de celui qu'on nomme *faim*; le fabricant d'étoffes, de celui qu'on appelle *froid*; l'instituteur vit sur l'*ignorance*, le lapidaire sur la *vanité*, l'avoué sur la *cupidité*, le notaire sur la *mauvaise foi* possible, comme le médecin sur les *maladies* des hommes. Il est donc très-vrai que chaque profession a un intérêt immédiat à la continuation, à l'extension même de l'obstacle spécial qui fait l'objet de ses efforts.

Ce que voyant, les théoriciens arrivent qui fondent un système sur ces sentiments individuels, et disent : Le besoin, c'est la richesse; le travail, c'est la richesse; l'obstacle au bien-être, c'est le bien-être. Multiplier les obstacles, c'est donner de l'aliment à l'industrie.

Puis surviennent les hommes d'État. Ils disposent de la force publique; et quoi de plus naturel que de la faire servir à développer, à propager les obstacles, puisque aussi bien c'est développer et propager la richesse? Ils disent, par exemple : Si nous empêchons le fer de venir des lieux où il abonde, nous créerons chez nous un obstacle pour s'en procurer. Cet obstacle, vivement senti, déterminera à payer pour en être affranchi. Un certain nombre de nos concitoyens s'attachera à le combattre, et cet obstacle fera leur fortune. Plus même il sera grand, plus le minerai sera rare, inaccessible, difficile à transporter, éloigné des foyers de consommation, plus cette industrie, dans toutes ses ramifications, occupera de bras. Excluons donc le fer étranger; créons l'obstacle, afin de créer le travail qui le combat.

Le même raisonnement conduira à proscrire les machines.

Voilà, dira-t-on, des hommes qui ont besoin de loger leur vin. C'est un obstacle; et voici d'autres hommes qui s'occupent de le lever en fabriquant des tonneaux. Il est donc heureux que l'obstacle existe, puisqu'il alimente une portion du travail national et enrichit un certain nombre de nos concitoyens. Mais voici venir une machine ingénieuse qui abat le chêne, l'équarrit, le partage en une multitude de douves, les assemble et les transforme en vaisseaux vinaires. L'obstacle est bien amoindri, et avec lui la fortune des tonneliers. Maintenons l'un et l'autre par une loi. Proscrivons la machine.

Pour pénétrer au fond de ce sophisme, il suffit de se dire que le travail humain n'est pas un *but*, mais un *moyen*. *Il ne reste jamais sans emploi.* Si un obstacle lui manque, il s'attaque à un autre, et l'humanité est délivrée de deux obstacles par la même somme de travail qui n'en détruisait qu'un seul. — Si le travail des tonneliers devenait jamais inutile, il prendrait une autre direction. — Mais avec quoi, demande-t-on, serait-il rémunéré? précisément avec ce qui le rémunère aujourd'hui; car, quand une masse de travail devient disponible par la suppression d'un obstacle, une masse correspondante de rémunération devient disponible aussi. — Pour dire que le travail humain finira par manquer d'emploi, il faudrait prouver que l'humanité cessera de rencontrer des obstacles. — Alors le travail ne serait pas seulement impossible, il serait superflu. Nous n'aurions plus rien à faire, parce que nous serions tout-puissants et qu'il nous suffirait de prononcer un fiat pour que tous nos besoins et tous nos désirs fussent satisfaits[7].

---

[7] Voyez, sur le même sujet, le chapitre xiv de la seconde Série des *Sophismes*, et les chapitres iii et xi des *Harmonies économiques*. (Note de l'éditeur.)

III. Effort, résultat

Nous venons de voir qu'entre nos besoins et leur satisfaction s'interposent des obstacles. Nous parvenons à les vaincre ou à les affaiblir par l'emploi de nos facultés. On peut dire d'une manière très-générale que l'industrie est un effort suivi d'un résultat.

Mais sur quoi se mesure notre bien-être, notre richesse ? Est-ce sur le résultat de l'effort ? est-ce sur l'effort lui-même? — Il existe toujours un rapport entre l'effort employé et le résultat obtenu. — Le progrès consiste-t-il dans l'accroissement relatif du second ou du premier terme de ce rapport?

Les deux thèses ont été soutenues; elles se partagent, en économie politique, le domaine de l'opinion.

Selon le premier système, la richesse est le résultat du travail. Elle s'accroît à mesure que s'accroît le *rapport du résultat à l'effort*. La perfection absolue, dont le type est en Dieu, consiste dans l'éloignement infini des deux termes, en ce sens : effort nul, résultat infini.

Le second professe que c'est l'effort lui-même qui constitue et mesure la richesse. Progresser, c'est accroître le *rapport de l'effort au résultat*. Son idéal peut être représenté par l'effort à la fois éternel et stérile de Sisyphe[8].

Naturellement, le premier accueille tout ce qui tend à diminuer la peine et à augmenter le produit : les puissantes machines qui ajoutent aux forces de l'homme, l'échange qui permet de tirer un meilleur parti des agents naturels distribués à diverses mesures sur la surface du globe, l'intelligence qui trouve, l'expérience qui constate, la concurrence qui stimule, etc.

Logiquement aussi le second appelle de ses vœux tout ce qui a pour effet d'augmenter la peine et de diminuer le produit : privilèges, monopoles, restrictions, prohibitions, suppressions de machines, stérilité, etc.

---

[8] Par ce motif, nous prions le lecteur de nous excuser si, pour abréger, nous désignons dans la suite ce système sous le nom de *Sisyphisme*.

Il est bon de remarquer que la *pratique universelle* des hommes est toujours dirigée par le principe de la première doctrine. On n'a jamais vu, on ne verra jamais un travailleur, qu'il soit agriculteur, manufacturier, négociant, artisan, militaire, écrivain ou savant, qui ne consacre toutes les forces de son intelligence à faire mieux, à faire plus vite, à faire plus économiquement, en un mot, *à faire plus avec moins.*

La doctrine opposée est à l'usage des théoriciens, des députés, des journalistes, des hommes d'État, des ministres, des hommes enfin dont le rôle en ce monde est de faire des expériences sur le corps social.

Encore faut-il observer qu'en ce qui les concerne personnellement, ils agissent, comme tout le monde, sur le principe : obtenir du travail la plus grande somme possible d'effets utiles.

On croira peut-être que j'exagère, et qu'il n'y a pas de vrais *Sisyphistes.*

Si l'on veut dire que, dans la pratique, on ne pousse pas le principe jusqu'à ses plus extrêmes conséquences, j'en conviendrai volontiers. Il en est même toujours ainsi quand on part d'un principe faux. Il mène bientôt à des résultats si absurdes et si malfaisants qu'on est bien forcé de s'arrêter. Voilà pourquoi l'industrie pratique n'admet jamais le *Sisyphisme* : le châtiment suivrait de trop près l'erreur pour ne pas la dévoiler. Mais, en matière d'industrie spéculative, telle qu'en font les théoriciens et les hommes d'État, on peut suivre longtemps un faux principe avant d'être averti de sa fausseté par des conséquences compliquées auxquelles d'ailleurs on est étranger; et quand enfin elles se révèlent, on agit selon le principe opposé, on se contredit, et l'on cherche sa justification dans cet axiome moderne d'une incomparable absurdité : en économie politique, il n'y a pas de principe absolu.

Voyons donc si les deux principes opposés que je viens d'établir ne règnent pas tour à tour, l'un dans l'industrie pratique, l'autre dans la législation industrielle.

J'ai déjà rappelé un mot de M. Bugeaud; mais dans M. Bugeaud il y a deux hommes, l'agriculteur et le législateur.

Comme agriculteur, M. Bugeaud tend de tous ses efforts à cette double fin : épargner du travail, obtenir du pain à bon marché. Lorsqu'il préfère une bonne charrue à une mauvaise; lorsqu'il perfectionne les engrais;

lorsque, pour ameublir son sol, il substitue, autant qu'il le peut, l'action de l'atmosphère à celle de la herse ou de la houe; lorsqu'il appelle à son aide tous les procédés dont la science et l'expérience lui ont révélé l'énergie et la perfection, il n'a et ne peut avoir qu'un but : *diminuer le rapport de l'effort au résultat*. Nous n'avons même point d'autre moyen de reconnaître l'habileté du cultivateur et la perfection du procédé que de mesurer ce qu'ils ont retranché à l'un et ajouté à l'autre; et comme tous les fermiers du monde agissent sur ce principe, on peut dire que l'humanité entière aspire, sans doute pour son avantage, à obtenir soit le pain, soit tout autre produit, à meilleur marché, — à restreindre la peine nécessaire pour en avoir à sa disposition une quantité donnée.

Cette incontestable tendance de l'humanité une fois constatée devrait suffire, ce semble, pour révéler au législateur le vrai principe, et lui indiquer dans quel sens il doit seconder l'industrie (si tant est qu'il entre dans sa mission de la seconder), car il serait absurde de dire que les lois des hommes doivent opérer en sens inverse des lois de la Providence.

Cependant on a entendu M. Bugeaud, député, s'écrier : « Je ne comprends rien à la théorie du bon marché; j'aimerais mieux voir le pain plus cher et le travail plus abondant. » Et en conséquence, le député de la Dordogne vote des mesures législatives qui ont pour effet d'entraver les échanges, précisément parce qu'ils nous procurent indirectement ce que la production directe ne peut nous fournir que d'une manière plus dispendieuse.

Or, il est bien évident que le principe de M. Bugeaud, député, est diamétralement opposé à celui de M. Bugeaud, agriculteur. Conséquent avec lui-même, il voterait contre toute restriction à la Chambre, ou bien il transporterait sur sa ferme le principe qu'il proclame à la tribune. On le verrait alors semer son blé sur le champ le plus stérile, car il réussirait ainsi à *travailler beaucoup pour obtenir peu*. On le verrait proscrire la charrue, puisque la culture à ongles satisferait son double vœu : le pain plus cher et le travail plus abondant.

La restriction a pour but avoué et pour effet reconnu d'augmenter le travail.

Elle a encore pour but avoué et pour effet reconnu de provoquer la cherté, qui n'est autre chose que la rareté des produits. Donc, poussée à ses dernières limites, elle est le *Sisyphisme* pur, tel que nous l'avons défini : *travail infini, produit nul.*

M. le baron Charles Dupin, le flambeau de la pairie, dit-on, dans les sciences économiques, accuse les chemins de fer de *nuire à la navigation,* et il est certain qu'il est dans la nature d'un moyen plus parfait de restreindre l'emploi d'un moyen comparativement plus grossier. Mais les railways ne peuvent nuire aux bateaux qu'en attirant à eux les transports; ils ne peuvent les attirer qu'en les exécutant à meilleur marché, et ils ne peuvent les exécuter à meilleur marché qu'*en diminuant le rapport de l'effort employé au résultat obtenu,* puisque c'est cela même qui constitue le bon marché. Lors donc que M. le baron Dupin déplore cette suppression du travail pour un résultat donné, il est dans la doctrine du *Sisyphisme.* Logiquement, comme il préfère le bateau au rail, il devrait préférer le char au bateau, le bât au char, et la hotte à tous les moyens de transport connus, car c'est celui qui exige le plus de travail pour le moindre résultat.

« Le travail constitue la richesse d'un peuple », disait M. de Saint-Cricq, ce ministre du commerce qui a tant imposé d'entraves au commerce. Il ne faut pas croire que c'était là une proposition elliptique, signifiant : « Les résultats du travail constituent la richesse d'un peuple. » Non, cet économiste entendait bien dire que c'est l'intensité du travail qui mesure la richesse, et la preuve, c'est que, de conséquence en conséquence, de restriction en restriction, il conduisait la France, et il croyait bien faire, à consacrer un travail double pour se pourvoir d'une quantité égale de fer, par exemple. En Angleterre, le fer était alors à 8 fr.; en France, il revenait à 16 fr. En supposant la journée du travail à 1 fr., il est clair que la France pouvait, par voie d'échange, se procurer un quintal de fer avec huit journées prises sur l'ensemble du travail national. Grâce aux mesures restrictives de M. de Saint-Cricq, il fallait à la France seize journées de travail pour obtenir un quintal de fer par la production directe. — Peine double pour une satisfaction identique, donc richesse double; donc encore la richesse se mesure non par le résultat, mais par l'intensité du travail. N'est-ce pas là le *Sisyphisme* dans toute sa pureté!

Et afin qu'il n'y ait pas d'équivoque possible, M. le ministre a soin de compléter plus loin sa pensée, et de même qu'il vient d'appeler richesse l'intensité du travail, on va l'entendre appeler *pauvreté* l'abondance des résultats du travail ou des choses propres à satisfaire nos besoins. « Partout, dit-il, des machines ont pris la place des bras de l'homme; partout la production surabonde; partout l'équilibre entre la faculté de produire et les moyens de consommer est rompu.» On le voit, selon M. de Saint-Cricq, si la France était dans une situation critique, c'est qu'elle produisait trop, c'est que son travail était trop intelligent, trop fructueux. Nous étions trop bien nourris, trop bien vêtus, trop bien pourvus de toutes choses; la production trop rapide dépassait tous nos désirs. Il fallait bien mettre un terme à ce fléau, et pour cela nous forcer, par des restrictions, à travailler plus pour produire moins.

J'ai rappelé aussi l'opinion d'un autre ministre du commerce, M. d'Argout. Elle mérite que nous nous y arrêtions un instant. Voulant porter un coup terrible à la betterave, il disait : « Sans doute la culture de la betterave est utile, mais cette *utilité est limitée*. Elle ne comporte pas les gigantesques développements que l'on se plaît à lui prédire. Pour en acquérir la conviction, il suffit de remarquer que cette culture sera nécessairement restreinte dans les bornes de la consommation. Doublez, triplez si vous voulez la consommation actuelle de la France, *vous trouverez toujours qu'une très-minime portion du sol suffira aux besoins de cette consommation*. (Voilà, certes, un singulier grief!) En voulez-vous la preuve? Combien y avait-il d'hectares plantés en betterave en 1828? 3,130, ce qui équivaut à 1/10540ᵉ du sol cultivable. Combien y en a-t-il, aujourd'hui que le sucre indigène a envahi le tiers de la consommation? 16,700 hectares, soit 1/1978ᵉ du sol cultivable, ou 45 centiares par commune. Supposons que le sucre indigène ait déjà envahi toute la consommation, nous n'aurions que 48,000 hectares de cultivés en betterave, ou 1/689ᵉ du sol cultivable[9]. »

Il y a deux choses dans cette citation : les faits et la doctrine. Les faits tendent à établir qu'il faut peu de terrain, de capitaux et de main-d'œuvre pour produire beaucoup de sucre, et que chaque commune de France en serait abondamment pourvue en livrant à la culture de la betterave un hectare de son territoire. — La doctrine consiste à regarder

---

[9] Il est juste de dire que M. d'Argout mettait cet étrange langage dans la bouche des adversaires de la betterave. Mais il se l'appropriait formellement, et le sanctionnait d'ailleurs par la loi même à laquelle il servait de justification.

cette circonstance comme funeste, et à voir dans la puissance même et la fécondité de la nouvelle industrie la *limite de son utilité*.

Je n'ai point à me constituer ici le défenseur de la betterave ou le juge des faits étranges avancés par M. d'Argout[10]; mais il vaut la peine de scruter la doctrine d'un homme d'État à qui la France a confié pendant longtemps le sort de son agriculture et de son commerce.

J'ai dit en commençant qu'il existe un rapport variable entre l'effort industriel et son résultat; que l'imperfection absolue consiste en un effort infini sans résultat aucun; la perfection absolue en un résultat illimité sans aucun effort; et la perfectibilité dans la diminution progressive de l'effort comparé au résultat.

Mais M. d'Argout nous apprend que la mort est là où nous croyons apercevoir la vie, et que l'importance d'une industrie est en raison directe de son impuissance. Qu'attendre, par exemple, de la betterave? Ne voyez-vous pas que 48,000 hectares de terrain, un capital et une main d'œuvre proportionnés suffiront à approvisionner de sucre toute la France? Donc c'est une industrie d'une *utilité limitée*; limitée, bien entendu, quant au travail qu'elle exige, seule manière dont, selon l'ancien ministre, une industrie puisse être utile. Cette utilité serait bien plus limitée encore si, grâce à la fécondité du sol ou à la richesse de la betterave, nous recueillions sur 24,000 hectares ce que nous ne pouvons obtenir que sur 48,000. Oh! s'il fallait vingt fois, cent fois plus de terre, de capitaux et de bras *pour arriver au même résultat*, à la bonne heure, on pourrait fonder sur la nouvelle industrie quelques espérances, et elle serait digne de toute la protection de l'État, car elle offrirait un vaste champ au travail national. Mais produire beaucoup avec peu! cela est d'un mauvais exemple, et il est bon que la loi y mette ordre.

Mais ce qui est vérité à l'égard du sucre ne saurait être erreur relativement au pain. Si donc l'*utilité* d'une industrie doit s'apprécier, non par les satisfactions qu'elle est en mesure de procurer avec une quantité de travail déterminée, mais, au contraire, par le développement de travail qu'elle exige pour subvenir à une somme donnée de

---

[10] À supposer que 48,000 à 50,000 hectares suffisent à alimenter la consommation actuelle, il en faudrait 150,000 pour une consommation triple, que M. d'Argout admet comme possible. — De plus, si la betterave entrait dans un assolement de six ans, elle occuperait successivement 900,000 hectares, ou 1/38e du sol cultivable.

satisfactions, ce que nous devons désirer évidemment, c'est que chaque hectare de terre produise peu de blé, et chaque grain dé blé peu de substance alimentaire; en d'autres termes, que notre territoire soit infertile; car alors la masse de terres, de capitaux, de main d'œuvre qu'il faudra mettre en mouvement pour nourrir ta population sera comparativement bien plus considérable; on peut même dire que le débouché ouvert au travail humain sera en raison directe de cette infertilité. Les vœux de MM. Bugeaud, Saint Cricq, Dupin, d'Argout, seront satisfaits; le pain sera cher, le travail abondant, et la France sera riche, riche comme ces messieurs l'entendent.

Ce que nous devons désirer encore, c'est que l'intelligence humaine s'affaiblisse et s'éteigne; car, tant qu'elle vit, elle cherche incessamment à augmenter le *rapport de la fin au moyen et du produit à la peine*. C'est même en cela, et exclusivement en cela, qu'elle consiste.

Ainsi le *Sisyphisme* est la doctrine de tous les hommes qui ont été chargés de nos destinées industrielles. Il ne serait pas juste de leur en faire un reproche. Ce principe ne dirige les ministères que parce qu'il règne dans les Chambres; il ne règne dans les Chambres que parce qu'il y est envoyé par le corps électoral, et le corps électoral n'en est imbu que parce que l'opinion publique en est saturée.

Je crois devoir répéter ici que je n'accuse pas des hommes tels que MM. Bugeaud, Dupin, Saint-Cricq, d'Argout, d'être absolument, et en toutes circonstances, *Sisyphistes*. À coup sûr ils ne le sont pas dans leurs transactions privées; à coup sûr chacun d'entre eux se procure, *par voie d'échange*, ce qu'il lui en coûterait plus cher de se procurer *par voie de production directe*. Mais je dis qu'ils sont *Sisyphistes* lorsqu'ils empêchent le pays d'en faire autant[11].

---

[11] Voyez, sur le même sujet, le chapitre xvi de la seconde Série des *Sophismes*, et le chapitre vi des *Harmonies économiques*. (Note de l'éditeur.)

IV. Égaliser les conditions de production

On dit... mais, pour n'être pas accusé de mettre des sophismes dans la bouche des protectionnistes, je laisse parler l'un de leurs plus vigoureux athlètes.

« On a pensé que la protection devait être chez nous simplement la représentation de la différence qui existe entre le prix de revient d'une denrée que nous produisons et le prix de revient de la denrée similaire produite chez nos voisins... Un droit protecteur calculé sur ces bases ne fait qu'assurer la libre concurrence...; la libre concurrence n'existe que lorsqu'il y a égalité de conditions et de charges. Lorsqu'il s'agit d'une course de chevaux, on pèse le fardeau que doit supporter chacun des coureurs, et on égalise les conditions; sans cela, ce ne sont plus des concurrents. Quand il s'agit de commerce, si l'un des vendeurs peut livrer à meilleur marché, il cesse d'être concurrent et devient monopoleur... Supprimez cette protection représentative de la différence dans le prix de revient, dès lors l'étranger envahit votre marché et le monopole lui est acquis[12]. »

« Chacun doit vouloir pour lui, comme pour les autres, que la production du pays soit protégée contre la concurrence étrangère, *toutes les fois que celle-ci pourrait fournir les produits à plus bas prix[13]*. »

Cet argument revient sans cesse dans les écrits de l'école protectionniste. Je me propose de l'examiner avec soin, c'est-à-dire que je réclame l'attention et même la patience du lecteur. Je m'occuperai d'abord des inégalités qui tiennent à la nature, ensuite de celles qui se rattachent à la diversité des taxes.

Ici, comme ailleurs, nous retrouvons les théoriciens de la protection placés au point de vue du producteur, tandis que nous prenons en main la cause de ces malheureux consommateurs dont ils ne veulent absolument pas tenir compte. Ils comparent le champ de l'industrie au

---

[12] M. le vicomte de Romanet.
[13] Mathieu de Dombasle.

turf. Mais, au turf, la course est tout à la fois *moyen* et *but*. Le public ne prend aucun intérêt à la lutte en dehors de la lutte elle-même. Quand vous lancez vos chevaux dans l'unique *but* de savoir quel est le meilleur coureur, je conçois que vous égalisiez les fardeaux. Mais si vous aviez pour *but* de faire parvenir au poteau une nouvelle importante et pressée, pourriez-vous, sans inconséquence, créer des obstacles à celui qui vous offrirait les meilleures conditions de vitesse? C'est pourtant là ce que vous faites en industrie. Vous oubliez son résultat cherché, qui est le *bien-être*; vous en faites abstraction, vous le sacrifiez même par une véritable pétition de principes.

Mais puisque nous ne pouvons amener nos adversaires à notre point de vue, plaçons-nous au leur, et examinons la question sous le rapport de la production.

Je chercherai à établir :

1° Que niveler les conditions du travail, c'est attaquer l'échange dans son principe;

2° Qu'il n'est pas vrai que le travail d'un pays soit étouffé par la concurrence des contrées plus favorisées;

3° Que, cela fût-il exact, les droits protecteurs n'égalisent pas les conditions de production;

4° Que la liberté nivelle ces conditions autant qu'elles peuvent l'être;

5° Enfin, que ce sont les pays les moins favorisés qui gagnent le plus dans les échanges.

I. Niveler les conditions du travail, ce n'est pas seulement gêner quelques échanges, c'est attaquer l'échange dans son principe, car il est fondé précisément sur cette diversité, ou, si on l'aime mieux, sur ces inégalités de fertilité, d'aptitudes, de climats, de température, que vous voulez effacer. Si la Guyenne envoie des vins à la Bretagne, et la Bretagne des blés à la Guyenne, c'est que ces deux provinces sont placées dans des conditions différentes de production. Y a-t-il une autre loi pour les échanges internationaux? Encore une fois, se prévaloir contre eux des inégalités de conditions qui les provoquent et les expliquent, c'est les attaquer dans leur raison d'être. Si les protectionnistes avaient pour eux assez de logique et de puissance, ils réduiraient les hommes, comme des colimaçons, à l'isolement absolu. Il n'y a pas, du reste, un de leurs sophismes qui, soumis à l'épreuve de déductions rigoureuses, n'aboutisse à la destruction et au néant.

II. Il n'est pas vrai, *en fait*, que l'inégalité des conditions entre deux industries similaires entraîne nécessairement la chute de celle qui est la moins bien partagée. Au turf, si un des coursiers gagne le prix, l'autre le perd; mais, quand deux chevaux travaillent a produire des utilités, chacun en produit dans la mesure de ses forces, et de ce que le plus vigoureux rend plus de services, il ne s'ensuit pas que le plus faible n'en rend pas du tout. — On cultive du froment dans tous les départements de la France, quoiqu'il y ait entre eux d'énormes différences de fertilité; et si par hasard il en est un qui n'en cultive pas, c'est qu'il n'est pas bon, même pour lui, qu'il en cultive. De même, l'analogie nous dit que, sous le régime de la liberté, malgré de semblables différences, on produirait du froment dans tous les royaumes de l'Europe, et s'il en était un qui vînt à renoncer à cette culture, c'est que, *dans son intérêt*, il trouverait à faire un meilleur emploi de ses terres, de ses capitaux et de sa main d'œuvre. Et pourquoi la fertilité d'un département ne paralyse-t-elle pas l'agriculteur du département voisin moins favorisé? Parce que les phénomènes économiques ont une souplesse, une élasticité, et, pour ainsi dire, des *ressources de nivellement* qui paraissent échapper entièrement à l'école protectionniste. Elle nous accuse d'être systématiques; mais c'est elle qui est systématique au suprême degré, si l'esprit de système consiste à échafauder des raisonnements sur un fait et non sur l'ensemble des faits. — Dans l'exemple ci-dessus, c'est la différence dans la valeur des terres qui compense la différence de leur fertilité. — Votre champ produit trois fois plus que le mien. Oui; mais il vous a coûté dix fois davantage et je puis encore lutter avec vous. — Voilà tout le mystère. — Et remarquez que la supériorité, sous quelques rapports, amène l'infériorité à d'autres égards. — C'est précisément parce que votre sol est plus fécond qu'il est plus cher, en sorte que ce n'est pas *accidentellement*, mais *nécessairement* que l'équilibre s'établit ou tend à s'établir : et peut-on nier que la liberté ne soit le régime qui favorise le plus cette tendance?

J'ai cité une branche d'agriculture; j'aurais pu aussi bien citer une branche d'industrie. Il y a des tailleurs à Quimper, et cela n'empêche pas qu'il n'y en ait à Paris, quoique ceux-ci paient bien autrement cher leur loyer, leur ameublement, leurs ouvriers et leur nourriture. Mais aussi ils ont une bien autre clientèle, et cela suffit non-seulement pour rétablir la balance, mais encore pour la faire pencher de leur côté.

Lors donc qu'on parle d'égaliser les conditions du travail, il faudrait au moins examiner si la liberté ne fait pas ce qu'on demande à l'arbitraire.

Ce nivellement naturel des phénomènes économiques est si important dans la question, et, en même temps, si propre à nous faire admirer la sagesse providentielle qui préside au gouvernement égalitaire de la société, que je demande la permission de m'y arrêter un instant.

Messieurs les protectionnistes, vous dites : Tel peuple a sur nous l'avantage du bon marché de la houille, du fer, des machines, des capitaux; nous ne pouvons lutter avec lui.

Cette proposition sera examinée sous d'autres aspects. Quant à présent, je me renferme dans la question, qui est de savoir si, quand une supériorité et une infériorité sont en présence, elles ne portent pas en elles-mêmes, celle-ci la force ascendante, celle-là la force descendante, qui doivent les ramener à un juste équilibre.

Voilà deux pays, A et B. — A possède sur B toutes sortes d'avantages. Vous en concluez que le travail se concentre en A et que B est dans l'impuissance de rien faire. A, dites vous, vend beaucoup plus qu'il n'achète; B achète beaucoup plus qu'il ne vend. Je pourrais contester, mais je me place sur votre terrain.

Dans l'hypothèse, le travail est très-demandé en A, et bientôt il y renchérit.

Le fer, la houille, les terres, les aliments, les capitaux sont très-demandés en A, et bientôt ils y renchérissent.

Pendant ce temps-là, travail, fer, houille, terres, aliments, capitaux, tout est très-délaissé en B, et bientôt tout y baisse de prix.

Ce n'est pas tout. A vendant toujours, B achetant sans cesse, le numéraire passe de B en A. Il abonde en A, il est rare en B.

Mais abondance de numéraire, cela veut dire qu'il en faut beaucoup pour acheter toute autre chose. Donc, en A, à la *cherté réelle* qui provient d'une demande très-active, s'ajoute une *cherté nominale* due à la surproportion des métaux précieux.

Rareté de numéraire, cela signifie qu'il en faut peu pour chaque emplette. Donc en B, un *bon marché nominal* vient se combiner avec le bon marché réel.

Dans ces circonstances, l'industrie aura toutes sortes de motifs, des motifs, si je puis le dire, portés à la quatrième puissance, pour déserter A et venir s'établir en B.

Ou, pour rentrer dans la vérité, disons qu'elle n'aura pas attendu ce moment, que les brusques déplacements répugnent à sa nature, et que, dès l'origine, sous un régime libre, elle se sera progressivement partagée et distribuée entre A et B, selon les lois de l'offre et de la demande, c'est-à-dire selon les lois de la justice et de l'utilité.

Et quand je dis que, s'il était possible que l'industrie se concentrât sur un point, il surgirait dans son propre sein et par cela même une force irrésistible de décentralisation, je ne fais pas une vaine hypothèse.

Écoutons ce que disait un manufacturier à la chambre de commerce de Manchester (je supprime les chiffres dont il appuyait sa démonstration) :

« Autrefois nous exportions des étoffes; puis cette exportation a fait place à celle des fils, qui sont la matière première des étoffes; ensuite à celle des machines, qui sont les instruments de production du fil; plus tard, à celle des capitaux, avec lesquels nous construisons nos machines, et enfin, à celle de nos ouvriers et de notre génie industriel, qui sont la source de nos capitaux. Tous ces éléments de travail ont été les uns après les autres s'exercer là où ils trouvaient à le faire avec plus d'avantages, là où l'existence est moins chère, la vie plus facile, et l'on peut voir aujourd'hui, en Prusse, en Autriche, en Saxe, en Suisse, en Italie, d'immenses manufactures fondées avec des capitaux anglais, servies par des ouvriers anglais et dirigées par des ingénieurs anglais. »

Vous voyez bien que la nature, ou plutôt la Providence, plus ingénieuse, plus sage, plus prévoyante que ne le suppose votre étroite et rigide théorie, n'a pas voulu cette concentration de travail, ce monopole de toutes les supériorités dont vous arguez comme d'un fait absolu et irrémédiable. Elle a pourvu, par des moyens aussi simples qu'infaillibles, à ce qu'il y eût dispersion, diffusion, solidarité, progrès simultané; toutes choses que vos lois restrictives paralysent autant qu'il est en elles, car leur tendance, en isolant les peuples, est de rendre la diversité de leur condition beaucoup plus tranchée, de prévenir le nivellement, d'empêcher la fusion, de neutraliser les contre-poids et de parquer les peuples dans leur supériorité ou leur infériorité respective.

III. En troisième lieu, dire que, par un droit protecteur, on égalise les conditions de production, c'est donner une locution fausse pour véhicule à une erreur. Il n'est pas vrai qu'un droit d'entrée égalise les conditions de production. Celles-ci restent après le droit ce qu'elles étaient avant. Ce que le droit égalise tout au plus, ce sont les *conditions de la vente*. On dira peut-être que je joue sur les mots, mais je renvoie l'accusation à mes adversaires. C'est à eux de prouver que *production* et *vente* sont synonymes, sans quoi je suis fondé à leur reprocher, sinon de jouer sur les termes, du moins de les confondre.

Qu'il me soit permis d'éclairer ma pensée par un exemple.

Je suppose qu'il vienne à l'idée de quelques spéculateurs parisiens de se livrer à la production des oranges. Ils savent que les oranges de Portugal peuvent se vendre à Paris 10 centimes, tandis qu'eux, à raison des caisses, des serres qui leur seront nécessaires, à cause du froid qui contrariera souvent leur culture, ne pourront pas exiger moins d'un franc comme prix rémunérateur. Ils demandent que les oranges de Portugal soient frappées d'un droit de 90 centimes. Moyennant ce droit, les *conditions de production*, disent-ils, seront égalisées, et la Chambre, cédant, comme toujours, à ce raisonnement, inscrit sur le tarif un droit de 90 centimes par orange étrangère.

Eh bien! je dis que les *conditions de production* ne sont nullement changées. La loi n'a rien ôté à la chaleur du soleil de Lisbonne, ni à la fréquence ou à l'intensité des gelées de Paris. La maturité des oranges continuera à se faire *naturellement* sur les rives du Tage et *artificiellement* sur les rives de la Seine, c'est-à-dire qu'elle exigera beaucoup plus de travail humain dans un pays que dans l'autre. Ce qui sera égalisé, ce sont les *conditions de la vente* : les Portugais devront nous vendre leurs oranges à 1 franc, dont 90 centimes pour acquitter la taxe. Elle sera payée évidemment par le consommateur français. Et voyez la bizarrerie du résultat. Sur chaque orange portugaise consommée, le pays ne perdra rien; car les 90 centimes payés en plus par le consommateur entreront au Trésor. Il y aura déplacement, il n'y aura pas perte. Mais, sur chaque orange française consommée, il y aura 90 centimes de perte ou à peu près, car l'acheteur les perdra bien certainement, et le vendeur, bien certainement aussi, ne les gagnera pas, puisque, d'après l'hypothèse même, il n'en aura tiré que le prix de revient. Je laisse aux protectionnistes le soin d'enregistrer la conclusion.

IV. Si j'ai insisté sur cette distinction entre les conditions de production et les conditions de vente, distinction que messieurs les prohibitionnistes trouveront sans doute paradoxale, c'est qu'elle doit m'amener à les affliger encore d'un autre paradoxe bien plus étrange, et c'est celui-ci : Voulez-vous égaliser réellement les *conditions de production*? laissez l'échange libre.

Oh! pour le coup, dira-t-on, c'est trop fort, et c'est abuser des jeux d'esprit. Eh bien! ne fût-ce que par curiosité, je prie messieurs les protectionnistes de suivre jusqu'au bout mon argumentation. Ce ne sera pas long — Je reprends mon exemple.

Si l'on consent à supposer, pour un moment, que le profit moyen et quotidien de chaque Français est de un franc, il s'ensuivra incontestablement que pour produire *directement* une orange en France, il faudra une journée de travail ou l'équivalent, tandis que, pour produire la contrevaleur d'une orange portugaise, il ne faudra qu'un dixième de cette journée, ce qui ne veut dire autre chose, si ce n'est que le soleil fait à Lisbonne ce que le travail fait à Paris. Or, n'est-il pas évident que, si je puis produire une orange, ou, ce qui revient au même, de quoi l'acheter, avec un dixième de journée de travail, je suis placé, relativement à cette production, exactement dans les mêmes conditions que le producteur portugais lui-même, sauf le transport, qui doit être à ma charge? Il est donc certain que la liberté égalise les conditions de production directe ou indirecte, autant qu'elles peuvent être égalisées, puisqu'elle ne laisse plus subsister qu'une différence inévitable, celle du transport.

J'ajoute que la liberté égalise aussi les conditions de jouissance, de satisfaction, de consommation, ce dont on ne s'occupe jamais, et ce qui est pourtant l'essentiel, puisqu'en définitive la consommation est le but final de tous nos efforts industriels. Grâce à l'échange libre, nous jouirions du soleil portugais comme le Portugal lui-même; les habitants du Havre auraient à leur portée, tout aussi bien que ceux de Londres, et aux mêmes conditions, les avantages que la nature a conférés à Newcastle sous le rapport minéralogique.

V. Messieurs les protectionnistes, vous me trouvez en humeur paradoxale : eh bien! je veux aller plus loin encore. Je dis, et je le pense très-sincèrement, que, si deux pays se trouvent placés dans des conditions de production inégales, *c'est celui des deux qui est le moins favorisé de la nature qui a le plus à gagner à la liberté des échanges.* — Pour le prouver, je devrai m'écarter un peu de la forme qui convient à cet écrit. Je le ferai néanmoins, d'abord parce que toute la question est là, ensuite parce que cela me fournira l'occasion d'exposer une loi économique de la plus haute importance, et qui, bien comprise, me semble destinée à ramener à la science toutes ces sectes qui, de nos jours, cherchent dans le pays des chimères cette harmonie sociale qu'elles n'ont pu découvrir dans la nature. Je veux parler de la loi de la consommation, que l'on pourrait peut-être reprocher à la plupart des économistes d'avoir beaucoup trop négligée.

La consommation est la *fin*, la cause finale de tous les phénomènes économiques, et c'est en elle par conséquent que se trouve leur dernière et définitive solution.

Rien de favorable ou de défavorable ne peut s'arrêter d'une manière permanente au producteur. Les avantages que la nature et la société lui prodiguent, les inconvénients dont elles le frappent, glissent sur lui, pour ainsi dire, et tendent insensiblement à aller s'absorber et se fondre dans la communauté, la communauté, considérée au point de vue de la consommation. C'est là une loi admirable dans sa cause et dans ses effets, et celui qui parviendrait à la bien décrire aurait, je crois, le droit de dire : « Je n'ai pas passé sur cette terre sans payer mon tribut à la société. »

Toute circonstance qui favorise l'œuvre de la production est accueillie avec joie par le producteur, car l'*effet immédiat* est de le mettre à même de rendre plus de services à la communauté et d'en exiger une plus grande rémunération. Toute circonstance qui contrarie la production est accueillie avec peine par le producteur, car l'*effet immédiat* est de limiter ses services et par suite sa rémunération. Il fallait que les biens et les maux *immédiats* des circonstances heureuses ou funestes fussent le lot du producteur, afin qu'il fût invinciblement porté à rechercher les unes et à fuir les autres.

De même, quand un travailleur parvient à perfectionner son industrie, le bénéfice *immédiat* du perfectionnement est recueilli par lui. Cela était nécessaire pour le déterminer à un travail intelligent; cela était juste, parce qu'il est juste qu'un effort couronné de succès apporte avec lui sa récompense.

Mais je dis que ces effets bons et mauvais, quoique permanents en eux-mêmes, ne le sont pas quant au producteur. S'il en eût été ainsi, un principe d'inégalité progressive et, partant, infinie, eût été introduit parmi les hommes, et c'est pourquoi ces biens et ces maux vont bientôt s'absorber dans les destinées générales de l'humanité.

Comment cela s'opère-t-il? — Je le ferai comprendre par quelques exemples.

Transportons-nous au treizième siècle. Les hommes qui se livrent à l'art de copier reçoivent, pour le service qu'ils rendent, une *rémunération gouvernée par le taux général des profits.* — Parmi eux, il s'en rencontre un qui cherche et trouve le moyen de multiplier rapidement les exemplaires d'un même écrit. Il invente l'imprimerie.

D'abord, c'est un homme qui s'enrichit, et beaucoup d'autres qui s'appauvrissent. À ce premier aperçu, quelque merveilleuse que soit la découverte, on hésite à décider si elle n'est pas plus funeste qu'utile. Il semble qu'elle introduit dans le monde, ainsi que je l'ai dit, un élément d'inégalité indéfinie. Gutenberg fait des profits avec son invention et étend son invention avec ses profits, et cela sans terme, jusqu'à ce qu'il ait ruiné tous les copistes. — Quant au public, au consommateur, il gagne peu, car Gutenberg a soin de ne baisser le prix de ses livres que tout juste ce qu'il faut pour sous-vendre ses rivaux.

Mais la pensée qui mit l'harmonie dans le mouvement des corps célestes a su la mettre aussi dans le mécanisme interne de la société. Nous allons voir les avantages économiques de l'invention échapper à l'individualité, et devenir, pour toujours, le patrimoine commun des masses.

En effet, le procédé finit par être connu. Gutenberg n'est plus le seul à imprimer; d'autres personnes l'imitent. Leurs profits sont d'abord considérables. Elles sont récompensées pour être entrées les premières dans la voie de l'imitation, et cela était encore nécessaire, afin qu'elles y fussent attirées et qu'elles concourussent au grand résultat définitif vers lequel nous approchons. Elles gagnent beaucoup, mais elles gagnent moins que l'inventeur, car la *concurrence* vient de commencer son œuvre. Le prix des livres va toujours baissant. Les bénéfices des imitateurs diminuent à mesure qu'on s'éloigne du jour de l'invention, c'est-à-dire à mesure que l'imitation devient moins méritoire… Bientôt la nouvelle industrie arrive à son état normal; en d'autres termes, la rémunération des imprimeurs n'a plus rien d'exceptionnel, et, comme autrefois celle des scribes, elle n'est plus gouvernée que *par le taux général des profits*. Voilà donc la production, en tant que telle, replacée comme au point de départ. — Cependant l'invention n'en est pas moins acquise; l'épargne du temps, du travail, de l'effort pour un résultat donné, pour un nombre déterminé d'exemplaires, n'en est pas moins réalisée. Mais comment se manifeste-t-elle? par le bon marché des livres. Et au profit de qui? Au profit du consommateur, de la société, de l'humanité. — Les imprimeurs, qui désormais n'ont plus aucun mérite exceptionnel, ne reçoivent pas non plus désormais une rémunération exceptionnelle. Comme hommes, comme consommateurs, ils sont sans doute participants des avantages que l'invention a conférés à la communauté. Mais voilà tout. En tant qu'imprimeurs, en tant que producteurs, ils sont rentrés dans les conditions ordinaires de tous les producteurs du pays. La société les paie pour leur travail, et non pour l'utilité de l'invention. Celle-ci est devenue l'héritage commun et gratuit de l'humanité entière.

J'avoue que la sagesse et la beauté de ces lois me frappent d'admiration et de respect. J'y vois le saint-simonisme : *À chacun selon sa capacité, à chaque capacité selon ses œuvres.* — J'y vois le communisme, c'est-à-dire la tendance des biens à devenir le *commun* héritage des hommes;

— mais un saint-simonisme, un communisme réglés par la prévoyance infinie, et non point abandonnés à la fragilité, aux passions et à l'arbitraire des hommes.

Ce que j'ai dit de l'imprimerie, on peut le dire de tous les instruments de travail, depuis le clou et le marteau jusqu'à la locomotive et au télégraphe électrique. La société jouit de tous par l'abondance de ses consommations, et *elle en jouit gratuitement*, car leur effet est de diminuer le prix des objets; et toute cette partie du prix qui a été anéantie, laquelle représente bien l'œuvre de l'invention dans la production, rend évidemment le produit gratuit dans cette mesure. Il ne reste à payer que le travail humain, le travail actuel, et il se paie, abstraction faite du résultat dû à l'invention, du moins quand elle a parcouru le cycle que je viens de décrire et qu'il est dans sa destinée de parcourir. — J'appelle chez moi un ouvrier, il arrive avec une scie, je lui paie sa journée à deux francs, et il me fait vingt-cinq planches. Si la scie n'eût pas été inventée, il n'en aurait peut-être pas fait une, et je ne lui aurais pas moins payé sa journée. L'utilité produite par la scie est donc pour moi un don gratuit de la nature, ou plutôt c'est une portion de l'héritage que j'ai reçu en *commun*, avec tous mes frères, de l'intelligence de nos ancêtres. — J'ai deux ouvriers dans mon champ. L'un tient les manches d'une charrue, l'autre le manche d'une bêche. Le résultat de leur travail est bien différent, mais le prix de la journée est le même, parce que la rémunération ne se proportionne pas à l'utilité produite, mais à l'effort, au travail exigé.

J'invoque la patience du lecteur et je le prie de croire que je n'ai pas perdu de vue la liberté commerciale. Qu'il veuille bien seulement se rappeler la conclusion à laquelle je suis arrivé : *La rémunération ne se proportionne pas aux utilités que le producteur porte sur le marché, mais à son travail*[14].

J'ai pris mes exemples dans les inventions humaines. Parlons maintenant des avantages naturels.

---

[14] Il est vrai que le travail ne reçoit pas une rémunération uniforme. Il y en a de plus ou moins intense, dangereux, habile, etc. La concurrence établit pour chaque catégorie un prix courant, et c'est de ce prix variable que je parle.

Dans tout produit, la nature et l'homme concourent. Mais la part d'utilité qu'y met la nature est toujours gratuite. Il n'y a que cette portion d'utilité qui est due au travail humain qui fait l'objet de l'échange et par conséquent de la rémunération. Celle-ci varie sans doute beaucoup à raison de l'intensité du travail, de son habileté, de sa promptitude, de son à-propos, du besoin qu'on en a, de l'absence momentanée de rivalité, etc., etc. Mais il n'en est pas moins vrai, en principe, que le concours des lois naturelles appartenant à tous, n'entre pour rien dans le prix du produit.

Nous ne payons pas l'air respirable, quoiqu'il nous soit si utile que, sans lui, nous ne saurions vivre deux minutes. Nous ne le payons pas néanmoins, parce que la nature nous le fournit sans l'intervention d'aucun travail humain. Que si nous voulons séparer un des gaz qui le composent, par exemple, pour faire une expérience, il faut nous donner une peine, ou, si nous la faisons prendre à un autre, il faut lui sacrifier une peine équivalente que nous aurons mise dans un autre produit. Par où l'on voit que l'échange s'opère entre des peines, des efforts, des travaux. Ce n'est véritablement pas le gaz oxygène que je paie, puisqu'il est partout à ma disposition, mais le travail qu'il a fallu accomplir pour le dégager, travail qui m'a été épargné et qu'il faut bien que je restitue. Dira-t-on qu'il y a autre chose à payer, des dépenses, des matériaux, des appareils? mais encore, dans ces choses, c'est du travail que je paie. Le prix de la houille employée représente le travail qu'il a fallu faire pour l'extraire et la transporter.

Nous ne payons pas la lumière du soleil, parce que la nature nous la prodigue. Mais nous payons celle du gaz, du suif, de l'huile, de la cire, parce qu'il y a ici un travail humain à rémunérer; et remarquez que c'est si bien au travail et non à l'utilité que la rémunération se proportionne, qu'il peut fort bien arriver qu'un de ces éclairages, quoique beaucoup plus intense qu'un autre, coûte cependant moins cher. Il suffit pour cela que la même quantité de travail humain en fournisse davantage.

Quand le porteur d'eau vient approvisionner ma maison, si je le payais à raison de l'*utilité absolue* de l'eau, ma fortune n'y suffirait pas. Mais je le paie à raison de la peine qu'il a prise. S'il exigeait davantage, d'autres la prendraient, et, en définitive, au besoin, je la prendrais moi-même. L'eau n'est vraiment pas la matière de notre marché, mais bien le travail fait à l'occasion de l'eau. Ce point de vue est si important et les conséquences que j'en vais tirer si lumineuses, quant à la liberté des échanges internationaux, que je crois devoir élucider encore ma pensée par d'autres exemples.

La quantité de substance alimentaire contenue dans les pommes de terre ne nous coûte pas fort cher, parce qu'on en obtient beaucoup avec peu de travail. Nous payons davantage le froment, parce que, pour le produire, la nature exige une plus grande somme de travail humain. Il est évident que, si la nature faisait pour celui-ci ce qu'elle fait pour celles-là, les prix tendraient à se niveler. Il n'est pas possible que le producteur de froment gagne d'une manière permanente beaucoup plus que le producteur de pommes de terre. La loi de la concurrence s'y oppose.

Si, par un heureux miracle, la fertilité de toutes les terres arables venait à s'accroître, ce n'est point l'agriculteur, mais le consommateur qui recueillerait l'avantage de ce phénomène, car il se résoudrait en abondance, en bon marché. Il y aurait moins de travail incorporé dans chaque hectolitre de blé, et l'agriculteur ne pourrait l'échanger que contre un moindre travail incorporé dans tout autre produit. Si, au contraire, la fécondité du sol venait tout à coup à diminuer, la part de la nature dans la production serait moindre, celle du travail plus grande, et le produit plus cher. J'ai donc eu raison de dire que c'est dans la consommation, dans l'humanité que viennent se résoudre, à la longue, tous les phénomènes économiques. Tant qu'on n'a pas suivi leurs effets jusque-là, tant qu'on s'arrête aux effets *immédiats*, à ceux qui affectent un homme ou une classe d'hommes, *en tant que producteurs*, on n'est pas économiste; pas plus que celui-là n'est médecin qui, au lieu de suivre dans tout l'organisme les effets d'un breuvage, se bornerait à observer, pour le juger, comment il affecte le palais ou le gosier.

Les régions tropicales sont très-favorisées pour la production du sucre, du café. Cela veut dire que la nature fait la plus grande partie de la besogne et laisse peu à faire au travail. Mais alors qui recueille les avantages de cette libéralité de la nature? Ce ne sont point ces régions, car la concurrence les amène à ne recevoir que la rémunération du travail; mais c'est l'humanité, car le résultat de cette libéralité s'appelle bon marché, et le *bon marché* appartient à tout le monde.

Voici une zone tempérée où la houille, le minerai de fer, sont à la surface du sol, il ne faut que se baisser pour en prendre. D'abord, les habitants profiteront de cette heureuse circonstance, je le veux bien. Mais bientôt, la concurrence s'en mêlant, le prix de la houille et du fer baissera jusqu'à ce que le don de la nature soit gratuitement acquis à tous, et que le travail humain soit seul rémunéré, selon le taux général des profits.

Ainsi les libéralités de la nature, comme les perfectionnements acquis dans les procédés de la production, sont ou tendent sans cesse à devenir, sous la loi de la concurrence, le patrimoine commun et *gratuit* des consommateurs, des masses, de l'humanité. Donc, les pays qui ne possèdent pas ces avantages ont tout à gagner à échanger avec ceux qui les possèdent, parce que l'échange s'accomplit entre travaux, abstraction faite des *utilités naturelles* que ces travaux renferment; et ce sont évidemment les pays les plus favorisés qui ont incorporé dans un travail donné le plus de ces utilités naturelles. Leurs produits, représentant moins de travail, sont moins rétribués; en d'autres termes, ils sont à *meilleur marché*, et si toute la libéralité de la nature se résout en *bon marché*, évidemment ce n'est pas le pays producteur, mais le pays consommateur, qui en recueille le bienfait.

Par où l'on voit l'énorme absurdité de ce pays consommateur, s'il repousse le produit précisément parce qu'il est à bon marché; c'est comme s'il disait : « Je ne veux rien de ce que la nature donne. Vous me demandez un effort égal à deux pour me donner un produit que je ne puis créer qu'avec une peine égale à quatre; vous pouvez le faire, parce que chez vous la nature a fait la moitié de l'œuvre. Eh bien! moi je le repousse, et j'attendrai que votre climat, devenu plus inclément, vous force à me demander une peine égale à quatre, afin de traiter avec vous *sur le pied de l'égalité*. »

A est un pays favorisé, B est un pays maltraité de la nature. Je dis que l'échange est avantageux à tous deux, mais surtout à B, parce que l'échange ne consiste pas en *utilités* contre *utilités*, mais en *valeur* contre *valeur*. Or, A met *plus d'utilités* sous la *même valeur*, puisque l'utilité du produit embrasse ce qu'y a mis la nature et ce qu'y a mis le travail, tandis que la valeur ne correspond qu'à ce qu'y a mis le travail. — Donc B fait un marché tout à son avantage. En acquittant au producteur de A simplement son travail, il reçoit par-dessus le marché plus d'utilités naturelles qu'il n'en donne.

Posons la règle générale.

Échange, c'est troc de *valeurs*; la valeur étant réduite, par la concurrence, à représenter du travail, échange, c'est troc de travaux égaux. Ce que la nature a fait pour les produits échangés est donné de part et d'autre *gratuitement et par-dessus le marché*, d'où il suit rigoureusement que les échanges accomplis avec les pays les plus favorisés de la nature sont les plus avantageux.

La théorie dont j'ai essayé, dans ce chapitre, de tracer les lignes et les contours demanderait de grands développements. Je ne l'ai envisagée que dans ses rapports avec mon sujet, la liberté commerciale. Mais peut-être le lecteur attentif y aura-t-il aperçu le germe fécond qui doit dans sa croissance étouffer au-dessous de lui, avec la protection, le fouriérisme, le saint-simonisme, le communisme, et toutes ces écoles qui ont pour objet d'exclure du gouvernement du monde la loi de la concurrence. Considérée au point de vue du producteur, la concurrence froisse sans doute souvent nos intérêts individuels et *immédiats*; mais, si l'on se place au point de vue du but général de tous les travaux, du bien-être universel, en un mot, de la *consommation*, on trouvera que la concurrence joue, dans le monde moral, le même rôle que l'équilibre dans le monde matériel. Elle est le fondement du vrai communisme, du vrai socialisme, de cette égalité de bien-être et de conditions si désirée de nos jours; et si tant de publicistes sincères, tant de réformateurs de bonne foi les demandent à l'*arbitraire*, c'est qu'ils ne comprennent pas la *liberté*[15].

---

[15] La théorie esquissée dans ce chapitre est celle qui, quatre ans plus tard, fut développée dans les *Harmonies économiques*. Rémunération exclusivement réservée au travail humain ; gratuité des agents naturels ; conquête progressive de ces agents au profit de l'humanité, dont ils deviennent ainsi le patrimoine commun ; élévation du bien-être général et tendance au nivellement relatif des conditions : on reconnaît là tous les éléments essentiels du plus important des travaux de Bastiat.(Note de l'éditeur.)

V. Nos produits sont grevés de taxes

C'est le même sophisme. On demande que le produit étranger soit taxé, afin de neutraliser les effets de la taxe qui pèse sur le produit national. Il s'agit donc encore d'égaliser les conditions de la production. Nous n'aurions qu'un mot à dire : c'est que la taxe est un obstacle artificiel qui a exactement le même résultat qu'un obstacle naturel, celui de forcer la hausse du prix. Si cette hausse arrive au point qu'il y ait plus de perte à créer le produit lui-même qu'à le tirer du dehors en en créant la contre-valeur, *laissez faire*. L'intérêt privé saura bien de deux maux choisir le moindre. Je pourrais donc renvoyer le lecteur à la démonstration précédente; mais le sophisme que j'ai ici à combattre revient si souvent dans les doléances et les requêtes, j'allais dire les sommations de l'école protectionniste, qu'il mérite bien une discussion spéciale.

Si l'on veut parler d'une de ces taxes exceptionnelles qui frappent certains produits, je conviendrai volontiers qu'il est raisonnable d'y soumettre le produit étranger. Par exemple, il serait absurde d'affranchir de l'impôt le sel exotique; non qu'au point de vue économique la France y perdit rien, au contraire. Quoi qu'on en dise, les principes sont invariables; et la France y gagnerait, comme elle gagnera toujours à éviter un obstacle naturel ou artificiel. Mais ici l'obstacle a été mis dans un but fiscal. Il faut bien que ce but soit atteint; et si le sel étranger se vendait sur notre marché, franc de droit, le Trésor ne recouvrerait pas ses cent millions, et il devrait les demander à quelque autre branche de l'impôt. Il y aurait inconséquence évidente à créer un obstacle dans un but pour ne pas l'atteindre. Mieux eût valu s'adresser tout d'abord à cet autre impôt, et ne pas taxer le sel français. Voilà dans quelles circonstances j'admets sur le produit étranger un droit *non protecteur*, mais fiscal.

Mais prétendre qu'une nation, parce qu'elle est assujettie à des impôts plus lourds que ceux de la nation voisine, doit se protéger par ses tarifs contre la concurrence de sa rivale, c'est là qu'est le sophisme, et c'est là que j'entends l'attaquer.

J'ai dit plusieurs fois que je n'entends faire que de la théorie, et remonter, autant que j'en suis capable, aux sources des erreurs des protectionnistes. Si je faisais de la polémique, je leur dirais : Pourquoi dirigez-vous les tarifs principalement contre l'Angleterre et la Belgique, les pays les plus chargés de taxes qui soient au monde? Ne suis-je pas autorisé à ne voir dans votre argument qu'un prétexte? — Mais je ne suis pas de ceux qui croient qu'on est prohibitionniste par intérêt et non par conviction. La doctrine de la protection est trop populaire pour n'être pas sincère. Si le grand nombre avait foi dans la liberté, nous serions libres. Sans doute c'est l'intérêt privé qui grève nos tarifs, mais c'est après avoir agi sur les convictions. « La volonté, dit Pascal, est un des principaux organes de la créance. » Mais la créance n'existe pas moins pour avoir sa racine dans la volonté et dans les secrètes inspirations de l'égoïsme.

Revenons au sophisme tiré de l'impôt.

L'État peut faire des impôts un bon ou un mauvais usage : il en fait un bon usage quand il rend au public des services équivalents à la valeur que le public lui livre. Il en fait mauvais usage quand il dissipe cette valeur sans rien donner en retour.

Dans le premier cas, dire que les taxes placent le pays qui les paie dans des conditions de production plus défavorables que celui qui en est affranchi, c'est un sophisme. — Nous payons vingt millions pour la justice et la police, c'est vrai; mais nous avons la justice et la police, la sécurité qu'elles nous procurent, le temps qu'elles nous épargnent; et il est très-probable que la production n'est ni plus facile ni plus active parmi les peuples, s'il en est, où chacun se fait justice soi-même. — Nous payons plusieurs centaines de millions pour des routes, des ponts, des ports, des chemins de fer : j'en conviens. Mais nous avons ces chemins, ces ports, ces routes; et à moins de prétendre que nous faisons une mauvaise affaire en les établissant, on ne peut pas dire qu'ils nous rendent inférieurs aux peuples qui ne supportent pas, il est vrai, de budget de travaux publics, mais qui n'ont pas non plus de travaux publics. — Et ceci explique pourquoi, tout en accusant l'impôt d'être une cause d'infériorité industrielle, nous dirigeons nos tarifs précisément contre les nations qui sont les plus imposées. C'est que les taxes, bien employées, loin de les détériorer, ont amélioré les *conditions de production* de ces peuples. Ainsi, nous arrivons toujours à cette conclusion, que les sophismes protectionnistes ne s'écartent pas seulement du vrai, mais sont le contraire, l'antipode de la vérité[16].

Quant aux impôts qui sont improductifs, supprimez-les, si vous pouvez; mais la plus étrange manière qu'on puisse imaginer d'en neutraliser les effets, c'est assurément d'ajouter aux taxes publiques des taxes individuelles. Grand merci de la compensation! L'État nous a trop taxés, dites-vous. Eh! raison de plus pour ne pas nous taxer encore les uns les autres!

Un droit protecteur est une taxe dirigée contre le produit étranger, mais qui retombe, ne l'oublions jamais, sur le consommateur national. Or le consommateur, c'est le contribuable. Et n'est-ce pas un plaisant langage à lui tenir que de lui dire : « Parce que les impôts sont lourds, nous élèverons pour toi le prix de toutes choses; parce que l'État prend une partie de ton revenu, nous en livrerons une autre partie au monopole? »

Mais pénétrons plus avant dans un sophisme si accrédité parmi nos législateurs, quoiqu'il soit assez extraordinaire que ce soient précisément ceux qui maintiennent les impôts improductifs (c'est notre hypothèse actuelle) qui leur attribuent notre prétendue infériorité industrielle, pour la racheter ensuite par d'autres impôts et d'autres entraves.

Il me semble évident que la protection aurait pu, sans changer de nature et d'effets, prendre la forme d'une taxe directe prélevée par l'État et distribuée en primes indemnitaires aux industries privilégiées.

Admettons que le fer étranger puisse se vendre sur notre marché à 8 francs et non plus bas, le fer français à 12 francs et non au-dessous.

Dans cette hypothèse, il y a pour l'État deux manières d'assurer le marché national au producteur.

La première, c'est de frapper le fer étranger d'un droit de 5 francs. Il est clair qu'il sera exclu, puisqu'il ne pourrait plus se vendre qu'à 13 francs, savoir : 8 francs pour le prix de revient et 5 francs pour la taxe, et qu'à ce prix il sera chassé du marché par le fer français, que nous avons supposé être de 12 francs. Dans ce cas, l'acheteur, le consommateur aura fait tous les frais de la protection.

---

[16] Voir *Harmonies*, ch. xvii. (Note de l'éditeur.)

L'État aurait pu encore imposer au public une taxe de 5 francs et la donner en prime au maître de forge. L'effet protecteur eût été le même. Le fer étranger eût été également exclu; car notre maître de forge aurait vendu à 7 francs, ce qui, avec les 5 francs de prime, lui ferait son prix rémunérateur de 12 francs. Mais en présence du fer à 7 francs, l'étranger ne pourrait livrer le sien à 8.

Je ne puis voir entre ces deux systèmes qu'une seule différence : le principe est le même, l'effet est le même; seulement dans un cas la protection est payée par quelques-uns, dans l'autre par tous.

J'avoue franchement ma prédilection pour le second système. Il me semble plus juste, plus économique et plus loyal : plus juste, parce que si la société veut faire des largesses à quelques-uns de ses membres, il faut que tous y contribuent; plus économique, parce qu'il épargnerait beaucoup de frais de perception, et ferait disparaître beaucoup d'entraves; plus loyal enfin, parce que le public verrait clair dans l'opération et saurait ce qu'on lui fait faire.

Mais si le système protecteur eût pris cette forme, ne serait-ce pas une chose assez risible que d'entendre dire : « Nous payons de lourdes taxes pour l'armée, la marine, la justice, les travaux publics, l'université, la dette, etc.; cela passe un milliard. C'est pourquoi il serait bon que l'État nous prît encore un autre milliard pour soulager ces pauvres maîtres de forges, ces pauvres actionnaires d'Anzin, ces malheureux propriétaires de forêts, ces utiles pêcheurs de morue. »

Qu'on y regarde de près, et l'on s'assurera que c'est à cela que se réduit la portée du sophisme que je combats. Vous avez beau faire, messieurs, vous ne pouvez donner de l'argent aux uns qu'en le prenant aux autres. Si vous voulez absolument épuiser le contribuable, à la bonne heure; mais au moins ne le raillez pas, et ne venez pas lui dire : « Je te prends pour compenser ce que je t'ai déjà pris. »

On ne finirait pas si l'on voulait relever tout ce qu'il y a de faux dans ce sophisme. Je me bornerai à trois considérations.

Vous vous prévalez de ce que la France est accablée de taxes, pour en induire qu'il faut protéger telle ou telle industrie. — Mais ces taxes, nous avons à les payer malgré la protection. Si donc une industrie se présente et dit : « Je participe au paiement des taxes; cela élève le prix de revient de mes produits, et je demande qu'un droit protecteur en élève aussi le prix vénal », que demande-t-elle autre chose, si ce n'est de se décharger de la taxe sur le reste de la communauté? Sa prétention est de recouvrer, par l'élévation du prix de ses produits, le montant de sa part de taxes. Or, le total des impôts devant toujours rentrer au Trésor, et la masse ayant à supporter cette élévation de prix, elle paie sa taxe et celle de cette industrie. Mais, dites-vous, on protégera tout le monde. — D'abord cela est impossible; et, cela fût-il possible, où serait le soulagement? Je paierai pour vous, vous paierez pour moi; mais il ne faudra pas moins que la taxe se paie.

Ainsi, vous êtes dupes d'une illusion. Vous voulez payer des taxes pour avoir une armée, une marine, un culte, une université, des juges, des routes, etc., et ensuite vous voulez affranchir de sa part de taxes d'abord une industrie, puis une seconde, puis une troisième, toujours en en répartissant le fardeau sur la masse. Mais vous ne faites rien que créer des complications interminables, sans autre résultat que ces complications elles-mêmes. Prouvez-moi que l'élévation du prix due à la protection retombe sur l'étranger, et je pourrai voir dans votre argument quelque chose de spécieux. Mais s'il est vrai que le public français payait la taxe avant la loi et qu'après la loi il paie à la fois et la protection et la taxe, en vérité, je ne puis voir ce qu'il y gagne.

Mais je vais bien plus loin : je dis que, plus nos impôts sont lourds, plus nous devons nous empresser d'ouvrir nos ports et nos frontières à l'étranger moins grevé que nous. Et pourquoi? Pour lui repasser une plus grande partie de notre fardeau. N'est-ce point un axiome incontestable en économie politique, que les impôts, à la longue, retombent sur le consommateur? Plus donc nos échanges seront multipliés, plus les consommateurs étrangers nous rembourseront de taxes incorporées dans les produits que nous leur vendrons; tandis que nous n'aurions à leur faire, à cet égard, qu'une moindre restitution, puisque, d'après notre hypothèse, leurs produits sont moins grevés que les nôtres.

Enfin, ces lourds impôts dont vous arguez pour justifier le régime prohibitif, vous êtes-vous jamais demandé si ce n'est pas ce régime qui les occasionne? Je voudrais bien qu'on me dit à quoi serviraient les grandes armées permanentes et les puissantes marines militaires si le commerce était libre… Mais ceci regarde les hommes politiques,

> Et ne confondons pas, pour trop approfondir,
> leurs affaires avec les nôtres[17].

---

[17] Voir, au tome V, le pamphlet *Paix et liberté*. (Note de l'éditeur.)

VI. Balance du commerce

Nos adversaires ont adopté une tactique qui ne laisse pas que de nous embarrasser. Établissons-nous notre doctrine? ils l'admettent le plus respectueusement possible. Attaquons-nous leur principe? ils l'abandonnent de la meilleure grâce du monde; ils ne demandent qu'une chose, c'est que notre doctrine, qu'ils tiennent pour vraie, soit reléguée dans les livres, et que leur principe, qu'ils reconnaissent vicieux, règne dans la pratique des affaires. Cédez-leur le maniement des tarifs, et ils ne vous disputeront pas le domaine de la théorie.

« Assurément, disait dernièrement M. Gauthier de Rumilly, personne de nous ne veut ressusciter les vieilles théories de la balance du commerce. » — Fort bien; mais, monsieur Gauthier, ce n'est pas tout que de donner en passant un soufflet à l'erreur : il faudrait encore ne pas raisonner, immédiatement après, et deux heures durant, comme si cette erreur était une vérité.

Parlez-moi de M. Lestiboudois. Voilà un raisonneur conséquent, un argumentateur logicien. Il n'y a rien dans ses conclusions qui ne soit dans ses prémisses : il ne demande rien à la pratique qu'il ne justifie par une théorie. Son principe peut être faux, c'est là la question. Mais enfin il a un principe. Il croit, il proclame tout haut que, si la France donne dix pour recevoir quinze, elle perd cinq, et il est tout simple qu'il fasse des lois en conséquence.

« Ce qu'il y a d'important, dit-il, c'est qu'incessamment le chiffre de l'importation va en augmentant et dépasse le chiffre de l'exportation, c'est-à-dire que tous les ans la France achète plus de produits étrangers et vend moins de produits nationaux. Les chiffres en font foi. Que voyons-nous? en 1842, nous voyons l'importation dépasser de 200 millions l'exportation. Ces faits me semblent prouver, de la manière la plus nette, que le travail national *n'est pas suffisamment protégé*, que nous chargeons le travail étranger de notre approvisionnement, que la concurrence de nos rivaux *opprime* notre industrie. La loi actuelle me semble être une consécation de ce fait, qu'il n'est pas vrai, ainsi que l'ont déclaré les économistes, que, quand on achète, on vend nécessairement une portion correspondante de marchandises. Il est évident qu'on peut acheter, non avec ses produits habituels, non avec son revenu, non avec les fruits du travail permanent, mais avec son capital, avec les produits accumulés, économisés, ceux qui servent à la reproduction, c'est-à-dire qu'on peut dépenser, dissiper les profits des économies antérieures, qu'on peut s'appauvrir, qu'on peut marcher à sa ruine, qu'on peut consommer entièrement le capital national. *C'est précisément ce que nous faisons. Tous les ans nous donnons 200 millions à l'étranger.* »

Eh bien, voilà un homme avec lequel on peut s'entendre. Il n'y a pas d'hypocrisie dans ce langage. La balance du commerce y est avouée tout net. La France importe 200 millions de plus qu'elle n'exporte. Donc, la France perd 200 millions par an. — Et le remède? C'est d'empêcher les importations. La conclusion est irréprochable.

C'est donc à M. Lestiboudois que nous allons nous attaquer, car comment lutter avec M. Gauthier? Si vous lui dites : La balance du commerce est une erreur, il vous répondra : C'est ce que j'ai avancé dans mon exorde. Si vous lui criez : Mais la balance du commerce est une vérité, il vous dira : C'est ce que j'ai consigné dans mes conclusions.

L'école économiste me blâmera sans doute d'argumenter avec M. Lestiboudois. Combattre la balance du commerce, me dira-t-on, c'est combattre un moulin à vent.

Mais, prenez-y garde, la balance du commerce n'est ni si vieille, ni si malade, ni si morte que veut bien le dire M. Gauthier; car toute la Chambre, y compris M. Gauthier lui-même, s'est associée par ses votes à la théorie de M. Lestiboudois.

Cependant, pour ne pas fatiguer le lecteur, je n'approfondirai pas cette théorie. Je me contenterai de la soumettre à l'épreuve des faits.

On accuse sans cesse nos principes de n'être bons qu'en théorie. Mais, dites-moi, messieurs, croyez-vous que les livres des négociants soient bons en pratique? Il me semble que, s'il y a quelque chose au monde qui ait une autorité pratique, quand il s'agit de constater des pertes et des profits, c'est la comptabilité commerciale. Apparemment tous les négociants de la terre ne s'entendent pas depuis des siècles pour tenir leurs livres de telle façon qu'ils leur présentent les bénéfices comme des pertes, et les pertes comme des bénéfices. En vérité, j'aimerais mieux croire que M. Lestiboudois est un mauvais économiste.

Or, un négociant de mes amis, ayant fait deux opérations dont les résultats ont été fort différents, j'ai été curieux de comparer à ce sujet la comptabilité du comptoir à celle de la douane, interprétée par M. Lestiboudois avec la sanction de nos six cents législateurs.

M. T... expédia du Havre un bâtiment pour les États-Unis, chargé de marchandises françaises, et principalement de celles qu'on nomme articles de Paris, montant à 200,000 fr. Ce fut le chiffre déclaré en douane. Arrivée à la Nouvelle-Orléans, il se trouva que la cargaison avait fait 10 % de frais et acquitté 30 % de droits, ce qui la faisait ressortir à 280,000 fr. Elle fut vendue avec 20 % de bénéfice, soit 40,000 fr., et produisit au total 320,000 fr., que le consignataire convertit en coton. Ces cotons eurent encore à supporter, pour le transport, assurances, commission, etc., 10 % de frais : en sorte qu'au moment où elle entra au Havre, la nouvelle cargaison, revenait à 352,000 fr., et ce fut le chiffre consigné dans les états de la douane. Enfin, M. T... réalisa encore, sur ce retour, 20 % de profit, soit 70,400 fr.; en d'autres termes, les cotons se vendirent 422,400 fr.

Si M. Lestiboudois l'exige, je lui enverrai un extrait des livres de M. T... Il y verra figurer au *crédit* du compte de *profits* et *pertes*, c'est-à-dire comme bénéfices, deux articles, l'un de 40,000, l'autre de 70,400 fr., et M. T... est bien persuadé qu'à cet égard sa comptabilité ne le trompe pas.

Cependant, que disent à M. Lestiboudois les chiffres que la douane a recueillis sur cette opération? Ils lui apprennent que la France a exporté 200,000 fr. et qu'elle a importé 352,000 fr.; d'où l'honorable député conclut « *qu'elle a dépensé et dissipé les profits de ses économies antérieures, qu'elle s'est appauvrie, qu'elle a marché vers sa ruine, qu'elle a donné à l'étranger 452,000 fr. de son capital.* »

Quelque temps après, M. T... expédia un autre navire également chargé de 200,000 fr. de produits de notre travail national. Mais le malheureux bâtiment sombra en sortant du port, et il ne resta autre chose à faire à M. T... que d'inscrire sur ses livres deux petits articles ainsi formulés :

Marchandises diverses doivent à X fr. 200,000 pour achats de différents objets expédiés par le navire N.

Profits et pertes doivent à marchandises diverses fr. 200,000 pour perte définitive et totale de la cargaison.

Pendant ce temps-là, la douane inscrivait de son côté fr. 200,000 sur son tableau d'*exportations*; et comme elle n'aura jamais rien à faire figurer en regard sur le tableau des importations, il s'ensuit que M. Lestiboudois et la Chambre verront dans ce naufrage un *profit clair* et net de 200,000 fr. pour la France.

Il y a encore cette conséquence à tirer de là, c'est que, selon la théorie de la balance du commerce, la France a un moyen tout simple de doubler à chaque instant ses capitaux. Il suffit pour cela qu'après les avoir fait passer par la douane, elle les jette à la mer. En ce cas, les exportations seront égales au montant de ses capitaux; les importations seront nulles et même impossibles, et nous gagnerons tout ce que l'Océan aura englouti.

C'est une plaisanterie, diront les protectionnistes. Il est impossible que nous disions de pareilles absurdités. — Vous les dites pourtant, et, qui plus est, vous les réalisez, vous les imposez pratiquement à vos concitoyens, autant du moins que cela dépend de vous.

La vérité est qu'il faudrait prendre la balance du commerce au *rebours*, et calculer le profit national, dans le commerce extérieur, par l'excédant des importations sur les exportations. Cet excédant, les frais déduits, forme le bénéfice réel. Mais cette théorie, qui est la vraie, mène directement à la liberté des échanges. — Cette théorie, messieurs, je vous la livre comme toutes celles qui ont fait le sujet des précédents chapitres. Exagérez-la tant que vous voudrez, elle n'a rien à redouter de cette épreuve. Supposez, si cela vous amuse, que l'étranger nous inonde de toutes sortes de marchandises utiles, sans nous rien demander; que nos importations sont *infinies* et nos exportations *nulles*, je vous défie de me prouver que nous en serons plus pauvres[18].

---

[18] En mars 1850, l'auteur fut encore obligé de combattre le même sophisme, qu'il

VII. Pétition des fabricants de chandelles, etc.

DES FABRICANTS DE CHANDELLES, BOUGIES, LAMPES, CHANDELIERS, RÉVERBÈRES, MOUCHETTES, ÉTEIGNOIRS, ET DES PRODUCTEURS DE SUIF, HUILE, RÉSINE, ALCOOL, ET GÉNÉRALEMENT DE TOUT CE QUI CONCERNE L'ÉCLAIRAGE.

À MM. les membres de la chambre des députés.

« Messieurs,

« Vous êtes dans la bonne voie. Vous repoussez les théories abstraites; l'abondance, le bon marché vous touchent peu. Vous vous préoccupez surtout du sort du producteur. Vous le voulez affranchir de la concurrence extérieure, en un mot, vous voulez réserver le *marché national* au *travail national*.

« Nous venons vous offrir une admirable occasion d'appliquer votre... comment dirons-nous? votre théorie? non, rien n'est plus trompeur que la théorie; votre doctrine? votre système? votre principe? mais vous n'aimez pas les doctrines, vous avez horreur des systèmes, et, quant aux principes, vous déclarez qu'il n'y en a pas en économie sociale; nous dirons donc votre pratique, votre pratique sans théorie et sans principe.

« Nous subissons l'intolérable concurrence d'un rival étranger placé, à ce qu'il paraît, dans des conditions tellement supérieures aux nôtres, pour la production de la lumière, qu'il en *inonde* notre *marché national* à un prix fabuleusement réduit; car, aussitôt qu'il se montre, notre vente cesse, tous les consommateurs s'adressent à lui, et une branche d'industrie française, dont les ramifications sont innombrables, est tout à

---

entendit produire à la tribune nationale. Il rectifia la démonstration précédente en excluant de ses calculs les frais de transport, etc. Voir la fin du tome V. (Note de l'éditeur.)

coup frappée de la stagnation la plus complète. Ce rival, qui n'est autre que le soleil, nous fait une guerre si acharnée, que nous soupçonnons qu'il nous est suscité par la perfide Albion (bonne diplomatie par le temps qui court!), d'autant qu'il a pour cette île orgueilleuse des ménagements dont il se dispense envers nous.

« Nous demandons qu'il vous plaise de faire une loi qui ordonne la fermeture de toutes fenêtres, lucarnes, abat-jour, contre-vents, volets, rideaux, vasistas, œils-de-bœuf, stores, en un mot, de toutes ouvertures, trous, fentes et fissures par lesquelles la lumière du soleil a coutume de pénétrer dans les maisons, au préjudice des belles industries dont nous nous flattons d'avoir doté le pays, qui ne saurait sans ingratitude nous abandonner aujourd'hui à une lutte si inégale.

« Veuillez, messieurs les députés, ne pas prendre notre demande pour une satire, et ne la repoussez pas du moins sans écouter les raisons que nous avons à faire valoir à l'appui.

« Et d'abord, si vous fermez, autant que possible, tout accès à la lumière naturelle, si vous créez ainsi le besoin de lumière artificielle, quelle est en France l'industrie qui, de proche en proche, ne sera pas encouragée?

« S'il se consomme plus de suif, il faudra plus de bœufs et de moutons, et, par suite, on verra se multiplier les prairies artificielles, la viande, la laine, le cuir, et surtout les engrais, cette base de toute richesse agricole.

« S'il se consomme plus d'huile, on verra s'étendre la culture du pavot, de l'olivier, du colza. Ces plantes riches et épuisantes viendront à propos mettre à profit cette fertilité que l'élève des bestiaux aura communiquée à notre territoire.

« Nos landes se couvriront d'arbres résineux. De nombreux essaims d'abeilles recueilleront sur nos montagnes des trésors parfumés qui s'évaporent aujourd'hui sans utilité, comme les fleurs d'où ils émanent. Il n'est donc pas une branche d'agriculture qui ne prenne un grand développement.

« Il en est de même de la navigation : des milliers de vaisseaux iront à la pêche de la baleine, et dans peu de temps nous aurons une marine capable de soutenir l'honneur de la France et de répondre à la patriotique susceptibilité des pétitionnaires soussignés, marchands de chandelles, etc.

Mais que dirons-nous de l'*article Paris*? Voyez d'ici les dorures, les bronzes, les cristaux en chandeliers, en lampes, en lustres, en candélabres, briller dans de spacieux magasins, auprès desquels ceux d'aujourd'hui ne sont que des boutiques.

« Il n'est pas jusqu'au pauvre résinier, au sommet de sa dune, ou au triste mineur, au fond de sa noire galerie, qui ne voie augmenter son salaire et son bien-être.

« Veuillez y réfléchir, messieurs; et vous resterez convaincus qu'il n'est peut-être pas un Français, depuis l'opulent actionnaire d'Anzin jusqu'au plus humble débitant d'allumettes, dont le succès de notre demande n'améliore la condition.

« Nous prévoyons vos objections, messieurs; mais vous ne nous en opposerez pas une seule que vous n'alliez la ramasser dans les livres usés des partisans de la liberté commerciale. Nous osons vous mettre au défi de prononcer un mot contre nous qui ne se retourne à l'instant contre vous-mêmes et contre le principe qui dirige toute votre politique.

« Nous direz-vous que, si nous gagnons à cette protection, la France n'y gagnera point, parce que le consommateur en fera les frais?

« Nous vous répondrons :

« Vous n'avez plus le droit d'invoquer les intérêts du consommateur. Quand il s'est trouvé aux prises avec le producteur, en toutes circonstances vous l'avez sacrifié. — Vous l'avez fait pour *encourager le travail*, pour *accroître le domaine du travail*. Par le même motif, vous devez le faire encore.

« Vous avez été vous-mêmes au-devant de l'objection. Lorsqu'on vous disait : le consommateur est intéressé à la libre introduction du fer, de la houille, du sésame, du froment, des tissus. — Oui, disiez-vous, mais le producteur est intéressé à leur exclusion. — Eh bien! si les consommateurs sont intéressés à l'admission de la lumière naturelle, les producteurs le sont à son interdiction.

« Mais, disiez-vous encore, le producteur et le consommateur ne font qu'un. Si le fabricant gagne par la protection, il fera gagner l'agriculteur. Si l'agriculture prospère, elle ouvrira des débouchés aux fabriques. — Eh bien! si vous nous conférez le monopole de l'éclairage pendant le jour, d'abord nous achèterons beaucoup de suifs, de charbons, d'huiles, de résines, de cire, d'alcool, d'argent, de fer, de bronzes, de cristaux, pour alimenter notre industrie, et, de plus, nous et nos nombreux fournisseurs, devenus riches, nous consommerons beaucoup et répandrons l'aisance dans toutes les branches du travail national.

« Direz-vous que la lumière du soleil est un don gratuit, et que repousser des dons gratuits, ce serait repousser la richesse même sous prétexte d'encourager les moyens de l'acquérir?

« Mais prenez garde que vous portez la mort dans le cœur de votre politique; prenez garde que jusqu'ici vous avez toujours repoussé le produit étranger *parce qu'il* se rapproche du don gratuit, et *d'autant plus* qu'il se rapproche du don gratuit. Pour obtempérer aux exigences des autres monopoleurs, vous n'aviez qu'un *demi-motif*; pour accueillir notre demande, vous avez un *motif complet*, et nous repousser précisément en vous *fondant* sur ce que nous sommes plus fondés que les autres, ce serait poser l'équation : + × + = −; en d'autres termes, ce serait entasser *absurdité* sur *absurdité*.

« Le travail et la nature concourent en proportions diverses, selon les pays et les climats, à la création d'un produit. La part qu'y met la nature est toujours gratuite; c'est la part du travail qui en fait la valeur et se paie.

« Si une orange de Lisbonne se vend à moitié prix d'une orange de Paris, c'est qu'une chaleur naturelle et par conséquent gratuite fait pour l'une ce que l'autre doit à une chaleur artificielle et partant coûteuse.

« Donc, quand une orange nous arrive de Portugal, on peut dire qu'elle nous est donnée moitié gratuitement, moitié à titre onéreux, ou, en d'autres termes, à *moitié prix* relativement à celles de Paris.

« Or, c'est précisément de cette *demi-gratuité* (pardon du mot) que vous arguez pour l'exclure. Vous dites : Comment le travail national pourrait-il soutenir la concurrence du travail étranger quand celui-là a tout à faire, et que celui-ci n'a à accomplir que la moitié de la besogne, le soleil se chargeant du reste? — Mais si la *demi-gratuité* vous détermine à repousser la concurrence, comment la *gratuité* entière vous porterait-elle à admettre la concurrence? Ou vous n'êtes pas logiciens, ou vous devez, repoussant la demi-gratuité comme nuisible à notre travail national, repousser *à fortiori* et avec deux fois plus de zèle la gratuité entière.

« Encore une fois, quand un produit, houille, fer, froment ou tissu, nous vient du dehors et que nous pouvons l'acquérir avec moins de travail que si nous le faisions nous-mêmes, la différence est un *don gratuit* qui nous est conféré. Ce don est plus ou moins considérable, selon que la différence est plus ou moins grande. Il est du quart, de moitié, des trois quarts de la valeur du produit, si l'étranger ne nous demande que les trois quarts, la moitié, le quart du paiement. Il est aussi complet qu'il puisse l'être, quand le donateur, comme fait le soleil pour la lumière, ne nous demande rien. La question, et nous la posons formellement, est de savoir si vous voulez pour la France le bénéfice de la consommation gratuite ou les prétendus avantages de la production onéreuse. Choisissez, mais soyez logiques; car, tant que vous repousserez, comme vous le faites, la houille, le fer, le froment, les tissus étrangers, en *proportion* de ce que leur prix se rapproche de *zéro*, quelle inconséquence ne serait-ce pas d'admettre la lumière du soleil, dont le prix est à *zéro*, pendant toute la journée? »

VIII. Droits différentiels

Un pauvre cultivateur de la Gironde avait élevé avec amour un plant de vigne. Après bien des fatigues et des travaux, il eut enfin le bonheur de recueillir une pièce de vin, et il oublia que chaque goutte de ce précieux nectar avait coûté à son front une goutte de sueur. « — Je le vendrai, dit-il à sa femme, et avec le prix j'achèterai du fil dont tu feras le trousseau de notre fille. » — L'honnête campagnard se rend à la ville, il rencontre un Belge et un Anglais. Le Belge lui dit : Donnez-moi votre pièce de vin, et je vous donnerai en échange quinze paquets de fil. L'Anglais dit : Donnez-moi votre vin, et je vous donnerai vingt paquets de fil; car, nous autres Anglais, nous filons à meilleur marché que les Belges. Mais un douanier qui se trouvait là dit : Brave homme, échangez avec le Belge, si vous le trouvez bon, mais je suis chargé de vous empêcher d'échanger avec l'Anglais. Quoi! dit le campagnard, vous voulez que je me contente de quinze paquets de fil venu de Bruxelles, quand je puis en avoir vingt venus de Manchester? — Certainement; ne voyez-vous pas que la France perdrait si vous receviez vingt paquets, au lieu de quinze? — J'ai peine à le comprendre, dit le vigneron. — Et moi à l'expliquer, repartit le douanier; mais la chose est sûre : car tous les députés, ministres et gazetiers sont d'accord sur ce point, que plus un peuple reçoit en échange d'une quantité donnée de ses produits, plus il s'appauvrit. Il fallut conclure avec le Belge. La fille du campagnard n'eut que les trois quarts de son trousseau, et ces braves gens en sont encore à se demander comment il se fait qu'on se ruine en recevant quatre au lieu de trois, et pourquoi on est plus riche avec trois douzaines de serviettes qu'avec quatre douzaines.

IX. Immense découverte!!!

Au moment où tous les esprits sont occupés à chercher des économies sur les moyens de transport;

Au moment où, pour réaliser ces économies, on nivelle les routes, on canalise les rivières, on perfectionne les bateaux à vapeur, on relie à Paris toutes nos frontières par une étoile de fer, par des systèmes de traction atmosphériques, hydrauliques, pneumatiques, électriques, etc.;

Au moment enfin où je dois croire que chacun cherche avec ardeur et sincérité la solution de ce problème :

« Faire que le prix des choses, au lieu de consommation, se rapproche autant que possible du prix qu'elles ont aux lieux de production. »

Je me croirais coupable envers mon pays, envers mon siècle et envers moi-même, si je tenais plus longtemps secrète la découverte merveilleuse que je viens de faire.

Car les illusions de l'inventeur ont beau être proverbiales, j'ai la certitude la plus complète d'avoir trouvé un moyen infaillible pour que les produits du monde entier arrivent en France, et réciproquement, avec une réduction de prix considérable.

Infaillible! et ce n'est encore qu'un des avantages de mon étonnante invention.

Elle n'exige ni plans, ni devis, ni études préparatoires, ni ingénieurs, ni machinistes, ni entrepreneurs, ni capitaux, ni actionnaires, ni secours du gouvernement!

Elle ne présente aucun danger de naufrages, d'explosions, de chocs, d'incendie, de déraillement!

Elle peut être mise en pratique du jour au lendemain!

Enfin, et ceci la recommandera sans doute au public, elle ne grèvera pas d'un centime le budget; au contraire. — Elle n'augmentera pas le cadre des fonctionnaires et les exigences de la bureaucratie; au contraire. — Elle ne coûtera à personne sa liberté; au contraire.

Ce n'est pas le hasard qui m'a mis en possession de ma découverte, c'est l'observation. Je dois dire ici comment j'y ai été conduit.

J'avais donc cette question à résoudre :

« Pourquoi une chose faite à Bruxelles, par exemple, coûte-t-elle plus cher quand elle est arrivée à Paris? »

Or, je n'ai pas tardé à m'apercevoir que cela provient de ce qu'il existe entre Paris et Bruxelles des obstacles de plusieurs sortes. C'est d'abord la distance; on ne peut la franchir sans peine, sans perte de temps; et il faut bien s'y soumettre soi-même ou payer pour qu'un autre s'y soumette. Viennent ensuite des rivières, des marais, des accidents de terrain, de la boue : ce sont autant de *difficultés* à surmonter. On y parvient en construisant des chaussées, en bâtissant des ponts, en perçant des routes, en diminuant leur résistance par des pavés, des bandes de fer, etc. Mais tout cela coûte, et il faut que l'objet transporté supporte sa part des frais. Il y a encore des voleurs sur les routes, ce qui exige une gendarmerie, une police, etc.

Or, parmi ces obstacles, il en est un que nous avons jeté nous-mêmes, et à grands frais, entre Bruxelles et Paris. Ce sont des hommes embusqués le long de la frontière, armés jusqu'aux dents et chargés d'opposer des difficultés au transport des marchandises d'un pays à l'autre. On les appelle douaniers. Ils agissent exactement dans le même sens que la boue et les ornières. Ils retardent, ils entravent, ils contribuent à cette différence que nous avons remarquée entre le prix de production et le prix de consommation, différence que notre problème est de réduire le plus possible.

Et voilà le problème résolu. Diminuez le tarif.

— Vous aurez fait le chemin de fer du Nord sans qu'il vous en ait rien coûté. Loin de là, vous épargnerez de gros traitements, et vous commencerez dès le premier jour par mettre un capital dans votre poche.

Vraiment, je me demande comment il a pu entrer assez de bizarrerie dans nos cervelles pour nous déterminer à payer beaucoup de millions dans l'objet de détruire les *obstacles naturels* qui s'interposent entre la France et l'étranger, et en même temps à payer beaucoup d'autres millions pour y substituer des *obstacles artificiels* qui ont exactement les mêmes effets, en sorte que, l'obstacle créé et l'obstacle détruit se neutralisant, les choses vont comme devant, et le résidu de l'opération est une double dépense.

Un produit belge vaut à Bruxelles 20 fr., et, rendu à Paris, 30, à cause des frais de transport. Le produit similaire d'industrie parisienne vaut 40 fr. Que faisons-nous?

D'abord nous mettons un droit d'au moins 10 fr., sur le produit belge, afin d'élever son prix de revient à Paris à 40 fr., et nous payons de nombreux surveillants pour qu'il n'échappe pas à ce droit, en sorte que dans le trajet il est chargé de 10 fr., pour le transport et 10 fr., pour la taxe.

Cela fait, nous raisonnons ainsi : ce transport de Bruxelles à Paris, qui coûte 10 fr., est bien cher. Dépensons deux ou trois cents millions en railways, et nous le réduirons de moitié. — Évidemment, tout ce que nous aurons obtenu, c'est que le produit belge se vendra à Paris 35 fr., savoir :

20 fr.	son prix de Bruxelles.
10 —	droit.
5 —	port réduit par le chemin de fer.
35 fr.	total, ou prix de revient à Paris.

Eh! n'aurions-nous pas atteint le même résultat en abaissant le tarif à 5 fr.? Nous aurions alors :

20 fr.	prix de Bruxelles.
5 —	droit réduit.
10 —	port par les routes ordinaires.
35 fr.	total, ou prix de revient à Paris.

Et ce procédé nous eût épargné 200 millions que coûte le chemin de fer, plus les frais de surveillance douanière, car ils doivent diminuer à mesure que diminue l'encouragement à la contrebande.

Mais, dit-on, le droit est nécessaire pour protéger l'industrie parisienne. — Soit; mais alors n'en détruisez pas l'effet par votre chemin de fer.

Car, si vous persistez à vouloir que le produit belge revienne, comme celui de Paris, à 40 fr., il vous faudra porter le droit à 15 fr. pour avoir :

20 fr.   prix de Bruxelles.
15 —   droit protecteur.
<u>5 —</u>   port par le chemin de fer.
40   fr.   total à prix égalisés.

Alors je demande quelle est, sous ce rapport, l'utilité du chemin de fer.

Franchement, n'y a-t-il pas quelque chose d'humiliant pour le dix-neuvième siècle d'apprêter aux âges futurs le spectacle de pareilles puérilités pratiquées avec un sérieux imperturbable? Être dupe d'autrui n'est pas déjà très-plaisant; mais employer le vaste appareil représentatif à se duper soi-même, à se duper doublement, et dans une affaire de numération, voilà qui est bien propre à rabattre un peu l'orgueil du *siècle des lumières*.

X. Réciprocité

Nous venons de voir que tout ce qui, dans le trajet, rend le transport onéreux, agit dans le sens de la protection, ou, si on l'aime mieux, que la protection agit dans le sens de tout ce qui rend le transport onéreux.

Il est donc vrai de dire qu'un tarif est un marais, une ornière, une lacune, une pente roide, en un mot, un obstacle dont l'effet se résout à augmenter la différence du prix de consommation au prix de production. Il est de même incontestable qu'un marais, une fondrière, sont de véritables tarifs protecteurs.

Il y a des gens (en petit nombre, il est vrai, mais il y en a) qui commencent à comprendre que les obstacles, pour être artificiels, n'en sont pas moins des obstacles, et que notre bien-être a plus à gagner à la liberté qu'à la protection, précisément par la même raison qui fait qu'un canal lui est plus favorable qu'un « chemin sablonneux, montant et malaisé ».

Mais, disent-ils, il faut que cette liberté soit réciproque. Si nous abaissions nos barrières devant l'Espagne, sans que l'Espagne les abaissât devant nous, évidemment, nous serions dupes. Faisons donc des *traités de commerce* sur la base d'une juste réciprocité, concédons pour qu'on nous concède, faisons le sacrifice d'acheter pour obtenir l'avantage de vendre.

Les personnes qui raisonnent ainsi, je suis fâché de le leur dire, sont, qu'elles le sachent ou non, dans le principe de la protection; seulement elles sont un peu plus inconséquentes que les prohibitionnistes absolus.

Je le démontrerai par l'apologue suivant.

Stulta et Puera.

Il y avait, n'importe où, deux villes, *Stulta* et *Puera*. Elles construisirent à gros frais une route qui les rattachait l'une à l'autre. Quand cela fut fait, Stulta se dit : Voici que Puera m'inonde de ses produits, il faut y aviser. En conséquence, elle créa et paya un corps d'*Enrayeurs*, ainsi nommés parce que leur mission était de mettre des obstacles aux convois qui arrivaient de Puera. Bientôt après, Puera eut aussi un corps d'*Enrayeurs*.

Au bout de quelques siècles, les lumières ayant fait de grands progrès, la capacité de Puera se haussa jusqu'à lui faire découvrir que ces obstacles réciproques pourraient bien n'être que réciproquement nuisibles. Elle envoya un diplomate à *Stulta*, lequel, sauf la phraséologie officielle, parla en ce sens : « Nous avons créé une route, et maintenant nous embarrassons cette route. Cela est absurde. Mieux eût valu laisser les choses dans leur premier état. Nous n'aurions pas eu à payer la route d'abord, et puis les embarras. Au nom de Puera, je viens vous proposer, non point de renoncer tout à coup à nous opposer des obstacles mutuels, ce serait agir selon un principe, et nous méprisons autant que vous les principes, mais d'atténuer quelque peu ces obstacles, en ayant soin de pondérer équitablement à cet égard nos sacrifices respectifs. » — Ainsi parla le diplomate. *Stulta* demanda du temps pour réfléchir. Elle consulta tour à tour ses fabricants, ses agriculteurs. Enfin au bout de quelques années, elle déclara que les négociations étaient rompues.

À cette nouvelle, les habitants de Puera tinrent conseil. Un vieillard (on a toujours soupçonné qu'il avait été secrètement acheté par *Stulta*) se leva et dit : « Les obstacles créés par *Stulta* nuisent à nos ventes, c'est un malheur. Ceux que nous avons créés nous-mêmes nuisent à nos achats et c'est un autre malheur. Nous ne pouvons rien sur le premier, mais le second dépend de nous. Délivrons-nous au moins de l'un, puisque nous ne pouvons nous défaire des deux. Supprimons nos *Enrayeurs* sans exiger que *Stulta* en fasse autant. Un jour sans doute elle apprendra à mieux faire ses comptes. »

Un second conseiller, homme de pratique et de faits, exempt de principes et nourri de la vieille expérience des ancêtres, répliqua : « N'écoutons pas ce rêveur, ce théoricien, ce novateur, cet utopiste, cet économiste, ce *stultomane*. Nous serions perdus si les embarras de la route n'étaient pas bien égalisés, équilibrés et pondérés entre *Stulta* et Puera. Il y aurait plus de difficultés, pour *aller* que pour *venir*, et pour *exporter* que pour *importer*. Nous serions, relativement à *Stulta* dans les conditions d'infériorité où se trouvent le Havre, Nantes, Bordeaux, Lisbonne, Londres, Hambourg, la Nouvelle-Orléans, par rapport aux villes placées aux sources de la Seine, de la Loire, de la Garonne, de la Tamise, de l'Elbe et du Mississippi; car il y a plus de difficultés à remonter les fleuves qu'à les descendre. — (Une voix : Les villes des embouchures ont prospéré plus que celles des sources.) — Ce n'est pas possible. — (La même voix : Mais cela est.) — Eh bien, elles ont prospéré *contre les règles.* » Un raisonnement si concluant ébranla l'assemblée. L'orateur acheva de la convaincre en parlant d'indépendance nationale, d'honneur national, de dignité nationale, de travail national, d'inondation de produits, de tributs, de concurrence meurtrière; bref, il emporta le maintien des obstacles; et, si vous en êtes curieux, je puis vous conduire en certain pays où vous verrez de vos yeux des cantonniers et des *enrayeurs* travaillant de la meilleure intelligence du monde, par décret de la même assemblée législative et aux frais des mêmes contribuables, les uns à déblayer la route et les autres à l'embarrasser.

XI. Prix absolus

Voulez-vous juger entre la liberté et la protection? voulez-vous apprécier la portée d'un phénomène économique? Recherchez ses effets *sur l'abondance ou la rareté des choses*, et non *sur la hausse ou la baisse des prix*. Méfiez-vous des prix absolus : ils vous mèneraient dans un labyrinthe inextricable.

M. Mathieu de Dombasle, après avoir établi que la protection renchérit les choses, ajoute :

« L'excédant du prix augmente les dépenses de la vie, et *par conséquent* le prix du travail, et chacun retrouve dans l'excédant du prix de ses produits l'excédant du prix de ses dépenses. Ainsi, si tout le monde paie comme consommateur, tout le monde aussi reçoit comme producteur. »

Il est clair qu'on pourrait retourner l'argument et dire :

« Si tout le monde reçoit comme producteur, tout le monde paie comme consommateur. »

Or, qu'est-ce que cela prouve? Rien autre chose si ce n'est que la protection déplace inutilement et injustement la richesse. Autant en fait la spoliation.

Encore, pour admettre que ce vaste appareil aboutit à de simples compensations, faut-il adhérer au *par conséquent* de M. de Dombasle, et s'être assuré que le prix du travail s'élève avec le prix des produits protégés. C'est une question de fait que je renvoie à M. Moreau de Jonnès; qu'il veuille bien chercher si le taux des salaires a progressé comme les actions des mines d'Anzin. Quant à moi, je ne le pense pas, parce que je crois que le prix du travail, comme tous les autres, est gouverné par le rapport de l'offre à la demande. Or, je conçois bien que la *restriction* diminue l'offre de la houille, et par suite en élève le prix; mais je n'aperçois pas aussi clairement qu'elle augmente la demande du travail de manière à améliorer le taux des salaires. Je le conçois d'autant moins que la quantité de travail demandé dépend du capital disponible.

Or, la protection peut bien déplacer les capitaux, les pousser d'une industrie vers une autre, mais non les accroître d'une obole.

Au surplus, cette question du plus haut intérêt sera examinée ailleurs. Je reviens aux *prix absolus*, et je dis qu'il n'est pas d'absurdités qu'on ne puisse rendre spécieuses par des raisonnements tels que celui de M. de Dombasle.

Imaginez qu'une nation isolée, possédant une quantité donnée de numéraire, s'amuse à brûler, chaque année, la moitié de tout ce qu'elle produit, je me charge de prouver, avec la théorie de M. de Dombasle, qu'elle n'en sera pas moins riche.

En effet, par suite de l'incendie, toutes choses doubleront de prix, et les inventaires faits avant et après le désastre offriront exactement la même valeur *nominale*. Mais alors, qui aura perdu? Si Jean achète le drap plus cher, il vend aussi plus cher son blé; et si Pierre perd sur l'achat du blé, il se récupère sur la vente de son drap. « Chacun retrouve dans l'excédant du prix de ses produits (dirai-je) l'excédant du montant de ses dépenses; et si tout le monde paie comme consommateur, tout le monde aussi reçoit comme producteur. »

Tout cela, c'est de l'amphigouri et non de la science. La vérité, réduite à sa plus simple expression, la voici : que les hommes détruisent le drap et le blé par l'incendie ou par l'usage, l'effet est le même *quant aux prix*, mais non q*uant à la richesse*, car c'est précisément dans l'usage des choses que consiste la richesse ou le bien-être.

De même, la restriction, tout en diminuant l'abondance des choses, peut en hausser le prix de manière à ce que chacun soit, si vous voulez, *numérairement parlant*, aussi riche. Mais faire figurer dans un inventaire trois hectolitres de blé à 20 francs ou quatre hectolitres à 15 francs, parce que le résultat est toujours 60 francs, cela revient-il au même, au point de vue de la satisfaction des besoins?

Et c'est à ce point de vue de la consommation que je ne cesserai de ramener les protectionnistes, car c'est là qu'est la fin de tous nos efforts et la solution de tous les problèmes[19]. Je leur dirai toujours : N'est-il pas

---

[19] Cette pensée revient souvent sous la plume de l'auteur. Elle avait à ses yeux une importance capitale et lui dictait quatre jours avant sa mort cette recommandation : «

vrai que la restriction, en prévenant les échanges, en bornant la division du travail, en le forçant à s'attaquer à des difficultés de situation et de température, diminue en définitive la quantité produite par une somme d'efforts déterminés? Et qu'importe que la moindre quantité produite sous le régime de la protection ait la même *valeur nominale* que la plus grande quantité produite sous le régime de la liberté? L'homme ne vit pas de *valeurs nominales*, mais de produits réels, et plus il a de ces produits, n'importe le prix, plus il est riche.

Je ne m'attendais pas, en écrivant ce qui précède, à rencontrer jamais un anti-économiste assez bon logicien pour admettre explicitement que la richesse des peuples dépend de la valeur des choses, abstraction faite de leur abondance. Voici ce que je trouve dans le livre de M. de Saint-Chamans (pag. 210) :

« Si 15 millions de marchandises vendues aux étrangers sont pris sur le produit ordinaire, estimé 50 millions, les 35 millions restants de marchandises, ne pouvant plus suffire aux demandes ordinaires, augmenteront de prix, et s'élèveront à la valeur de 50 millions. Alors, le revenu du pays représentera 15 millions de valeur de plus... Il y aura donc accroissement de richesses de 15 millions pour le pays, précisément le montant de l'importation du numéraire. »

Voilà qui est plaisant! Si une nation a fait dans l'année pour 50 millions de récoltes et marchandises, il lui suffit d'en vendre le quart à l'étranger pour être d'un quart plus riche! Donc, si elle en vendait la moitié, elle augmenterait de moitié sa fortune, et si elle échangeait contre des écus son dernier brin de laine et son dernier grain de froment, elle porterait son revenu à cent millions! Singulière manière de s'enrichir que de produire l'infinie cherté par la rareté absolue!

Au reste, voulez-vous juger des deux doctrines? soumettez-les à l'épreuve de l'exagération.

Selon celle de M. de Saint-Chamans, les Français seraient tout aussi riches, c'est-à-dire aussi bien pourvus de toutes choses avec la millième

---

Dites à de F. de traiter les questions économiques toujours au point de vue du consommateur, car l'intérêt du consommateur ne fait qu'un avec celui de l'humanité. » (Note de l'éditeur.)

partie de leurs produits annuels, parce qu'ils vaudraient mille fois davantage.

Selon la nôtre, les Français seraient infiniment riches si leurs produits annuels étaient d'une abondance infinie, et par conséquent sans valeur aucune[20].

---

[20] V. le chapitre v de la seconde série des sophismes et le chapitre vi des *Harmonies économiques*. (Note de l'éditeur.)

XII. La protection élève-t-elle le taux des salaires

Un athée déblatérait contre la religion, contre les prêtres, contre Dieu. «Si vous continuez, lui dit un des assistants, peu orthodoxe lui-même, vous allez me convertir. »

Ainsi, quand on entend nos imberbes écrivailleurs, romanciers, réformateurs, feuilletonistes ambrés, musqués, gorgés de glaces et de champagne, serrant dans leur portefeuille les Ganneron, les Nord et les Mackenzie, ou faisant couvrir d'or leurs tirades contre l'égoïsme, l'individualisme du siècle; quand on les entend, dis-je, déclamer contre la dureté de nos institutions, gémir sur le salariat et le prolétariat; quand on les voit lever au ciel des yeux attendris à l'aspect de la misère des classes laborieuses, misère qu'ils ne visitèrent jamais que pour en faire de lucratives peintures, on est tenté de leur dire : Si vous continuez ainsi, vous allez me rendre indifférent au sort des ouvriers.

Oh! l'affectation! l'affectation! voilà la nauséabonde maladie de l'époque! Ouvriers, un homme grave, un philanthrope sincère a-t-il exposé le tableau de votre détresse, son livre a-t-il fait impression, aussitôt la tourbe des réformateurs jette son grappin sur cette proie. On la tourne, on la retourne, on l'exploite, on l'exagère, on la presse jusqu'au dégoût, jusqu'au ridicule. On vous jette pour tout remède les grands mots : organisation, association; on vous flatte, on vous flagorne, et bientôt il en sera des ouvriers comme des esclaves : les hommes sérieux auront honte d'embrasser publiquement leur cause, car comment introduire quelques idées sensées au milieu de ces fades déclamations?

Mais loin de nous cette lâche indifférence que ne justifierait pas l'affectation qui la provoque!

Ouvriers, votre situation est singulière! on vous dépouille, comme je le prouverai tout à l'heure… Mais non, je retire ce mot; bannissons de notre langage toute expression violente et fausse peut-être, en ce sens que la spoliation, enveloppée dans les sophismes qui la voilent, s'exerce, il faut le croire, contre le gré du spoliateur et avec l'assentiment du spolié. Mais enfin, on vous ravit la juste rémunération de votre travail, et nul ne s'occupe de vous faire rendre justice. Oh! s'il ne fallait pour vous consoler que de bruyants appels à la philanthropie, à l'impuissante charité, à la dégradante aumône, s'il suffisait des grands mots *organisation, communisme, phalanstère*, on ne vous les épargne pas. Mais justice, tout simplement *justice*, personne ne songe à vous la rendre. Et cependant ne serait-il pas *juste* que, lorsque après une longue journée de labeur vous avez touché votre modique salaire, vous le puissiez échanger contre la plus grande somme de satisfactions que vous puissiez obtenir volontairement d'un homme quelconque sur la surface de la terre?

Un jour, peut-être, je vous parlerai aussi d'association, d'organisation, et nous verrons alors ce que vous avez à attendre de ces chimères par lesquelles vous vous laissez égarer sur une fausse quête.

En attendant, recherchons si l'on ne vous fait pas *injustice* en vous assignant législativement les personnes à qui il vous est permis d'acheter les choses qui vous sont nécessaires : le pain, la viande, la toile, le drap, et, pour ainsi dire, le prix artificiel que vous devez y mettre.

Est-il vrai que la protection, qui, on l'avoue, vous fait payer cher toutes choses et vous nuit en cela, élève proportionnellement le taux de vos salaires?

De quoi dépend le taux des salaires?

Un des vôtres l'a dit énergiquement : Quand deux ouvriers courent après un maître, les salaires baissent; ils haussent quand deux maîtres courent après un ouvrier.

Permettez-moi, pour abréger, de me servir de cette phrase plus scientifique et peut-être moins claire : « Le taux des salaires dépend du rapport de l'offre à la demande du travail. »

Or, de quoi dépend l'*offre* des bras?

Du nombre qu'il y en a sur la place; et sur ce premier élément la protection ne peut rien.

De quoi dépend la *demande* des bras?

Du capital national disponible. Mais la loi qui dit : « On ne recevra plus tel produit du dehors; on le fera au dedans, » augmente-t-elle ce capital? Pas le moins du monde. Elle le tire d'une voie pour le pousser dans une autre, mais elle ne l'accroît pas d'une obole. Elle n'augmente donc pas la demande des bras.

On montre avec orgueil telle fabrique. — Est-ce qu'elle s'est fondée et s'entretient avec des capitaux tombés de la lune? Non, il a fallu les soustraire soit à l'agriculture, soit à la navigation, soit à l'industrie vinicole. — Et voilà pourquoi si, depuis le règne des tarifs protecteurs, il y a plus d'ouvriers dans les galeries de nos mines et dans les faubourgs de nos villes manufacturières, il y a moins de marins dans nos ports, moins de laboureurs et de vignerons dans nos champs et sur nos coteaux.

Je pourrais disserter longtemps sur ce thème. J'aime mieux essayer de vous faire comprendre ma pensée par un exemple.

Un campagnard avait un fonds de terre de vingt arpents, qu'il faisait valoir avec un capital de 10,000 francs. Il divisa son domaine en quatre parts et y établit l'assolement suivant : 1° maïs; 2° froment; 3° trèfle; 4° seigle. Il ne fallait pour lui et sa famille qu'une bien modique portion du grain, de la viande, du laitage que produisait la ferme, et il vendait le surplus pour acheter de l'huile, du lin, du vin, etc. — La totalité de son capital était distribuée chaque année en gages, salaires, payements de comptes aux ouvriers du voisinage. Ce capital rentrait par les ventes, et même il s'accroissait d'année en année; et notre campagnard, sachant fort bien qu'un capital ne produit rien que lorsqu'il est mis en œuvre, faisait profiter la classe ouvrière de ces excédants annuels qu'il consacrait à des clôtures, des défrichements, des améliorations dans ses instruments aratoires et dans les bâtiments de la ferme. Même il plaçait quelques réserves chez le banquier de la ville prochaine, mais celui-ci ne les laissait pas oisives dans son coffre-fort; il les prêtait à des armateurs, à des entrepreneurs de travaux utiles, en sorte qu'elles allaient toujours se résoudre en salaires.

Cependant le campagnard mourut, et, aussitôt maître de l'héritage, le fils se dit : Il faut avouer que mon père a été dupe toute sa vie. Il achetait de l'huile et payait ainsi *tribut* à la Provence, tandis que notre terre peut à la rigueur faire végéter des oliviers. Il achetait du vin, du lin, des oranges, et payait tribut à la Bretagne, au Médoc, aux îles d'Hyères, tandis que la vigne, le chanvre et l'oranger peuvent, tant bien que mal, donner chez nous quelques produits. Il payait *tribut* au meunier, au tisserand, quand nos domestiques peuvent bien tisser notre lin et écraser notre froment entre deux pierres. — Il se ruinait et, en outre, il faisait gagner à des étrangers les salaires qu'il lui était si facile de répandre autour de lui.

Fort de ce raisonnement, notre étourdi changea l'assolement du domaine. Il le divisa en vingt soles. Sur l'une on cultiva l'olivier, sur l'autre le mûrier, sur la troisième le lin, sur la quatrième la vigne, sur la cinquième le froment, etc., etc. Il parvint ainsi à pourvoir sa famille de toutes choses et à se rendre *indépendant*. Il ne retirait plus rien de la circulation générale; il est vrai qu'il n'y versait rien non plus. En fut-il plus riche? Non; car la terre n'était pas propre à la culture de la vigne; le climat s'opposait aux succès de l'olivier, et, en définitive, la famille était moins bien pourvue de toutes ces choses que du temps où le père les acquérait par voie d'échanges.

Quant aux ouvriers, il n'y eut pas pour eux plus de travail qu'autrefois. Il y avait bien cinq fois plus de soles à cultiver, mais elles étaient cinq fois plus petites; on faisait de l'huile, mais on faisait moins de froment; on n'achetait plus de lin, mais on ne vendait plus de seigle. D'ailleurs, le fermier ne pouvait dépenser en salaires plus que son capital; et son capital, loin de s'augmenter par la nouvelle distribution des terres, allait sans cesse décroissant. Une grande partie se fixait en bâtiments et ustensiles sans nombre, indispensables à qui veut tout entreprendre. En résultat, l'offre des bras resta la même, mais les moyens de les payer déclinaient, et il y eut forcément réduction de salaires.

Voilà l'image de ce qui se passe chez une nation qui s'isole par le régime prohibitif. Elle multiplie le nombre de ses industries, je le sais; mais elle en diminue l'importance; elle se donne, pour ainsi parler, un *assolement*[21] *industriel* plus compliqué, mais non plus fécond, au contraire, puisque le même capital et la même main-d'œuvre s'y attaquent à plus de difficultés naturelles. Son capital fixe absorbe une plus grande partie de

---

[21] L'assolement est la division des terres d'une exploitation agricole en parties distinctes, appelées soles ou pies, consacrées chacune à une culture donnée pendant une saison culturale. (NDE)

son capital circulant, c'est-à-dire une plus grande part du fonds destiné aux salaires. Ce qui en reste a beau se ramifier, cela n'en augmente pas la masse. C'est l'eau d'un étang qu'on croit avoir rendue plus abondante, parce que, distribuée dans une multitude de réservoirs, elle touche le sol par plus de points et présente au soleil plus de surface; et l'on ne s'aperçoit pas que c'est précisément pour cela qu'elle s'absorbe, s'évapore et se perd.

Le capital et la main-d'œuvre étant donnés, ils créent une masse de produits d'autant moins grande qu'ils rencontrent plus d'obstacles. Il n'est pas douteux que les barrières internationales forçant, dans chaque pays, ce capital et cette main d'œuvre à vaincre plus de difficultés de climat et de température, le résultat général est moins de produits créés, ou, ce qui revient au même, moins de satisfactions acquises à l'humanité. Or, s'il y a diminution générale de satisfactions, comment votre part, ouvriers, se trouverait-elle augmentée? Donc les riches, ceux qui font la loi, auraient arrangé les choses de telle sorte que non-seulement ils subiraient leur prorata de la diminution totale, mais même que leur portion déjà réduite se réduirait encore de tout ce qui s'ajoute, disent-ils, à la vôtre? Cela est-il possible? cela est-il croyable? Oh! c'est là une générosité suspecte, et vous feriez sagement de la repousser[22].

---

[22] V. au tome VI, le chapitre xiv des *Harmonies*. (Note de l'éditeur.)

XIII. Théorie, Pratique

Partisans de la liberté des échanges, on nous accuse d'être des théoriciens, de ne pas tenir assez compte de la pratique.

« Quel terrible préjugé contre M. Say, dit M. Ferrier[23], que cette longue suite d'administrateurs distingués, que cette ligue imposante d'écrivains qui tous ont vu autrement que lui, et M. Say ne se le dissimule pas! Écoutons-le : « On a dit, à l'appui des vieilles erreurs, qu'il faut bien qu'il y ait quelque fondement à des idées si généralement adoptées par toutes les nations. Ne doit-on pas se défier d'observations et de raisonnements qui renversent ce qui a été tenu pour constant jusqu'à ce jour, ce qui a été tenu pour certain par tant de personnages que rendaient recommandables leurs lumières et leurs intentions? Cet argument, je l'avoue, est digne de faire une profonde impression, et pourrait jeter du doute sur les points les plus incontestables, si l'on n'avait vu tour à tour les opinions les plus fausses, et que maintenant on reconnaît généralement pour telles, reçues et professées par tout le monde pendant une longue suite de siècles. Il n'y a pas encore bien longtemps que toutes les nations, depuis la plus grossière jusqu'à la plus éclairée, et que tous les hommes, depuis le portefaix jusqu'au philosophe le plus savant, admettaient quatre éléments. Personne n'eût songé à contester cette doctrine, qui pourtant est fausse : tellement qu'aujourd'hui il n'y a pas d'aide-naturaliste qui ne se décriât s'il regardait la terre, l'eau et le feu comme des éléments. »

Sur quoi M. Ferrier fait cette observation :

« Si M. Say croit répondre ainsi à l'objection très-forte qu'il s'est proposée, il s'abuse étrangement. Que des hommes, d'ailleurs très-éclairés, se soient trompés pendant plusieurs siècles sur un point quelconque d'histoire naturelle, cela se comprend et ne prouve rien. L'eau, l'air, la terre et le feu, éléments ou non, en étaient-ils moins utiles à l'homme?... Ces erreurs-là sont sans conséquence; elles n'amènent pas

---

[23] *De l'Administration commerciale opposée à l'économie politique*, page 5.

de bouleversements, ne jettent pas de malaise dans les esprits, elles ne blessent surtout aucun intérêt, raison pour laquelle elles pourraient, sans inconvénient, durer des milliers d'années. Le monde physique marche donc comme si elles n'existaient pas. Mais en peut-il être ainsi des erreurs qui attaquent le monde moral? Conçoit-on qu'un système d'administration qui serait absolument faux, dommageable par conséquent, pût être suivi, pendant plusieurs siècles et chez plusieurs peuples, avec l'assentiment général de tous les hommes instruits? Expliquera-t-on comment un tel système pourrait se lier avec la prospérité toujours croissante des nations? M. Say avoue que l'argument qu'il combat est digne de faire une impression profonde. Oui certes, et cette impression reste, car M. Say l'a plutôt augmentée que détruite. »

Écoutons M. de Saint-Chamans :

« Ce n'est guère qu'au milieu du dernier siècle, de ce dix-huitième siècle où toutes les matières, tous les principes sans exception, furent livrés à la discussion des écrivains, que ces fournisseurs d'idées *spéculatives*, appliquées à tout sans être applicables à rien, commencèrent à écrire sur l'économie politique. Il existait auparavant un système d'économie politique non écrit, mais *pratiqué* par les gouvernements. Colbert, dit-on, en était l'inventeur, et il était la règle de tous les États de l'Europe. Ce qu'il y a de plus singulier, c'est qu'il l'est encore, malgré les anathèmes et le mépris, malgré les découvertes de l'école moderne. Ce système, que nos écrivains ont nommé le *système mercantile*, consistait à... contrarier, par des prohibitions ou des droits d'entrée, les productions étrangères qui pouvaient ruiner nos manufactures par leur concurrence... Ce système a été déclaré inepte, absurde, propre à appauvrir tout pays, par les écrivains économistes de toutes les écoles[24]; il a été banni de tous les livres, réduit à se réfugier dans la pratique de tous les peuples; et on ne conçoit pas que, pour ce qui regarde la richesse des nations, les gouvernements ne s'en soient pas rapportés aux savants auteurs plutôt qu'à la *vieille expérience* d'un système, etc... On ne conçoit pas surtout que le gouvernement français... s'obstine, en

---

[24] Ne pourrait-on pas dire : C'est un terrible préjugé contre MM. Ferrier et Saint-Chamans que les économistes *de toutes les écoles*, c'est-à-dire tous les hommes qui ont étudié la question, soient arrivés à ce résultat ; après tout, la liberté vaut mieux que la contrainte, et les lois de Dieu sont plus sages que celles de Colbert.

économie politique, à résister aux progrès des lumières et à conserver dans sa *pratique* ces vieilles erreurs que tous nos économistes de plume ont signalées... Mais en voilà trop sur ce système mercantile, qui n'a pour lui *que les faits*, et qui n'est soutenu par aucun écrivain[25]!»

Ne dirait-on pas, à entendre ce langage, que les économistes, en réclamant pour chacun *la libre disposition de sa propriété*, ont fait sortir de leur cervelle, comme les fouriéristes, un ordre social nouveau, chimérique, étrange, une sorte de phalanstère sans précédent dans les annales du genre humain! Il me semble que, s'il y a, en tout ceci, quelque chose d'inventé, de contingent, ce n'est pas la liberté, mais la protection; ce n'est pas la faculté d'échanger, mais bien la douane, la douane appliquée à bouleverser artificiellement l'ordre naturel des rémunérations.

Mais il ne s'agit pas de comparer, de juger les deux systèmes; la question, pour le moment, est de savoir lequel des deux s'appuie sur l'expérience.

Ainsi donc, Messieurs les Monopoleurs, vous prétendez que les faits sont pour vous; que nous n'avons de notre côté que des théories.

Vous vous flattez même que cette longue série d'actes publics, cette *vieille expérience* de l'Europe que vous invoquez, a paru imposante à M. Say; et je conviens qu'il ne vous a pas réfutés avec sa sagacité habituelle. — Pour moi, je ne vous cède pas le domaine des faits, car vous n'avez pour vous que des faits exceptionnels et contraints, et nous avons à leur opposer les faits universels, les actes libres et volontaires de tous les hommes.

Que disons-nous et que dites-vous?

— Nous disons :

« Il vaut mieux acheter à autrui ce qu'il en coûte plus cher de faire soi-même. »

Et vous, vous dites :

« Il vaut mieux faire les choses soi-même, encore qu'il en coûte moins cher de les acheter à autrui. »

---

[25] Du Système de l'impôt, etc., par M. le vicomte de Saint-Chamans, page 11.

Or, Messieurs, laissant de côté la théorie, la démonstration, le raisonnement, toutes choses qui paraissent vous donner des nausées, quelle est celle de ces deux assertions qui a pour elle la sanction de l'*universelle pratique*?

Visitez donc les champs, les ateliers, les usines, les magasins; regardez au-dessus, au-dessous et autour de vous; scrutez ce qui s'accomplit dans votre propre ménage; observez vos propres actes de tous les instants, et dites quel est le principe qui dirige ces laboureurs, ces ouvriers, ces entrepreneurs, ces marchands; dites quelle est votre *pratique* personnelle.

Est-ce que l'agriculteur fait ses habits? est-ce que le tailleur produit le grain qu'il consomme? est-ce que votre ménagère ne cesse pas de faire le pain à la maison aussitôt qu'elle trouve économie à l'acheter au boulanger? est-ce que vous quittez la plume pour la brosse, afin de ne pas payer *tribut* au décrotteur? est-ce que l'économie tout entière de la société ne repose pas sur la séparation des occupations, sur la division du travail, sur l'échange en un mot? et l'*échange* est-il autre chose que ce calcul qui nous fait, à tous tant que nous sommes, discontinuer la production directe, lorsque l'acquisition indirecte nous présente épargne de temps et de peine?

Vous n'êtes donc pas les hommes de la *pratique*, puisque vous ne pourriez pas montrer un seul homme, sur toute la surface du globe, qui agisse selon votre principe.

Mais, direz-vous, nous n'avons jamais entendu faire de notre principe la règle des relations individuelles. Nous comprenons bien que ce serait briser le lien social, et forcer les hommes à vivre, comme les colimaçons, chacun dans sa carapace. Nous nous bornons à prétendre qu'il domine *de fait* les relations qui se sont établies entre les agglomérations de la famille humaine.

Eh bien, cette assertion est encore erronée. La famille, la commune, le canton, le département, la province, sont autant d'agglomérations qui toutes, sans aucune exception, rejettent *pratiquement* votre principe et n'y ont même jamais songé. Toutes se procurent par voie d'échange ce qu'il leur en coûterait plus de se procurer par voie de production. Autant en feraient les peuples, si vous ne l'empêchiez *par la force*.

C'est donc nous qui sommes les hommes de pratique et d'expérience; car, pour combattre l'interdit que vous avez mis exceptionnellement sur quelques échanges internationaux, nous nous fondons sur la pratique et l'expérience de tous les individus et de toutes les agglomérations d'individus dont les actes sont volontaires, et peuvent par conséquent être invoqués en témoignage. Mais vous, vous commencez par *contraindre*, par *empêcher*, et puis vous vous emparez d'actes *forcés* ou *prohibés* pour vous écrier

« Voyez, la pratique nous justifie! »

Vous vous élevez contre notre *théorie*, et même contre la *théorie* en général. Mais, quand vous posez un principe antagonique au nôtre, vous êtes-vous imaginé, par hasard, que vous ne faisiez pas de la *théorie*? Non, non, rayez cela de vos papiers. Vous faites de la théorie comme nous, mais il y a entre la vôtre et la nôtre cette différence :

Notre théorie ne consiste qu'à observer les *faits* universels, les sentiments universels, les calculs, les procédés universels, et tout au plus à les classer, à les coordonner pour les mieux comprendre.

Elle est si peu opposée à la pratique qu'elle n'est autre chose que la *pratique expliquée*. Nous regardons agir les hommes mus par l'instinct de la conservation et du progrès, et ce qu'ils font librement, volontairement, c'est cela même que nous appelons *économie politique* ou économie de la société. Nous allons sans cesse répétant : Chaque homme est *pratiquement* un excellent économiste, produisant ou échangeant selon qu'il y a plus d'avantage à échanger ou à produire. Chacun, par l'expérience, s'élève à la science, ou plutôt la science n'est que cette même expérience scrupuleusement observée et méthodiquement exposée.

Mais vous, vous faites de la *théorie* dans le sens défavorable du mot. Vous imaginez, vous inventez des procédés qui ne sont sanctionnés par la pratique d'aucun homme vivant sous la voûte des cieux, et puis vous appelez à votre aide la contrainte et la prohibition. Il faut bien que vous ayez recours à la force, puisque, voulant que les hommes produisent ce qu'il leur est plus avantageux d'acheter, vous voulez qu'ils renoncent à un avantage, vous exigez d'eux qu'ils se conduisent d'après une doctrine qui implique contradiction, même dans ses termes.

Aussi, cette doctrine qui, vous en convenez, serait absurde dans les relations individuelles, je vous défie de l'étendre, même en spéculation, aux transactions entre familles, communes, départements ou provinces. De votre propre aveu, elle n'est applicable qu'aux relations internationales.

Et c'est pourquoi vous êtes réduits à répéter chaque jour :

« Les principes n'ont rien d'absolu. Ce qui est bien dans l'individu, la famille, la commune, la province, est 'mal dans la nation. Ce qui est bon en détail, — savoir : acheter plutôt que produire, quand l'achat est plus avantageux que la production, — cela même est *mauvais* en masse; l'économie politique des individus n'est pas celle des peuples, » et autres balivernes *ejusdem farinae*[26].

Et tout cela, pourquoi? Regardez-y de près. Pour nous prouver que nous, consommateurs, nous sommes votre propriété! que nous vous appartenons en corps et en âme! que vous avez sur nos estomacs et sur nos membres un droit exclusif! qu'il vous appartient de nous nourrir et de nous vêtir à votre prix, quelles que soient votre impéritie, votre rapacité ou l'infériorité de votre situation!

Non, vous n'êtes pas les hommes de la pratique, vous êtes des hommes d'abstraction... et d'extorsion[27].

---

[26] *Ejusdem farinae* (de la même farine) est une expression qui désigne de manière péjorative les personnes ou les choses qui présentent les mêmes défauts. (NDE)
[27] V. ci-après le chapitre xv. (Note de l'éditeur.)

XIV. Conflit de principes

Il est une chose qui me confond, et c'est celle-ci :

Des publicistes sincères étudiant, au seul point de vue des producteurs, l'économie des sociétés, sont arrivés à cette double formule :

« Les gouvernements doivent disposer des consommateurs soumis à leurs lois, en faveur du travail national;

Ils doivent soumettre à leurs lois des consommateurs lointains, pour en disposer en faveur du travail national. »

La première de ces formules s'appelle *Protection*; la seconde, *Débouchés*.

Toutes deux reposent sur cette donnée qu'on nomme *Balance du commerce* :

« Un peuple s'appauvrit quand il importe, et s'enrichit quand il exporte.»

Car, si tout achat au dehors est un *tribut payé*, une perte, il est tout simple de restreindre, même de prohiber les importations.

Et si toute vente au dehors est un *tribut reçu*, un profit, il est tout naturel de se créer des débouchés, même par la force.

Système protecteur, système colonial : ce ne sont donc que deux aspects d'une même théorie. — *Empêcher* nos concitoyens d'acheter aux étrangers, forcer les étrangers à acheter à nos concitoyens, ce ne sont que deux conséquences d'un principe identique.

Or, il est impossible de ne pas reconnaitre que, selon cette doctrine, si elle est vraie, l'utilité générale repose sur le *monopole* ou spoliation intérieure, et sur la *conquête* ou spoliation extérieure.

J'entre dans un des chalets suspendus aux flancs de nos Pyrénées.

Le père de famille n'a reçu, pour son travail, qu'un faible salaire. La bise glaciale fait frissonner ses enfants à demi nus, le foyer est éteint et la table vide. Il y a de la laine et du bois et du maïs par delà la montagne, mais ces biens sont interdits à la famille du pauvre journalier; car l'autre versant des monts, ce n'est plus la France. Le sapin étranger ne réjouira pas le foyer du chalet; les enfants du berger ne connaîtront pas le goût de la *méture*[28] biscaïenne, et la laine de Navarre ne réchauffera pas leurs membres engourdis. Ainsi le veut l'utilité générale : à la bonne heure! mais convenons qu'elle est ici en contradiction avec la justice.

Disposer législativement des consommateurs, les réserver au travail national, c'est empiéter sur leur liberté, c'est leur interdire une action, l'échange, qui n'a en elle-même rien de contraire à la morale; en un mot, c'est leur faire *injustice*.

Et cependant cela est nécessaire, dit-on, sous peine de porter un coup funeste à la prospérité publique.

Les écrivains de l'école protectionniste arrivent donc à cette triste conclusion, qu'il y a incompatibilité radicale entre la Justice et l'Utilité.

D'un autre côté, si chaque peuple est intéressé à *vendre* et à ne pas *acheter*, une action et une réaction violentes sont l'état naturel de leurs relations, car chacun cherchera à imposer ses produits à tous, et tous s'efforceront de repousser les produits de chacun.

Une vente, en effet, implique un achat, et puisque, selon cette doctrine, vendre c'est bénéficier, comme acheter c'est perdre, toute transaction internationale implique l'amélioration d'un peuple et la détérioration d'un autre.

Mais, d'une part, les hommes sont fatalement poussés vers ce qui leur profite; de l'autre, ils résistent instinctivement à ce qui leur nuit : d'où il faut conclure que chaque peuple porte en lui-même une force naturelle d'expansion et une force non moins naturelle de résistance, lesquelles sont également nuisibles à tous les autres; ou, en d'autres termes, que l'antagonisme et la guerre sont l'état *naturel* de la société humaine.

Ainsi, la théorie que je discute se résume en ces deux axiomes :

L'Utilité est incompatible avec la Justice au dedans.

L'Utilité est incompatible avec la Paix au dehors.

---

[28] Mélange de froment et de seigle ou d'orge. Farine, pain provenant de ce mélange; pain de farine de maïs. (NDE)

Eh bien! ce qui m'étonne, ce qui me confond, c'est qu'un publiciste, un homme d'État, qui a sincèrement adhéré à une doctrine économique dont le principe heurte si violemment d'autres principes incontestables, puisse goûter un instant de calme et de repos d'esprit.

Pour moi, il me semble que, si j'avais pénétré dans la science par cette porte, si je n'apercevais pas clairement que Liberté, Utilité, Justice, Paix, sont choses non-seulement compatibles, mais étroitement liées entre elles, et pour ainsi dire identiques, je m'efforcerais d'oublier tout ce que j'ai appris; je me dirais :

« Comment Dieu a-t-il pu vouloir que les hommes n'arrivent à la prospérité que par l'injustice et la guerre? Comment a-t-il pu vouloir qu'ils ne renoncent à la guerre et à l'injustice qu'en renonçant à leur bien-être? »

« Ne me trompe-t-elle pas, par de fausses lueurs, la science qui m'a conduit à l'horrible blasphème qu'implique cette alternative, et oserai je prendre sur moi d'en faire la base de la législation d'un grand peuple? Et lorsqu'une longue suite de savants illustres ont recueilli des résultats plus consolants de cette même science à laquelle ils ont consacré toute leur vie, lorsqu'ils affirment que la liberté et l'utilité s'y concilient avec la justice et la paix, que tous ces grands principes suivent, sans se heurter, et pendant l'éternité entière, des parallèles infinis, n'ont-ils pas pour eux la présomption qui résulte de tout ce que nous savons de la bonté et de la sagesse de Dieu, manifestées dans la sublime harmonie de la création matérielle? Dois-je croire légèrement, contre une telle présomption et contre tant d'imposantes autorités, que ce même Dieu s'est plu à mettre l'antagonisme et la dissonance dans les lois du monde moral? Non, non, avant de tenir pour certain que tous les principes sociaux se heurtent, se choquent, se neutralisent, et sont entre eux en un conflit anarchique, éternel, irrémédiable; avant d'imposer à mes concitoyens le système impie auquel mes raisonnements m'ont conduit, je veux en repasser toute la chaîne, et m'assurer s'il n'est pas un point de la route où je me suis égaré. »

Que si, après un sincère examen, vingt fois recommencé, j'arrivais toujours à cette affreuse conclusion, qu'il faut opter entre le Bien et le Bon, découragé, je repousserais la science, je m'enfoncerais dans une ignorance volontaire, surtout je déclinerais toute participation aux affaires de mon pays, laissant à des hommes d'une autre trempe le fardeau et la responsabilité d'un choix si pénible[29].

---

[29] V. ci-après les chap. xviii, xx, et à la fin de ce volume, la lettre à M. Thiers, intitulée *Protectionnisme et Communisme*. (Note de l'éditeur.)

XV. Encore la réciprocité

M. de Saint-Cricq disait : « Sommes-nous sûrs que l'étranger nous fera autant d'achats que de ventes? »

M. de Dombasle : « Quel motif avons-nous de croire que les producteurs anglais viendront chercher chez nous, plutôt que chez toute autre nation du globe, les produits dont ils pourront avoir besoin, et des produits pour une valeur équivalente à leurs exportations en France? »

J'admire comme les hommes, qui se disent pratiques avant tout, raisonnent en dehors de toute pratique!

Dans la pratique, se fait-il un échange sur cent, sur mille, sur dix mille peut-être, qui soit un troc direct de produit contre produit? Depuis qu'il y a des monnaies au monde, jamais aucun cultivateur s'est-il dit : je ne veux acheter des souliers, des chapeaux, des conseils, des leçons, qu'au cordonnier, au chapelier, à l'avocat, au professeur qui m'achètera du blé tout juste pour une valeur équivalente? — Et pourquoi les nations s'imposeraient-elles cette gêne?

Comment se passent les choses?

Supposons un peuple privé de relations extérieures. — Un homme a produit du blé. Il le verse dans la circulation *nationale* au plus haut cours qu'il peut trouver, et il reçoit en échange… quoi? Des écus, c'est-à-dire des mandats, des bons fractionnables à l'infini, au moyen desquels il lui sera loisible de retirer aussi de la circulation nationale, quand il le jugera à propos et jusqu'à due concurrence, les objets dont il aura besoin ou envie. En définitive, à la fin de l'opération, il aura retiré de la masse justement l'équivalent de ce qu'il y a versé, et, en valeur, *sa consommation égalera exactement sa production.*

Si les échanges de cette nation avec le dehors sont libres, ce n'est plus dans la circulation *nationale*, mais dans la circulation *générale*, que chacun verse ses produits et puise ses consommations. Il n'a point à se préoccuper si ce qu'il livre à cette circulation générale est acheté par un compatriote ou un étranger; si les bons qu'il reçoit lui viennent d'un

Français ou d'un Anglais; si les objets contre lesquels il échange ensuite ces bons, à mesure de ses besoins, ont été fabriqués en deçà ou au delà du Rhin ou des Pyrénées. Toujours est-il qu'il y a, pour chaque individu, balance exacte entre ce qu'il verse et ce qu'il puise dans le grand réservoir commun; et si cela est vrai de chaque individu, cela est vrai de la nation en masse.

La seule différence entre les deux cas, c'est que, dans le dernier, chacun est en face d'un marché plus étendu pour ses ventes et ses achats, et a, par conséquent, plus de chances de bien faire les uns et les autres.

On fait cette objection : Si tout le monde se ligue pour ne pas retirer de la circulation les produits d'un individu déterminé, il ne pourra rien retirer à son tour de la masse. Il en est de même d'un peuple.

Réponse : Si ce peuple ne peut rien retirer de la masse, il n'y versera rien non plus; il travaillera pour lui-même. Il sera contraint de se soumettre à ce que vous voulez lui imposer d'avance, à savoir : *l'isolement*.

Et ce sera l'idéal du régime prohibitif.

N'est-il pas plaisant que vous lui infligiez d'ores et déjà ce régime, dans la crainte qu'il ne coure la chance d'y arriver un jour sans vous?

XVI. Les fleuves obstrués plaidant pour les prohibitionnistes

Il y a quelques années, j'étais à Madrid. J'allai aux cortès. On y discutait un traité avec le Portugal sur l'amélioration du cours du Duero. Un député se lève et dit : « Si le Duero est canalisé, les transports s'y feront à plus bas prix. Les grains portugais se vendront à meilleur marché dans les Castilles et feront à notre *travail national* une concurrence redoutable. Je repousse le projet, à moins que MM. les ministres ne s'engagent à relever le tarif des douanes de manière à rétablir l'équilibre. » L'assemblée trouva l'argument sans réplique.

Trois mois après j'étais à Lisbonne. La même question était soumise au sénat. Un noble hidalgo dit : « Senhor presidente, le projet est absurde. Vous placez des gardes, à gros frais, sur les rives du Duero, pour empêcher l'invasion du grain castillan en Portugal, et, en même temps, vous voulez, toujours à gros frais, faciliter cette invasion. C'est une inconséquence à laquelle je ne puis m'associer. Que le Duero passe à nos fils tel que nous l'ont laissé nos pères. »

Plus tard, quand il s'est agi d'améliorer la Garonne, je me suis rappelé les arguments des orateurs ibériens, et je me disais : Si les députés de Toulouse étaient aussi bons économistes que celui de Palencia, et les représentants de Bordeaux aussi forts logiciens que ceux d'Oporto, assurément on laisserait la Garonne

Dormir au bruit flatteur de son urne penchante,

car la canalisation de la Garonne favorisera, au préjudice de Bordeaux, l'*invasion* des produits toulousains, et, au détriment de Toulouse, l'*inondation* des produits bordelais.

XVII. Un chemin de fer négatif

J'ai dit que lorsque, malheureusement, on se plaçait au point de vue de l'intérêt producteur, on ne pouvait manquer de heurter l'intérêt général, parce que le producteur, en tant que tel, ne demande qu'efforts, besoins et obstacles.

J'en trouve un exemple remarquable dans un journal de Bordeaux.

M. Simiot se pose cette question :

Le chemin de fer de Paris en Espagne doit-il offrir une solution de continuité à Bordeaux?

Il la résout affirmativement par une foule de raisons que je n'ai pas à examiner, mais par celle-ci, entre autres :

Le chemin de fer de Paris à Bayonne doit présenter une lacune à Bordeaux, afin que marchandises et voyageurs, forcés de s'arrêter dans cette ville, y laissent des profits aux bateliers, porte-balles, commissionnaires, consignataires, hôteliers, etc.

Il est clair que c'est encore ici l'intérêt des agents du travail mis avant l'intérêt des consommateurs.

Mais si Bordeaux doit profiter par la lacune, et si ce profit est conforme à l'intérêt public, Angoulême, Poitiers, Tours, Orléans, bien plus, tous les points intermédiaires, Ruffec, Châtellerault, etc., etc., doivent aussi demander des lacunes, et cela dans l'intérêt général, dans l'intérêt bien entendu du travail national, car plus elles seront multipliées, plus seront multipliés aussi les consignations, commissions, transbordements, sur tous les points de la ligne. Avec ce système, on arrive à un chemin de fer composé de lacunes successives, à un *chemin de fer négatif.*

Que MM. les protectionistes le veuillent ou non, il n'en est pas moins certain que le *principe de la restriction* est le même que le *principe des lacunes* : le sacrifice du consommateur au producteur, du but au moyen.

XVIII. Il n'y a pas de principes absolus

On ne peut trop s'étonner de la facilité avec laquelle les hommes se résignent à ignorer ce qu'il leur importe le plus de savoir, et l'on peut être sûr qu'ils sont décidés à s'endormir dans leur ignorance, une fois qu'ils en sont venus à proclamer cet axiome : Il n'y a pas de principes absolus.

Vous entrez dans l'enceinte législative. Il y est question de savoir si la loi interdira ou affranchira les échanges internationaux.

Un député se lève et dit :

Si vous tolérez ces échanges, l'étranger vous inondera de ses produits, l'Anglais de tissus, le Belge de houilles, l'Espagnol de laines, l'Italien de soies, le Suisse de bestiaux, le Suédois de fer, le Prussien de blé, en sorte qu'aucune industrie ne sera plus possible chez nous.

Un autre répond :

Si vous prohibez ces échanges, les bienfaits divers que la nature a prodigués à chaque climat seront, pour vous, comme s'ils n'étaient pas. Vous ne participerez pas à l'habileté mécanique des Anglais, à la richesse des mines belges, à la fertilité du sol polonais, à la fécondité des pâturages suisses, au bon marché du travail espagnol, à la chaleur du climat italien, et il vous faudra demander à une production rebelle ce que par l'échange vous eussiez obtenu d'une production facile.

Assurément, l'un de ces députés se trompe. Mais lequel? Il vaut pourtant la peine de s'en assurer, car il ne s'agit pas seulement d'opinions. Vous êtes en présence de deux routes, il faut choisir, et l'une mène nécessairement à la *misère*.

Pour sortir d'embarras, on dit : Il n'y a point de principes absolus.

Cet axiome, si à la mode de nos jours, outre qu'il doit sourire à la paresse, convient aussi à l'ambition.

Si la théorie de la prohibition venait à prévaloir, ou bien si la doctrine de la liberté venait à triompher, une toute petite loi ferait tout notre code économique. Dans le premier cas, elle porterait : *tout échange au dehors est interdit*; dans le second : *tout échange avec l'étranger est libre*, et bien des gros personnages perdraient de leur importance.

Mais si l'échange n'a pas une nature qui lui soit propre, s'il n'est gouverné par aucune loi naturelle, s'il est capricieusement utile ou funeste, s'il ne trouve pas son aiguillon dans le bien qu'il fait, sa limite dans le bien qu'il cesse de faire, si ses effets ne peuvent être appréciés par ceux qui l'exécutent; en un mot, s'il n'y a pas de principes absolus, oh! alors il faut pondérer, équilibrer, réglementer les transactions, il faut égaliser les conditions du travail, chercher le niveau des profits, tâche colossale, bien propre à donner à ceux qui s'en chargent de gros traitements et une haute influence.

En entrant dans Paris, que je suis venu visiter, je me disais : Il y a là un million d'êtres humains qui mourraient tous en peu de jours si des approvisionnements de toute nature n'affluaient vers cette vaste métropole. L'imagination s'effraie quand elle veut apprécier l'immense multiplicité d'objets qui doivent entrer demain par ses barrières, sous peine que la vie de ses habitants ne s'éteigne dans les convulsions de la famine, de l'émeute et du pillage. Et cependant tous dorment en ce moment sans que leur paisible sommeil soit troublé un seul instant par l'idée d'une aussi effroyable perspective. D'un autre côté, quatre-vingts départements ont travaillé aujourd'hui, sans se concerter, sans s'entendre, à l'approvisionnement de Paris. Comment chaque jour amène-t-il ce qu'il faut, rien de plus, rien de moins, sur ce gigantesque marché? Quelle est donc l'ingénieuse et secrète puissance qui préside à l'étonnante régularité de mouvements si compliqués, régularité en laquelle chacun a une foi si insouciante, quoiqu'il y aille du bien-être et de la vie? Cette puissance, c'est un *principe absolu*, le principe de la liberté des transactions. Nous avons foi en cette lumière intime que la Providence a placée au cœur de tous les hommes, à qui elle a confié la conservation et l'amélioration indéfinie de notre espèce, l'*intérêt*, puisqu'il faut l'appeler par son nom, si actif, si vigilant, si prévoyant, quand il est libre dans son action. Où en seriez-vous, habitants de Paris, si un ministre s'avisait de substituer à cette puissance les combinaisons de son génie, quelque supérieur qu'on le suppose? s'il imaginait de soumettre à sa direction suprême ce prodigieux mécanisme, d'en réunir tous les ressorts en ses mains, de décider par qui, où, comment, à quelles conditions chaque chose doit être produite, transportée, échangée et consommée? Oh! quoiqu'il y ait bien des souffrances dans votre enceinte, quoique la misère, le désespoir, et peut-être l'inanition, y fassent couler plus de larmes que votre ardente charité n'en peut sécher, il est probable, il est certain, j'ose le dire, que l'intervention arbitraire du gouvernement multiplierait à l'infini ces souffrances, et étendrait sur vous tous les maux qui ne frappent qu'un petit nombre de vos concitoyens.

Eh bien! cette foi que nous avons tous dans un principe, quand il s'agit de nos transactions intérieures, pourquoi ne l'aurions-nous pas, dans le même principe appliqué à nos transactions internationales, assurément moins nombreuses, moins délicates et moins compliquées? Et s'il n'est pas nécessaire que la préfecture de Paris réglemente nos industries, pondère nos chances, nos profits et nos pertes, se préoccupe de l'épuisement du numéraire, égalise les conditions de notre travail dans le commerce intérieur, pourquoi est-il nécessaire que la douane, sortant de sa mission fiscale, prétende exercer une action protectrice sur notre commerce extérieur[30]?

---

[30] V. au tome Ier, la 1re lettre à M. de Lamartine et, au tome VI, le chap. i, des *Harmonies économiques*. (Note de l'éditeur.)

XIX. Indépendance nationale

Parmi les arguments qu'on fait valoir en faveur du régime restrictif, il ne faut pas oublier celui qu'on tire de l'*indépendance nationale*.

« Que ferons-nous en cas de guerre, dit-on, si nous nous sommes mis à la discrétion de l'Angleterre pour le fer et la houille? »

Les monopoleurs anglais ne manquent pas de s'écrier de leur côté :

« Que deviendra la Grande-Bretagne en temps de guerre, si elle se met, pour les aliments, sous la dépendance des Français? »

On ne prend pas garde à une chose; c'est que cette sorte de dépendance qui résulte des échanges, des transactions commerciales, est une dépendance réciproque. Nous ne pouvons dépendre de l'étranger sans que l'étranger dépende de nous. Or c'est là l'essence même de la société. Rompre des relations naturelles, ce n'est pas se placer dans un état d'indépendance, mais dans un état d'isolement.

Et remarquez ceci : on s'isole dans la prévision de la guerre; mais l'acte même de s'isoler est un commencement de guerre. Il la rend plus facile, moins onéreuse et, partant, moins impopulaire. Que les peuples soient les uns aux autres des débouchés permanents; que leurs relations ne puissent être rompues sans leur infliger la double souffrance de la privation et de l'encombrement, et ils n'auront plus besoin de ces puissantes marines qui les ruinent, de ces grandes armées qui les écrasent; la paix du monde ne sera pas compromise par le caprice d'un Thiers ou d'un Palmerston, et la guerre disparaîtra faute d'aliments, de ressources, de motifs, de prétextes et de sympathie populaire.

Je sais bien qu'on me reprochera (c'est la mode du jour) de donner pour base à la fraternité des peuples l'intérêt, le vil et prosaïque intérêt. On aimerait mieux qu'elle eût son principe dans la charité, dans l'amour, qu'il y fallût même un peu d'abnégation, et que, froissant le bien-être matériel des hommes, elle eût le mérite d'un généreux sacrifice.

Quand donc en finirons-nous avec ces puériles déclamations? Quand bannirons-nous enfin la tartuferie de la science? Quand cesserons-nous de mettre cette contradiction nauséabonde entre nos écrits et nos actions? Nous huons, nous conspuons l'*intérêt*, c'est-à-dire l'utile, le bien (car dire que tous les peuples sont intéressés à une chose, c'est dire que cette chose est bonne en soi), comme si l'intérêt n'était pas le mobile nécessaire, éternel, indestructible, à qui la Providence a confié la perfectibilité humaine! Ne dirait-on pas que nous sommes tous des anges de désintéressement? Et pense-t-on que le public ne commence pas à voir avec dégoût que ce langage affecté noircit précisément les pages qu'on lui fait payer le plus cher? Oh! l'affectation! l'affectation! c'est vraiment la maladie de ce siècle.

Quoi! parce que le bien-être et la paix sont choses corrélatives, parce qu'il a plu à Dieu d'établir cette belle harmonie dans le monde moral, vous ne voulez pas que j'admire, que j'adore ses décrets et que j'accepte avec gratitude des lois qui font de la justice la condition du bonheur? Vous ne voulez la paix qu'autant qu'elle froisse le bien-être, et la liberté vous pèse parce qu'elle ne vous impose pas des sacrifices? Et qui vous empêche, si l'abnégation a pour vous tant de charmes, d'en mettre dans vos actions privées? La société vous en sera reconnaissante, car quelqu'un au moins en recueillera le fruit; mais vouloir l'imposer à l'humanité comme un principe, c'est le comble de l'absurdité, car l'abnégation de tous, c'est le sacrifice de tous, c'est le mal érigé en théorie.

Mais, grâce au ciel, on peut écrire et lire beaucoup de ces déclamations sans que pour cela le monde cesse d'obéir à son mobile, qui est, qu'on le veuille ou non, l'*intérêt*.

Après tout, il est assez singulier de voir invoquer les sentiments de la plus sublime abnégation à l'appui de la spoliation elle-même. Voilà donc à quoi aboutit ce fastueux désintéressement! Ces hommes si poétiquement délicats qu'ils ne veulent pas de la paix elle-même si elle est fondée sur le vil *intérêt* des hommes, mettent la main dans la poche d'autrui, et surtout du pauvre; car quel article du tarif protège le pauvre? Eh! messieurs, disposez comme vous l'entendez de ce qui vous appartient, mais laissez-nous disposer aussi du fruit de nos sueurs, nous en servir ou l'échanger à notre gré. Déclamez sur le renoncement à soi-même, car cela est beau; mais en même temps soyez au moins honnêtes[31].

[31] V. le pamphlet Justice et Fraternité, au présent volume. — V. aussi l'introduction de *Cobden et la ligue anglaise*, puis la *seconde campagne de la ligue*, au tome II.

XX. Travail humain, travail national

Briser les machines, — repousser les marchandises étrangères, — ce sont deux actes qui procèdent de la même doctrine.

On voit des hommes qui battent des mains quand une grande invention se révèle au monde, — et qui néanmoins adhèrent au régime protecteur. — Ces hommes sont bien inconséquents!

Que reprochent-ils à la liberté du commerce? De faire produire par des étrangers plus habiles ou mieux situés que nous des choses que, sans elle, nous produirions nous-mêmes. En un mot, on l'accuse de nuire au *travail national.*

De même, ne devraient-ils pas reprocher aux machines de faire accomplir par des agents naturels ce qui, sans elles, serait l'œuvre de nos bras, et, par conséquent, de nuire au *travail humain*?

L'ouvrier étranger, mieux placé que l'ouvrier français, est, à l'égard de celui-ci, une véritable *machine économique* qui l'écrase de sa concurrence. De même, une machine qui exécute une opération à un prix moindre qu'un certain nombre de bras est, relativement à ces bras, un vrai *concurrent étranger* qui les paralyse par sa rivalité.

Si donc il est opportun de protéger le travail national contre la concurrence du travail étranger, il ne l'est pas moins de protéger le travail humain contre la rivalité du *travail mécanique.*

Aussi, quiconque adhère au régime protecteur, s'il a un peu de logique dans la cervelle, ne doit pas s'arrêter à prohiber les produits étrangers : il doit proscrire encore les produits de la navette et de la charrue.

Et voilà pourquoi j'aime bien mieux la logique des hommes qui, déclamant contre l'*invasion* des marchandises exotiques, ont au moins le courage de déclamer aussi contre l'excès de *production* dû à la puissance inventive de l'esprit humain.

Tel est M. de Saint-Chamans. « Un des arguments les plus forts, dit-il, contre la liberté du commerce et le trop grand emploi des machines, c'est que beaucoup d'ouvriers sont privés d'ouvrage ou par la concurrence étrangère qui fait tomber les manufactures, ou par les instruments qui prennent la place des hommes dans les ateliers. » (*Du système d'impôts*, p. 438.)

M. de Saint-Chamans a parfaitement vu l'analogie, disons mieux, l'identité qui existe entre les *importations* et les *machines*; voilà pourquoi il proscrit les unes et les autres; et vraiment il y a plaisir à avoir affaire à des argumentateurs intrépides, qui, même dans l'erreur, poussent un raisonnement jusqu'au bout.

Mais voyez la difficulté qui les attend!

S'il est vrai, *à priori*, que le domaine de l'*invention* et celui du *travail* ne puissent s'étendre qu'aux dépens l'un de l'autre, c'est dans les pays où il y a le plus de *machines*, dans le Lancastre, par exemple, qu'on doit rencontrer le moins d'*ouvriers*. Et si, au contraire, on constate *en fait* que la mécanique et la main d'œuvre coexistent à un plus haut degré chez les peuples riches que chez les sauvages, il faut en conclure nécessairement que ces deux puissances ne s'excluent pas.

Je ne puis pas m'expliquer qu'un être pensant puisse goûter quelque repos en présence de ce dilemme :

Ou les inventions de l'homme ne nuisent pas à ses travaux comme les faits généraux l'attestent, puisqu'il y a plus des unes et des autres chez les Anglais et les Français que parmi les Hurons et les Cherokées, et, en ce cas, j'ai fait fausse route, quoique je ne sache ni où ni quand je me suis égaré. Je commettrais un crime de lèse-humanité si j'introduisais mon erreur dans la législation de mon pays.

Ou bien les découvertes de l'esprit limitent le travail des bras, comme les faits particuliers semblent l'indiquer, puisque je vois tous les jours une machine se substituer à vingt, à cent travailleurs, et alors je suis forcé de constater une flagrante, éternelle, incurable antithèse entre la puissance intellectuelle et la puissance physique de l'homme; entre son progrès et son bien-être, et je ne puis m'empêcher de dire que l'auteur de l'homme devait lui donner de la raison ou des bras, de la force morale ou de la force brutale, mais qu'il s'est joué de lui en lui conférant à la fois des facultés qui s'entre-détruisent.

La difficulté est pressante. Or, savez-vous comment on en sort? Par ce singulier apophtegme[32] :

En économie politique il n'y a pas de principe absolu.

En langage intelligible et vulgaire, cela veut dire :

« Je ne sais où est le vrai et le faux; j'ignore ce qui constitue le bien ou le mal général. Je ne m'en mets pas en peine. L'effet immédiat de chaque mesure sur mon bien-être personnel, telle est la seule loi que je consente à reconnaître. »

Il n'y a pas de principes! mais c'est comme si vous disiez : Il n'y a pas de faits; car les principes ne sont que des formules qui résument tout un ordre de faits bien constatés.

Les machines, les importations ont certainement des effets. Ces effets sont bons ou mauvais. On peut à cet égard différer d'avis. Mais, quel que soit celui que l'on adopte, il se formule par un de ces deux *principes* : Les machines sont un bien; — ou — Les machines sont un mal. Les importations sont favorables, — ou — Les importations sont nuisibles. — Mais dire : *Il n'y a pas de principes*, c'est certainement le dernier degré d'abaissement où l'esprit humain puisse descendre, et j'avoue que je rougis pour mon pays quand j'entends articuler une si monstrueuse hérésie en face des chambres françaises, avec leur assentiment, c'est-à-dire en face et avec l'assentiment de l'élite de nos concitoyens; et cela pour se justifier de nous imposer des lois en parfaite ignorance de cause.

Mais enfin, me dira-t-on, détruisez le *sophisme*. Prouvez que les machines ne nuisent pas au *travail humain*, ni les importations au *travail national*.

Dans un ouvrage de la nature de celui-ci, de telles démonstrations ne sauraient être très-complètes. J'ai plus pour but de poser les difficultés que de les résoudre, et d'exciter la réflexion que de la satisfaire. Il n'y a jamais pour l'esprit de conviction bien acquise que celle qu'il doit à son propre travail. J'essayerai néanmoins de le mettre sur la voie.

---

[32] Un apophtegme est un précepte, une sentence, une parole mémorable ayant valeur de maxime. (NDE)

Ce qui trompe les adversaires des importations et des machines, c'est qu'ils les jugent par leurs effets immédiats et transitoires, au lieu d'aller jusqu'aux conséquences générales et définitives.

L'effet prochain d'une machine ingénieuse est de rendre superflue, pour un résultat donné, une certaine quantité de main-d'œuvre. Mais là ne s'arrête point son action. Par cela même que ce résultat donné est obtenu avec moins d'efforts, il est livré au public à un moindre prix; et la somme des épargnes ainsi réalisée par tous les acheteurs, leur sert à se procurer d'autres satisfactions, c'est-à-dire à encourager la main-d'œuvre en général, précisément de la quantité soustraite à la main-d'œuvre spéciale de l'industrie récemment perfectionnée. — En sorte que le niveau du travail n'a pas baissé, quoique celui des satisfactions se soit élevé.

Rendons cet ensemble d'effets sensible par un exemple.

Je suppose qu'il se consomme en France dix millions de chapeaux à 15 francs; cela offre à l'industrie chapelière un aliment de 150 millions. — Une machine est inventée qui permet de donner les chapeaux à 10 francs. — L'aliment pour cette industrie est réduit à 100 millions, en admettant que la consommation n'augmente pas. Mais les autres 50 millions ne sont point pour cela soustraits au *travail humain*. Économisés par les acheteurs de chapeaux, ils leur serviront à satisfaire d'autres besoins, et par conséquent à rémunérer d'autant l'ensemble de l'industrie. Avec ces 5 francs d'épargne, Jean achètera une paire de souliers, Jacques un livre, Jérôme un meuble, etc. Le travail humain, pris en masse, continuera donc d'être encouragé jusqu'à concurrence de 150 millions; mais cette somme donnera le même nombre de chapeaux qu'auparavant, plus toutes les satisfactions correspondant aux 50 millions que la machine aura épargnés. Ces satisfactions sont le produit net que la France aura retiré de l'invention. C'est un don gratuit, un tribut que le génie de l'homme aura imposé à la nature. — Nous ne disconvenons pas que, dans le cours de la transformation, une certaine masse de travail aura été *déplacée*; mais nous ne pouvons pas accorder qu'elle aura été détruite ou même diminuée.

De même quant aux importations. — Reprenons l'hypothèse.

La France fabriquait dix millions de chapeaux dont le prix de revient était de 15 francs. L'étranger envahit notre marché en nous fournissant les chapeaux à 10 francs. — Je dis que le *travail national* n'en sera nullement diminué.

Car il devra produire jusqu'à concurrence de 100 millions pour payer 10 millions de chapeaux à 10 francs.

Et puis, il restera à chaque acheteur 5 francs d'économie par chapeau, ou, au total, 50 millions, qui acquitteront d'autres jouissances, c'est-à-dire d'autres travaux.

Donc la masse du travail restera ce qu'elle était, et les jouissances supplémentaires, représentées par 50 millions d'économie sur les chapeaux, formeront le profit net de l'importation ou de la liberté du commerce.

Et il ne faut pas qu'on essaye de nous effrayer par le tableau des souffrances qui, dans cette hypothèse, accompagneraient le déplacement du travail.

Car si la prohibition n'eût jamais existé, le travail se serait classé de lui-même selon la loi de l'échange, et nul déplacement n'aurait eu lieu.

Si, au contraire, la prohibition a amené un classement artificiel et improductif du travail, c'est elle et non la liberté qui est responsable du déplacement inévitable dans la transition du mal au bien.

À moins qu'on ne prétende que, parce qu'un abus ne peut être détruit sans froisser ceux qui en profitent, il suffit qu'il existe un moment pour qu'il doive durer toujours[33].

---

[33] V. dans la seconde série des Sophismes, le chap. xiv et dans les *Harmonies économiques*, le chap. vi. (Note de l'éditeur.)

XXI. Matières premières

On dit : Le plus avantageux de tous les commerces est celui où l'on donne des objets fabriqués en échange de matières premières. Car ces matières premières sont un aliment pour le *travail national*.

Et de là on conclut :

Que la meilleure loi de douanes serait celle qui donnerait le plus de facilités possible à l'entrée des *matières premières*, et qui opposerait le plus d'obstacles aux objets qui ont reçu leur première façon.

Il n'y a pas, en économie politique, de *sophisme* plus répandu que celui-là. Il défraye non-seulement l'école protectionniste, mais encore et surtout l'école prétendue libérale; et c'est là une circonstance fâcheuse, car ce qu'il y a de pire, pour une bonne cause, ce n'est pas d'être bien attaquée, mais d'être mal défendue.

La liberté commerciale aura probablement le sort de toutes les libertés; elle ne s'introduira dans nos lois qu'après avoir pris possession de nos esprits. Mais s'il est vrai qu'une réforme doive être généralement comprise pour être solidement établie, il s'ensuit que rien ne la peut retarder comme ce qui égare l'opinion; et quoi de plus propre à l'égarer que les écrits qui réclament la liberté en s'appuyant sur les doctrines du monopole?

Il y a quelques années, trois grandes villes de France, Lyon, Bordeaux et le Havre, firent une levée de boucliers contre le régime restrictif. Le pays, l'Europe entière s'émurent en voyant se dresser ce qu'ils prirent pour le drapeau de la liberté. — Hélas! c'était encore le drapeau du monopole! d'un monopole un peu plus mesquin et beaucoup plus absurde que celui qu'on semblait vouloir renverser. — Grâce au *sophisme* que je vais essayer de dévoiler, les pétitionnaires ne firent que reproduire, en y ajoutant une inconséquence de plus, la doctrine de la protection au *travail national*.

Qu'est ce, en effet, que le régime prohibitif? Écoutons M. de Saint-Cricq.

« Le travail constitue la richesse peuple, parce que seul il crée choses matérielles que réclament nos besoins, et que l'aisance universelle consiste dans l'abondance de ces choses. » — Voilà le principe.

« Mais il faut que cette abondance soit le produit du *travail national*. Si elle était le produit du travail étranger, le travail national s'arrêterait promptement. » — Voila l'erreur. (*Voir le sophisme précédent.*)

« Que doit donc faire un pays agricole et manufacturier? Réserver son marché aux produits de son sol et de son industrie. » — Voilà le but.

« Et pour cela, restreindre par des droits et prohiber au besoin les produits du sol et de l'industrie des autres peuples. » — Voilà le moyen.

Rapprochons de ce système celui de la pétition de Bordeaux.

Elle divisait les marchandises en trois classes.

« La première renferme des objets d'alimentation et des *matières premières, vierges de tout travail humain. En principe, une sage économie exigerait que cette classe ne fût pas imposée.* » — Ici point de travail, point de protection.

« La seconde est composée d'objets qui ont reçu une préparation. Cette préparation permet *qu'on la charge de quelques droits.* » — Ici la protection commence parce que, selon les pétitionnaires, commence le *travail national.*

« La troisième comprend des objets perfectionnés, qui ne peuvent nullement servir au travail national; nous la considérons comme la plus imposable. » — Ici, le travail, et la protection avec lui, arrivent à leur maximum.

On le voit, les pétitionnaires professaient que le travail étranger nuit au travail national, c'est *l'erreur* du régime prohibitif.

Ils demandaient que le marché français fût réservé au *travail français*; c'est le *but* du régime prohibitif.

Ils réclamaient que le travail étranger fût soumis à des restrictions et à des taxes. — C'est le *moyen* du régime prohibitif.

Quelle différence est-il donc possible de découvrir entre les pétitionnaires bordelais et le coryphée de la restriction? — Une seule : l'extension plus ou moins grande à donner au mot travail.

M. de Saint-Cricq l'étend à tout. — Aussi, veut-il tout *protéger*.

« Le travail constitue *toute* la richesse d'un peuple, dit-il : protéger l'industrie agricole, *toute* l'industrie agricole; l'industrie manufacturière, *toute* l'industrie manufacturière, c'est le cri qui retentira toujours dans cette chambre. »

Les pétitionnaires ne voient de travail que celui des fabricants : aussi n'admettent-ils que celui-là aux faveurs de la protection.

« Les matières premières sont *vierges de tout travail humain*. En principe on ne devrait pas les imposer. Les objets fabriqués ne peuvent plus servir au travail national; nous les considérons comme les plus imposables. »

Il ne s'agit point ici d'examiner si la protection au travail national est raisonnable. M. de Saint-Cricq et les Bordelais s'accordent sur ce point, et nous, comme on l'a vu dans les chapitres précédents, nous différons à cet égard des uns et des autres.

La question est de savoir qui, de M. de Saint-Cricq ou des Bordelais, donne au mot *travail* sa juste acception.

Or, sur ce terrain, il faut le dire, M. de Saint-Cricq a mille fois raison, car voici le dialogue qui pourrait s'établir entre eux.

M. de Saint-Cricq. — Vous convenez que le *travail national* doit être protégé. Vous convenez qu'aucun travail étranger ne peut s'introduire sur notre marché sans y détruire une quantité égale de notre travail national. Seulement vous prétendez qu'il y a une foule de marchandises pourvues de *valeur*, puisqu'elles se vendent, et qui sont cependant *vierges de tout travail humain*. Et vous nommez, entre autres choses, les blés, farines, viandes, bestiaux, lard, sel, fer, cuivre, plomb, houille, laines, peaux, semences, etc.

Si vous me prouvez que la *valeur* de ces choses n'est pas due au travail, je conviendrai qu'il est inutile de les protéger.

Mais aussi, si je vous démontre qu'il y a autant de travail dans cent francs de laine que dans 100 francs de tissus, vous devrez avouer que la protection est due à l'une comme à l'autre.

Or, pourquoi ce sac de laine *vaut*-il 100 francs? N'est-ce point parce que c'est son prix de revient? et le prix de revient est-il autre chose que ce qu'il a fallu distribuer en gages, salaires, main-d'œuvre, intérêts, à tous les travailleurs et capitalistes qui ont concouru à la production de l'objet?

Les pétitionnaires. — Il est vrai que, pour la laine, vous pourriez avoir raison. Mais un sac de blé, un lingot de fer, un quintal de houille, sont-ils le produit du travail? N'est-ce point la nature qui les *crée*?

M. de Saint-Cricq. — Sans doute, la nature crée les éléments de toutes ces choses, mais c'est le travail qui en produit la *valeur*. J'ai eu tort moi-même de dire que le travail crée les objets matériels, et cette locution vicieuse m'a conduit à bien d'autres erreurs. — Il n'appartient pas à l'homme de *créer* et de faire quelque chose de rien, pas plus au fabricant qu'au cultivateur; si par *production* on entendait *création*, tous nos travaux seraient improductifs, et les vôtres, messieurs les négociants, plus que tous les autres, excepté peut-être les miens.

L'agriculteur n'a donc pas la prétention d'avoir *créé* le blé, mais il a celle d'en avoir créé la valeur, je veux dire, d'avoir, par son travail, celui de ses domestiques, de ses bouviers, de ses moissonneurs, transformé en blé des substances qui n'y ressemblaient nullement. Que fait de plus le meunier qui le convertit en farine, le boulanger qui le façonne en pain?

Pour que l'homme puisse se vêtir en drap, une foule d'opérations sont nécessaires. Avant l'intervention de tout *travail humain*, les véritables *matières premières* de ce produit sont l'air, l'eau, la chaleur, les gaz, la lumière, les sels qui doivent entrer dans sa composition. Voilà les *matières premières* qui véritablement sont *vierges de tout travail humain*, puisqu'elles n'ont pas de valeur, et je ne songe pas à les protéger. — Mais un premier travail convertit ces substances en fourrages, un second en laine, un troisième en fil, un quatrième en tissus, un cinquième en vêtements. Qui osera dire que tout, dans cette œuvre, n'est pas *travail*, depuis le premier coup de charrue qui le commence jusqu'au dernier coup d'aiguille qui le termine?

Et parce que, pour plus de célérité et de perfection dans l'accomplissement de l'œuvre définitive, qui est un vêtement, les travaux se sont répartis entre plusieurs classes d'industrieux, vous voulez, par une distinction arbitraire, que l'ordre de succession de ces travaux soit la raison unique de leur importance, en sorte que le premier ne mérite pas même le nom de travail, et que le dernier, travail par excellence, soit seul digne des faveurs de la protection?

Les pétionnaires. — Oui, nous commençons à voir que le blé, non plus que la laine, n'est pas tout à fait *vierge de travail humain* : mais au moins l'agriculteur n'a pas, comme le fabricant, tout exécuté par lui-même et ses ouvriers; la nature l'a aidé; et, s'il y a du travail, tout n'est pas travail dans le blé.

M. de Saint-Cricq. — Mais tout est travail dans sa *valeur*. Je veux que la nature ait concouru à la formation matérielle du grain. Je veux même qu'il soit exclusivement son ouvrage; mais convenez que je l'ai contrainte par mon travail : et quand je vous vends du blé, remarquez bien ceci, ce n'est pas le travail de la nature que je vous fais payer, mais le mien.

Et, à votre compte, les objets fabriqués ne seraient pas non plus des produits du travail. Le manufacturier ne se fait-il pas seconder aussi par la nature? Ne s'empare-t-il pas, à l'aide de la machine à vapeur, du poids de l'atmosphère, comme, à l'aide de la charrue, je m'empare de son humidité? A-t-il créé les lois de la gravitation, de la transmission des forces, de l'affinité?

Les pétionnaires. — Allons, va encore pour la laine, mais la houille est assurément l'ouvrage et l'ouvrage exclusif de la nature. Elle est bien *vierge de tout travail humain.*

M. de Saint-Cricq. — Oui, la nature a fait la houille, mais *le travail en a fait la valeur.* La houille n'avait aucune valeur pendant les millions d'années où elle était enfouie ignorée à cent pieds sous terre. Il a fallu l'y aller chercher : c'est un *travail*; il a fallu la transporter sur le marché : c'est un autre *travail*; et, encore une fois, le prix que vous la payez sur le marché n'est autre chose que la rémunération de ces travaux d'extraction et de transport[34].

On voit que jusqu'ici tout l'avantage est du côté de M. de Saint-Cricq; que la *valeur* des matières premières, comme celle des matières fabriquées, représente les frais de production, c'est-à-dire du *travail*; qu'il n'est pas possible de concevoir un objet pourvu de valeur, et qui soit *vierge de tout travail humain*; que la distinction que font les pétitionnaires est futile en théorie; que, comme base d'une inégale répartition de faveurs, elle serait inique en pratique, puisqu'il en résulterait que le tiers des Français, occupés aux manufactures, obtiendraient les douceurs du monopole, par la raison qu'ils produisent en *travaillant*, tandis que les deux autres tiers, à savoir la population agricole, seraient abandonnés à la concurrence, sous prétexte qu'ils produisent *sans travailler*.

On insistera, j'en suis sûr, et l'on dira qu'il y a plus d'avantage pour une nation à importer des matières dites *premières*, qu'elles soient ou non le produit du travail, et à exporter des objets fabriqués.

C'est là une opinion fort accréditée.

« Plus les matières premières sont abondantes, dit la pétition de Bordeaux, plus les manufactures se multiplient et prennent d'essor. »

« Les matières premières, dit-elle ailleurs, laissent une étendue sans limite à l'œuvre des habitants des pays où elles sont importées. »

« Les matières premières, dit la pétition du Havre, étant les éléments du travail, il faut les soumettre à un *régime différent* et les admettre *de suite* au taux le *plus faible*. »

La même pétition veut que la protection des objets fabriqués soit réduite *non de suite*, mais dans un temps indéterminé; non au taux le *plus faible*, mais à 20 p. 100.

---

[34] Je ne mentionne pas explicitement cette partie de rémunération afférente à l'entrepreneur, au capitaliste, etc., par plusieurs motifs :
1° Parce que si l'on y regarde de près on verra que c'est toujours le remboursement d'avances ou le paiement de *travaux* antérieurs ; 2° parce que, sous le mot général *travail*, je comprends non-seulement le salaire de l'ouvrier, mais la rétribution légitime de toute coopération à l'œuvre de la production ; 3° enfin et surtout, parce que la production des objets fabriqués est, aussi bien que celle des matières premières, grevée d'intérêts et de rémunérations autres que celles du *travail manuel*, et que l'objection, futile en elle-même, s'appliquerait à la filature la plus ingénieuse, tout autant et plus qu'à l'agriculture la plus grossière.

« Entre autres articles dont le bas prix et l'abondance sont une nécessité, dit la pétition de Lyon, les fabricants citent *toutes les matières premières.* »

Tout cela repose sur une illusion.

Nous avons vu que toute *valeur* représente du travail. Or, il est très-vrai que le travail manufacturier décuple, centuple quelquefois la valeur d'un produit brut, c'est-à-dire répand dix fois, cent fois plus de profits dans la nation. Dès lors on raisonne ainsi : La production d'un quintal de fer ne fait gagner que 15 francs aux travailleurs de toutes classes. La conversion de ce quintal de fer en ressorts de montres, élève leurs profits à 10,000 francs; et oserez-vous dire que la nation n'est pas plus intéressée à s'assurer pour 10,000 francs que pour 15 francs de travail?

On oublie que les échanges internationaux, pas plus que les échanges individuels, ne s'opèrent au poids ou à la mesure. On n'échange pas un quintal de fer brut contre un quintal de ressorts de montre, ni une livre de laine en suint contre une livre de laine en cachemire; — mais bien une certaine valeur d'une de ces choses contre une valeur égale d'une autre. Or, troquer valeur égale *contre valeur égale*, c'est troquer travail égal contre travail égal. Il n'est donc pas vrai que la nation qui donne pour 100 francs de tissus ou de ressorts gagne plus que celle qui livre pour 100 francs de laine ou de fer.

Dans un pays où aucune loi ne peut être votée, aucune contribution établie qu'avec le consentement de ceux que cette loi doit régir ou que cet impôt doit frapper, on ne peut voler le public qu'en commençant par le tromper. Notre ignorance est la *matière première* de toute extorsion qui s'exerce sur nous, et l'on peut être assuré d'avance que tout *sophisme* est l'avant-coureur d'une spoliation. — Bon public, quand tu vois un *sophisme* dans une pétition, mets la main sur ta poche, car c'est certainement là que l'on vise.

Voyons donc quelle est la pensée secrète que messieurs les armateurs de Bordeaux et du Havre et messieurs les manufacturiers de Lyon enveloppent dans cette distinction entre les produits agricoles et les objets manufacturés?

« C'est principalement dans cette première classe (celle qui comprend les matières premières, *vierges de tout travail humain*) que se trouve, disent les pétitionnaires de Bordeaux, le principal *aliment de notre marine marchande*… En principe, une sage économie exigerait que cette classe ne fût pas imposée… La seconde (objets qui ont reçu une préparation), on peut la *charger*. La troisième (objets auxquels le travail n'a plus rien à faire), nous la considérons comme *la* plus *imposable*. »

« Considérant, disent les pétitionnaires du Havre, qu'il est indispensable de réduire *de suite* au taux le *plus bas* les matières premières, afin que l'industrie puisse successivement mettre en œuvre les *forces navales* qui lui fourniront ses premiers et indispensables moyens de travail… »

Les manufacturiers ne pouvaient pas demeurer en reste de politesse envers les armateurs. Aussi, la pétition de Lyon demande-t-elle la libre introduction des matières premières, « pour prouver, y est-il dit, que les intérêts des villes manufacturières ne sont pas toujours opposés à ceux des villes maritimes. »

Non; mais il faut dire que les uns et les autres, entendus comme font les pétitionnaires, sont terriblement opposés aux intérêts des campagnes, de l'agriculture et des consommateurs.

Voilà donc, messieurs, où vous vouliez en venir! Voilà le but de vos subtiles distinctions économiques! Vous voulez que la loi s'oppose à ce que les produits achevés traversent l'Océan, afin que le transport beaucoup plus coûteux des matières brutes, sales, chargées de résidus, offre plus d'aliment à votre marine marchande, et mette plus largement en œuvre vos *forces navales*. C'est là ce que vous appelez une *sage économie*.

Eh! que ne demandez-vous aussi qu'on fasse venir les sapins de Russie avec leurs branches, leur écorce et leurs racines; l'or du Mexique à l'état de minerai; et les cuirs de Buénos-Ayres encore attachés aux ossements de cadavres infects?

Bientôt, je m'y attends, les actionnaires des chemins de fer, pour peu qu'ils soient en majorité dans les chambres, feront une loi qui défende de fabriquer à Cognac l'eau-de-vie qui se consomme à Paris. Ordonner législativement le transport de dix pièces de vin pour une pièce d'eau-de-vie, ne serait-ce pas à la fois fournir à l'industrie parisienne *l'indispensable aliment de son travail*, et mettre en œuvre les forces des locomotives?

Jusques à quand fermera-t-on les yeux sur cette vérité si simple?

L'industrie, les forces navales, le travail ont pour but le bien général, le bien public; créer des industries inutiles, favoriser des transports superflus, alimenter un travail surnuméraire, non pour le bien du public, mais aux dépens du public, c'est réaliser une véritable pétition de principe. Ce n'est pas le travail qui est en soi-même une chose désirable, c'est la consommation : tout travail sans résultat est une perte. Payer des marins pour porter à travers les mers d'inutiles résidus, c'est comme les payer pour faire ricocher des cailloux sur la surface de l'eau. Ainsi nous arrivons à ce résultat, que tous les *sophismes économiques*, malgré leur infinie variété, ont cela de commun qu'ils confondent le *moyen* avec le *but*, et développent l'un aux dépens de l'autre[35].

---

[35] Voy., au premier volume, l'opuscule de 1834, intitulé : *Réflexions sur les Pétitions de Bordeaux*, le Havre, etc. (Note de l'éditeur.)

XXII. Métaphores

Quelquefois le sophisme se dilate, pénètre tout le tissu d'une longue et lourde théorie. Plus souvent il se comprime, il se resserre, il se fait principe, et se cache tout entier dans un mot.

Dieu nous garde, disait Paul-Louis, du malin et de la métaphore! Et, en effet, il serait difficile de dire lequel des deux verse le plus de maux sur notre planète. — C'est le démon, dites-vous; il nous met à tous, tant que nous sommes, l'esprit de spoliation dans le cœur. Oui, mais il laisse entière la répression des abus par la résistance de ceux qui en souffrent. C'est le *sophisme* qui paralyse cette résistance. L'épée que la malice met aux mains des assaillants serait impuissante si le *sophisme* ne brisait pas le bouclier aux bras des assaillis; et c'est avec raison que Malebranche a inscrit sur le frontispice de son livre cette sentence : *L'erreur est la cause de la misère des hommes.*

Et voyez ce qui se passe. Des ambitieux hypocrites auront un intérêt sinistre, comme, par exemple, à semer dans le public le germe des haines nationales. Ce germe funeste pourra se développer, amener une conflagration générale, arrêter la civilisation, répandre des torrents de sang, attirer sur le pays le plus terrible des fléaux, *l'invasion*. En tous cas, et d'avance, ces sentiments haineux nous abaissent dans l'opinion des peuples et réduisent les Français qui ont conservé quelque amour de la justice à rougir de leur patrie. Certes ce sont là de grands maux; et pour que le public se garantit contre les menées de ceux qui veulent lui faire courir de telles chances, il suffirait qu'il en eût la claire vue. Comment parvient-on à la lui dérober? Par la *métaphore*. On altère, on force, on déprave le sens de trois ou quatre mots, et tout est dit.

Tel est le mot *invasion* lui-même.

Un maître de forges français dit : Préservons-nous de *l'invasion* des fers anglais. Un landlord anglais s'écrie : Repoussons *l'invasion* des blés français! — Et ils proposent d'élever des barrières entre les deux peuples. — Les barrières constituent *l'isolement*, l'isolement conduit à la haine, la haine à la guerre, la guerre à *l'invasion*. — Qu'importe? disent les deux *sophistes*; ne vaut-il pas mieux s'exposer à une invasion éventuelle que d'accepter une *invasion* certaine? — Et les peuples de croire, et les barrières de persister.

Et pourtant quelle analogie y a-t-il entre un échange et une *invasion*?' Quelle similitude est-il possible d'établir entre un vaisseau de guerre qui vient vomir sur nos villes le fer, le feu et la dévastation, — et un navire marchand qui vient nous offrir de troquer librement, volontairement, des produits contre des produits?

J'en dirai autant du mot *inondation*. Ce mot se prend ordinairement en mauvaise part, parce qu'il est assez dans les habitudes des inondations de ravager les champs et les moissons. — Si, pourtant, elles laissaient sur le sol une valeur supérieure à celle qu'elles lui enlèvent, comme font les inondations du Nil, il faudrait, à l'exemple des Égyptiens, les bénir, les déifier. — Eh bien! avant de déclamer contre les *inondations* des produits étrangers, avant de leur opposer de gênants et coûteux obstacles, se demande-t-on si ce sont là des *inondations* qui ravagent ou de celles qui fertilisent? — Que penserions-nous de Méhémet-Ali, si, au lieu d'élever à gros frais des barrages à travers le Nil, pour étendre le domaine de ses *inondations*, il dépensait ses piastres à lui creuser un lit plus profond, afin que l'Égypte ne fût pas souillée par ce limon étranger descendu des montagnes de la Lune? Nous exhibons précisément ce degré de sagesse et de raison, quand nous voulons, à grand renfort de millions, préserver notre pays... — De quoi? — Des bienfaits dont la nature a doté d'autres climats.

Parmi les *métaphores* qui recèlent toute une funeste théorie, il n'en est pas de plus usitée que celle que présentent les mots *tribut, tributaire*.

Ces mots sont devenus si *usuels*, qu'on en fait les synonymes *d'achat, acheteur*, et l'on se sert indifféremment des uns ou des autres.

Cependant il y a aussi loin d'un *tribut* à un *achat* que d'un *vol* à un *échange*, et j'aimerais autant entendre dire : Cartouche a enfoncé mon coffre-fort et il y a *acheté* mille écus, que d'ouïr répéter à nos honorables députés : Nous avons payé à l'Allemagne le *tribut* de mille chevaux qu'elle nous a vendus.

Car ce qui fait que l'action de Cartouche n'est pas un achat, c'est qu'il n'a pas mis, et de mon consentement, dans mon coffre-fort, une valeur équivalente à celle qu'il a prise.

Et ce qui fait que l'octroi de 500,000 francs que nous avons fait à l'Allemagne n'est pas un *tribut*, c'est justement qu'elle ne les a pas reçus à titre gratuit, mais bien en nous livrant en échange mille chevaux que nous-mêmes avons jugé valoir nos 500,000 francs.

Faut-il donc relever sérieusement de tels abus de langage? Pourquoi pas, puisque c'est très-sérieusement qu'on les étale dans les journaux et dans les livres.

Et qu'on n'imagine pas qu'ils échappent à quelques écrivains ignorant jusqu'à leur langue! Pour un qui s'en abstient, je vous en citerai dix qui se les permettent, et des plus huppés encore, les d'Argout, les Dupin, les Villèle, les pairs, les députés, les ministres, c'est-à-dire les hommes dont les paroles sont des lois, et dont les sophismes les plus choquants servent de base à l'administration du pays.

Un célèbre philosophe moderne a ajouté aux catégories d'Aristote le sophisme qui consiste à renfermer dans un mot une pétition de principe. Il en cite plusieurs exemples. Il aurait pu joindre le mot *tributaire* à sa nomenclature. — En effet, il s'agit de savoir si les achats faits au dehors sont utiles ou nuisibles. — Ils sont nuisibles, dites-vous. — Et pourquoi? — Parce qu'ils nous rendent tributaires de l'étranger. — Certes, voilà bien un mot qui pose en fait ce qui est en question.

Comment ce trope abusif s'est-il introduit dans la rhétorique des monopoleurs?

Des écus *sortent du pays* pour satisfaire la rapacité d'un ennemi victorieux. — D'autres écus *sortent aussi du pays* pour solder des marchandises. — On établit l'analogie des deux cas, en ne tenant compte que de la circonstance par laquelle ils se ressemblent et faisant abstraction de celle par laquelle ils diffèrent.

Cependant cette circonstance, c'est-à-dire le non-remboursement dans le premier cas, et le remboursement librement convenu dans le second, établit entre eux une différence telle qu'il n'est réellement pas possible de les classer sous la même étiquette. Livrer 100 francs par *force* à qui vous serre la gorge, ou volontairement à qui vous donne l'objet de vos désirs, vraiment, ce sont choses qu'on ne peut assimiler. — Autant vaudrait dire qu'il est *indifférent* de jeter le pain à la rivière ou de le manger, parce que c'est toujours du pain *détruit*. Le vice de ce raisonnement, comme celui que renferme le mot *tribut*, consisterait à fonder une entière similitude entre deux cas par leur ressemblance et en faisant abstraction de leur différence.

Conclusion

Tous les sophismes que j'ai combattus jusqu'ici se rapportent à une seule question : le système restrictif; encore, par pitié pour le lecteur, « j'en passe, et des meilleurs » : *droits acquis, inopportunité, épuisement du numéraire, etc., etc.*

Mais l'économie sociale n'est pas renfermée dans ce cercle étroit. Le fouriérisme, le saint-simonisme, le communisme, le mysticisme, le sentimentalisme, la fausse philanthropie, les aspirations affectées vers une égalité et une fraternité chimériques, les questions relatives au luxe, aux salaires, aux machines, à la prétendue tyrannie du capital, aux colonies, aux débouchés, aux conquêtes, à la population, à l'association, à l'émigration, aux impôts, aux emprunts, ont encombré le champ de la science d'une foule d'arguments parasites, de *sophismes* qui sollicitent la houe et la binette de l'économiste diligent.

Ce n'est pas que je ne reconnaisse le vice de ce plan ou plutôt de cette absence de plan. Attaquer un à un tant de sophismes incohérents, qui quelquefois se choquent et plus souvent rentrent les uns dans les autres, c'est se condamner à une lutte désordonnée, capricieuse, et s'exposer à de perpétuelles redites.

Combien je préférerais dire simplement comment les choses sont, sans m'occuper de mille aspects sous lesquels l'ignorance les voit!... Exposer les lois selon lesquelles les sociétés prospèrent ou dépérissent, c'est ruiner *virtuellement* tous les sophismes à la fois. Quand Laplace eut décrit ce qu'on peut savoir jusqu'ici du mouvement des corps célestes, il dissipa, sans même les nommer, toutes les rêveries astrologiques des Égyptiens, des Grecs et des Hindous, bien plus sûrement qu'il n'eût pu le faire en les réfutant directement dans d'innombrables volumes. — La vérité est une; le livre qui l'expose est un édifice imposant et durable :

Il brave les tyrans avides,
Plus hardi que les Pyramides
Et plus durable que l'airain.

L'erreur est multiple et de nature éphémère; l'ouvrage qui la combat ne porte pas en lui-même un principe de grandeur et de durée.

Mais si la force et peut-être l'occasion[36] m'ont manqué pour procéder à la manière des Laplace et des Say, je ne puis me refuser à croire que la forme que j'ai adoptée a aussi sa modeste utilité. Elle me semble surtout bien proportionnée aux besoins du siècle, aux rapides instants qu'il peut consacrer à l'étude.

Un traité a sans doute une supériorité incontestable, mais à une condition, c'est d'être lu, médité, approfondi. Il ne s'adresse qu'à un public d'élite. Sa mission est de fixer d'abord et d'agrandir ensuite le cercle des connaissances acquises.

La réfutation des préjugés vulgaires ne saurait avoir cette haute portée. Elle n'aspire qu'à désencombrer la route devant la marche de la vérité, à préparer les esprits, à redresser le sens public, à briser dans des mains impures des armes dangereuses.

C'est surtout en économie sociale que cette lutte corps à corps, que ces combats sans cesse renaissants avec les erreurs populaires ont une véritable utilité pratique.

On pourrait ranger les sciences en deux catégories.

Les unes, à la rigueur, peuvent n'être sues que des savants. Ce sont celles dont l'application occupe des professions spéciales. Le vulgaire en recueille le fruit malgré l'ignorance; quoiqu'il ne sache pas la mécanique et l'astronomie, il n'en jouit pas moins de l'utilité d'une montre, il n'est pas moins entraîné par la locomotive ou le bateau à vapeur sur la foi de l'ingénieur et du pilote. Nous marchons selon les lois de l'équilibre sans les connaître, comme M. Jourdain faisait de la prose sans le savoir.

Mais il est des sciences qui n'exercent sur le public qu'une influence proportionnée aux lumières du public lui-même, qui tirent toute leur efficacité non des connaissances accumulées dans quelques têtes exceptionnelles, mais de celles qui sont diffusées dans la raison générale.

---

[36] Nous avons fait remarquer, à la fin du chap. iv, qu'il contient le germe très-apparent des doctrines développées dans les *Harmonies économiques*. Ici maintenant se manifeste, de la part de l'auteur, le désir et l'intention d'écrire ce dernier ouvrage, à la première occasion favorable. (Note de l'éditeur.)

Telles sont la morale, l'hygiène, l'économie sociale, et, dans les pays où les hommes s'appartiennent à eux-mêmes, la politique. C'est de ces sciences que Bentham aurait pu dire surtout : « Ce qui les répand vaut mieux que ce qui les avance. » Qu'importe qu'un grand homme, un Dieu même, ait promulgué les lois de la morale, aussi longtemps que les hommes, imbus de fausses notions, prennent les vertus pour des vices et les vices pour des vertus? Qu'importe que Smith, Say, et, selon M. de Saint-Chamans, les économistes de toutes les écoles aient proclamé, en fait de transactions commerciales, la supériorité de la liberté sur la contrainte, si ceux-là sont convaincus du contraire qui font les lois et pour qui les lois sont faites?

Ces sciences, que l'on a fort bien nommées sociales, ont encore ceci de particulier que, par cela même qu'elles sont d'une application usuelle, nul ne convient qu'il les ignore. — A-t-on besoin de résoudre une question de chimie ou de géométrie? On ne prétend pas avoir la science infuse; on n'a pas honte de consulter M. Thénard; on ne se fait pas difficulté d'ouvrir Legendre ou Bezout. — Mais, dans les sciences sociales, on ne reconnaît guère d'autorités. Comme chacun fait journellement de la morale bonne ou mauvaise, de l'hygiène, de l'économie, de la politique raisonnable ou absurde, chacun se croit apte à gloser, disserter, décider et trancher en ces matières. — Souffrez-vous? Il n'est pas de bonne vieille qui ne vous dise du premier coup la cause et le remède de vos maux : « Ce sont les humeurs, affirme-t-elle, il faut vous purger. » — Mais qu'est-ce que les humeurs? et y a-t-il des humeurs? C'est ce dont elle ne se met pas en peine. — Je songe involontairement à cette bonne vieille quand j'entends expliquer tous les malaises sociaux par ces phrases banales : C'est la surabondance des produits, c'est la tyrannie du capital, c'est la pléthore industrielle, et autres sornettes dont on ne peut pas même dire : *Verba et voces, prætereaque nihil*[37], car ce sont autant de funestes erreurs.

De ce qui précède il résulte deux choses : 1° Que les sciences sociales doivent abonder en *sophismes* beaucoup plus que les autres, parce que ce sont celles où chacun ne consulte que son jugement ou ses instincts; 2° que c'est dans ces sciences que le *sophisme* est spécialement

---

[37] Des mots et des paroles et rien de plus. (NDE)

malfaisant, parce qu'il égare l'opinion en une matière où l'opinion c'est la force, c'est la loi.

Il faut donc deux sortes de livres à ces sciences : ceux qui les exposent et ceux qui les propagent, ceux qui montrent la vérité et ceux qui combattent l'erreur.

Il me semble que le défaut inhérent à la forme de cet opuscule, la *répétition*, est ce qui en fait la principale utilité.

Dans la question que j'ai traitée, chaque sophisme a sans doute sa formule propre et sa portée, mais tous ont une racine commune, qui est l'oubli des intérêts des *hommes* en tant que *consommateurs*. Montrer que les mille chemins de l'erreur conduisent à ce *sophisme générateur*, c'est apprendre au public à le reconnaître, à l'apprécier, à s'en défier en toutes circonstances.

Après tout, je n'aspire pas précisément à faire naître des convictions, mais des doutes.

Je n'ai pas la prétention qu'en posant le livre le lecteur s'écrie : Je sais; plaise au ciel qu'il se dise sincèrement : *J'ignore*!

« J'ignore, car je commence à craindre qu'il n'y ait quelque chose d'illusoire dans les douceurs de la disette. » (Sophisme I.)

« Je ne suis plus si édifié sur les charmes de l'obstacle. » (Sophisme II.)

« *L'effort sans résultat* ne me semble plus aussi désirable que le *résultat sans effort.* » (Sophisme III.)

« Il se pourrait bien que le secret du commerce ne consiste pas, comme celui des armes (selon la définition qu'en donne le spadassin du Bourgeois gentilhomme), à donner et à ne pas recevoir. » (Sophisme VI.)

« Je conçois qu'un objet vaut d'autant plus qu'il a reçu plus de façons; mais, dans l'échange, deux valeurs égales cessent-elles d'être égales parce que l'une vient de la charrue et l'autre de la Jacquart? » (Sophisme XXI.)

« J'avoue que je commence à trouver singulier que l'humanité s'améliore par des entraves, s'enrichisse par des taxes; et franchement je serais soulagé d'un poids importun, j'éprouverais une joie pure, s'il venait à m'être démontré, comme l'assure l'auteur des *Sophismes*, qu'il n'y a pas incompatibilité entre le bien-être et la justice, entre la paix et la liberté, entre l'extension du travail et les progrès de l'intelligence. » (Sophismes XIV et XX.)

« Donc, sans me tenir pour satisfait par ses arguments, auxquels je ne sais si je dois donner le nom de raisonnements ou de paradoxes, j'interrogerai les maîtres de la science. »

Terminons par un dernier et important aperçu cette monographie du *Sophisme*.

Le monde ne sait pas assez l'influence que le *Sophisme* exerce sur lui.

S'il en faut dire ce que je pense, quand *le droit du plus fort* a été détrôné, le *Sophisme* a remis l'empire au *droit du plus fin*, et il serait difficile de dire lequel de ces deux tyrans a été le plus funeste à l'humanité.

Les hommes ont un amour immodéré pour les jouissances, l'influence, la considération, le pouvoir, en un mot, pour les richesses.

Et, en même temps, ils sont poussés par une inclination immense à se procurer ces choses aux dépens d'autrui.

Mais cet *autrui*, qui est le public, a une inclination non moins grande à garder ce qu'il a acquis, pourvu qu'il le *puisse* et qu'il le *sache*.

La spoliation, qui joue un si grand rôle dans les affaires du monde, n'a donc que deux agents : la *force* et la *ruse*, et deux limites : le *courage* et les *lumières*.

La force appliquée à la spoliation fait le fond des annales humaines. En retracer l'histoire, ce serait reproduire presque en entier l'histoire de tous les peuples : Assyriens, Babyloniens, Mèdes, Perses, Égyptiens, Grecs, Romains, Goths, Francs, Huns, Turcs, Arabes, Mongols, Tartares, sans compter celle des Espagnols en Amérique, des Anglais dans l'Inde, des Français en Afrique, des Russes en Asie, etc., etc.

Mais, du moins, chez les nations civilisées, les hommes qui produisent les richesses sont devenus assez nombreux et assez *forts* pour les défendre. — Est-ce à dire qu'ils ne sont plus dépouillés? Point du tout; ils le sont autant que jamais, et, qui plus est, ils se dépouillent les uns les autres.

Seulement, l'agent est changé : ce n'est plus par force, c'est par ruse qu'on s'empare des richesses publiques.

Pour voler le public, il faut le tromper. Le tromper, c'est lui persuader qu'on le vole pour son avantage; c'est lui faire accepter en échange de ses biens des services fictifs, et souvent pis. — De là le *Sophisme*. — Sophisme théocratique, Sophisme économique, Sophisme politique, Sophisme financier. — Donc, depuis que la force est tenue en échec, le *Sophisme* n'est pas seulement un mal, c'est le génie du mal. Il le faut tenir en échec à son tour. — Et, pour cela, rendre le public plus fin que les fins, comme il est devenu plus fort que les forts.

Bon public, c'est sous le patronage de cette pensée que je t'adresse ce premier essai, — bien que la Préface soit étrangement transposée, et la Dédicace quelque peu tardive[38].

Mugron, 2 novembre 1845.

---

[38] Cette pensée, qui termine la première série des *Sophismes*, va être reprise et développée par l'auteur, au commencement de la seconde série. L'influence de la *Spoliation* sur les destinées de l'humanité le préoccupait vivement. Après avoir plusieurs fois abordé ce sujet dans les *Sophismes* et les *Pamphlets* (V. notamment *Propriété et Spoliation — Spoliation et Loi*), il lui destinait une place étendue dans la seconde partie des Harmonies, parmi les causes perturbatrices. Enfin, dernier témoignage de l'intérêt qu'il y attachait, il disait, à la veille de sa mort : « Un travail bien important à faire, pour l'économie politique, c'est d'écrire l'histoire de la *Spoliation*. C'est une longue histoire dans laquelle, dès l'origine, apparaissent les conquêtes, les migrations des peuples, les invasions et tous les funestes excès de la force aux prises avec la justice. De tout cela il reste encore aujourd'hui des traces vivantes, et c'est une grande difficulté pour la solution des questions posées dans notre siècle. On n'arrivera pas à cette solution tant qu'on n'aura pas bien constaté en quoi et comment l'injustice, faisant sa part au milieu de nous, s'est impatronisée dans nos mœurs et dans nos lois. » (Note de l'éditeur.)

DEUXIÈME SÉRIE.

[39]

(2e édition.)

La requête de l'industrie au gouvernement est aussi modeste que celle de Diogène à Alexandre : **Ôte-toi de mon soleil.**
(Bentham.)

I. — PHYSIOLOGIE DE LA SPOLIATION.

[40]

Pourquoi irais-je m'aheurter à cette science aride, l'*Économie politique*?

Pourquoi? — La question est judicieuse. Tout travail est assez répugnant de sa nature, pour qu'on ait le droit de demander où il mène.

Voyons, cherchons.

Je ne m'adresse pas à ces philosophes qui font profession d'adorer la misère, sinon en leur nom, du moins au nom de l'humanité.

Je parle à quiconque tient la *Richesse* pour quelque chose. — Entendons par ce mot, non l'opulence de quelques-uns, mais l'aisance, le bien-être, la sécurité, l'indépendance, l'instruction, la dignité de tous.

---

[39] La seconde série des *Sophismes économiques*, dont plusieurs chapitres avaient figuré dans le Journal des Économistes et le journal le *Libre Échange*, parut à la fin de janvier 1848. (Note de l'éditeur.)
[40] V. au tome VI, les chap. xviii, xix, xxii et xxiv pour les développements projetés et commencés par l'auteur sur les *Causes perturbatrices de l'harmonie des lois naturelles.* (Note de l'éditeur.)

Il n'y a que deux moyens de se procurer les choses nécessaires à la conservation, à l'embellissement et au perfectionnement de la vie : la *Production* et la *Spoliation*.

Quelques personnes disent : La *Spoliation* est un accident, un abus local et passager, flétri par la morale, réprouvé par la loi, indigne d'occuper l'*Économie politique*.

Cependant, quelque bienveillance, quelque optimisme que l'on porte au cœur, on est forcé de reconnaître que la *Spoliation* s'exerce dans ce monde sur une trop vaste échelle, qu'elle se mêle trop universellement à tous les grands faits humains pour qu'aucune science sociale, et l'Économie politique surtout, puisse se dispenser d'en tenir compte.

Je vais plus loin. Ce qui sépare l'ordre social de la perfection (du moins de toute celle dont il est susceptible), c'est le constant effort de ses membres pour vivre et se développer aux dépens les uns des autres.

En sorte que si la Spoliation n'existait pas, la société étant parfaite, les sciences sociales seraient sans objet.

Je vais plus loin encore. Lorsque la Spoliation est devenue le moyen d'existence d'une agglomération d'hommes unis entre eux par le lien social, ils se font bientôt une loi qui la sanctionne, une morale qui la glorifie.

Il suffit de nommer quelques-unes des formes les plus tranchées de la Spoliation pour montrer quelle place elle occupe dans les transactions humaines.

C'est d'abord la Guerre. — Chez les sauvages, le vainqueur tue le vaincu pour acquérir au gibier un droit, sinon incontestable, du moins incontesté.

C'est ensuite l'Esclavage. — Quand l'homme comprend qu'il est possible de féconder la terre par le travail, il fait avec son frère ce partage : « À toi la fatigue, à moi le produit. »

Vient la Théocratie. — « Selon ce que tu me donneras ou me refuseras de ce qui t'appartient, je t'ouvrirai la porte du ciel ou de l'enfer. »

Enfin arrive le Monopole. — Son caractère distinctif est de laisser subsister la grande loi sociale : *Service pour service*, mais de faire intervenir la force dans le débat, et par suite, d'altérer la juste proportion entre le *service reçu* et le *service rendu*.

La Spoliation porte toujours dans son sein le germe de mort qui la tue. Rarement c'est le grand nombre qui spolie le petit nombre. En ce cas, celui-ci se réduirait promptement au point de ne pouvoir plus satisfaire la cupidité de celui-là, et la Spoliation périrait faute d'aliment.

Presque toujours c'est le grand nombre qui est opprimé, et la Spoliation n'en est pas moins frappée d'un arrêt fatal.

Car si elle a pour agent la Force, comme dans la Guerre et l'Esclavage, il est naturel que la Force à la longue passe du côté du grand nombre.

Et si c'est la Ruse, comme dans la Théocratie et le Monopole, il est naturel que le grand nombre s'éclaire, sans quoi l'intelligence ne serait pas l'intelligence.

Une autre loi providentielle dépose un second germe de mort au cœur de la Spoliation, c'est celle-ci :

La Spoliation ne *déplace* pas seulement la richesse, elle en *détruit* toujours une partie.

La Guerre anéantit bien des valeurs.

L'Esclavage paralyse bien des facultés.

La Théocratie détourne bien des efforts vers des objets puérils ou funestes.

Le Monopole aussi fait passer la richesse d'une poche à l'autre; mais il s'en perd beaucoup dans le trajet.

Cette loi est admirable. — Sans elle, pourvu qu'il y eût équilibre de force entre les oppresseurs et les opprimés, la Spoliation n'aurait pas de terme. — Grâce à elle, cet équilibre tend toujours à se rompre, soit parce que les Spoliateurs se font conscience d'une telle déperdition de richesses, soit, en l'absence de ce sentiment, parce que le mal empire sans cesse, et qu'il est dans la nature de ce qui empire toujours de finir.

Il arrive en effet un moment où, dans son accélération progressive, la déperdition des richesses est telle que le Spoliateur est moins riche qu'il n'eût été en restant honnête.

Tel est un peuple à qui les frais de guerre coûtent plus que ne vaut le butin.

Un maître qui paie plus cher le travail esclave que le travail libre.

Une Théocratie qui a tellement hébété le peuple et détruit son énergie qu'elle n'en peut plus rien tirer.

Un Monopole qui agrandit ses efforts d'absorption à mesure qu'il y a moins à absorber, comme l'effort de traire s'accroît à mesure que le pis est plus desséché.

Le Monopole, on le voit, est une Espèce du Genre Spoliation. Il a plusieurs Variétés, entre autres la Sinécure, le Privilège, la Restriction.

Parmi les formes qu'il revêt, il y en a de simples et naïves. Tels étaient les droits féodaux. Sous ce régime la masse est spoliée et le sait. Il implique l'abus de la force et tombe avec elle.

D'autres sont très-compliquées. Souvent alors la masse est spoliée et ne le sait pas. Il peut même arriver qu'elle croie tout devoir à la Spoliation, et ce qu'on lui laisse, et ce qu'on lui prend, et ce qui se perd dans l'opération. Il y a plus, j'affirme que, dans la suite des temps, et grâce au mécanisme si ingénieux de la coutume, beaucoup de Spoliateurs le sont sans le savoir et sans le vouloir. Les Monopoles de cette variété sont engendrés par la Ruse et nourris par l'Erreur. Ils ne s'évanouissent que devant la Lumière.

J'en ai dit assez pour montrer que l'Économie politique a une utilité pratique évidente. C'est le flambeau qui, dévoilant la Ruse et dissipant l'Erreur, détruit ce désordre social, la Spoliation. Quelqu'un, je crois que c'est une femme, et elle avait bien raison, l'a ainsi définie : *C'est la serrure de sûreté du pécule populaire.*

Commentaire.

Si ce petit livre était destiné à traverser trois ou quatre mille ans, à être lu, relu, médité, étudié phrase à phrase, mot à mot, lettre à lettre, de génération en génération, comme un Koran nouveau; s'il devait attirer dans toutes les bibliothèques du monde des avalanches d'annotations, éclaircissements et paraphrases, je pourrais abandonner à leur sort, dans leur concision un peu obscure, les pensées qui précèdent. Mais puisqu'elles ont besoin de commentaire, il me paraît prudent de les commenter moi-même.

La véritable et équitable loi des hommes, c'est : *Échange librement débattu de service contre service.* La Spoliation consiste à bannir par force ou par ruse la liberté du débat afin de recevoir un service sans le rendre.

La Spoliation par la force s'exerce ainsi : On attend qu'un homme ait produit quelque chose, qu'on lui arrache, l'arme au poing.

Elle est formellement condamnée par le Décalogue : *Tu ne prendras point.*

Quand elle se passe d'individu à individu, elle se nomme *vol* et mène au bagne; quand c'est de nation à nation, elle prend nom *conquête* et conduit à la gloire.

Pourquoi cette différence? Il est bon d'en rechercher la cause. Elle nous révélera une puissance irrésistible, l'Opinion, qui, comme l'atmosphère, nous enveloppe d'une manière si absolue, que nous ne la remarquons plus. Car Rousseau n'a jamais dit une vérité plus vraie que celle-ci : « Il faut beaucoup de philosophie pour observer les faits qui sont trop près de nous. »

Le *voleur*, par cela même qu'il agit isolément, a contre lui l'opinion publique. Il alarme tous ceux qui l'entourent. Cependant, s'il a quelques associés, il s'enorgueillit devant eux de ses prouesses, et l'on peut commencer à remarquer ici la force de l'Opinion; car il suffit de l'approbation de ses complices pour lui ôter le sentiment de sa turpitude et même le rendre vain de son ignominie.

Le *guerrier* vit dans un autre milieu. L'Opinion qui le flétrit est ailleurs, chez les nations vaincues; il n'en sent pas la pression. Mais l'Opinion qui est autour de lui l'approuve et le soutient. Ses compagnons et lui sentent vivement la solidarité qui les lie. La patrie, qui s'est créé des ennemis et des dangers, a besoin d'exalter le courage de ses enfants. Elle décerne aux plus hardis, à ceux qui, élargissant ses frontières, y ont apporté le plus de butin, les honneurs, la renommée, la gloire. Les poètes chantent leurs exploits et les femmes leur tressent des couronnes. Et telle est la puissance de l'Opinion, qu'elle sépare de la Spoliation l'idée d'injustice et ôte au spoliateur jusqu'à la conscience de ses torts.

L'Opinion, qui réagit contre la spoliation militaire, placée non chez le peuple spoliateur, mais chez le peuple spolié, n'exerce que bien peu d'influence. Cependant, elle n'est pas tout à fait inefficace, et d'autant moins que les nations se fréquentent et se comprennent davantage. Sous ce rapport, on voit que l'étude des langues et la libre communication des peuples tendent à faire prédominer l'opinion contraire à ce genre de spoliation.

Malheureusement, il arrive souvent que les nations qui entourent le peuple spoliateur sont elles-mêmes spoliatrices, quand elles le peuvent, et dès lors imbues des mêmes préjugés.

Alors, il n'y a qu'un remède : le temps. Il faut que les peuples aient appris, par une rude expérience, l'énorme désavantage de se spolier les uns les autres.

On parlera d'un autre frein : la moralisation. Mais la moralisation a pour but de multiplier les actions vertueuses. Comment donc restreindrait-elle les actes spoliateurs quand ces actes sont mis par l'Opinion au rang des plus hautes vertus? Y a-t-il un moyen plus puissant de moraliser un peuple que la Religion? Y eut-il jamais Religion plus favorable à la paix et plus universellement admise que le Christianisme? Et cependant qu'a-t-on vu pendant dix-huit siècles? On a vu les hommes se battre non-seulement malgré la Religion, mais au nom de la Religion même.

Un peuple conquérant ne fait pas toujours la guerre offensive. Il a aussi de mauvais jours. Alors ses soldats défendent le foyer domestique, la propriété, la famille, l'indépendance, la liberté. La guerre prend un caractère de sainteté et de grandeur. Le drapeau, bénit par les ministres du Dieu de paix, représente tout ce qu'il y a de sacré sur la terre; on s'y attache comme à la vivante image de la patrie et de l'honneur; et les vertus guerrières sont exaltées au-dessus de toutes les autres vertus. — Mais le danger passé, l'Opinion subsiste, et, par une naturelle réaction de l'esprit de vengeance qui se confond avec le patriotisme, on aime à promener le drapeau chéri de capitale en capitale. Il semble que la nature ait préparé ainsi le châtiment de l'agresseur.

C'est la crainte de ce châtiment, et non les progrès de la philosophie, qui retient les armes dans les arsenaux, car, on ne peut pas le nier, les peuples les plus avancés en civilisation font la guerre, et se préoccupent bien peu de justice quand ils n'ont pas de représailles à redouter. Témoin l'Hymalaya, l'Atlas et le Caucase.

Si la Religion a été impuissante, si la philosophie est impuissante, comment donc finira la guerre?

L'Économie politique démontre que, même à ne considérer que le peuple victorieux, la guerre se fait toujours dans l'intérêt du petit nombre et aux dépens des masses. Il suffit donc que les masses aperçoivent clairement cette vérité. Le poids de l'Opinion, qui se partage encore, pèsera tout entier du côté de la paix[41].

La Spoliation exercée par la force prend encore une autre forme. On n'attend pas qu'un homme ait produit une chose pour la lui arracher. On s'empare de l'homme lui-même; on le dépouille de sa propre personnalité; on le contraint au travail; on ne lui dit pas : *Si tu prends cette peine pour moi, je prendrai cette peine pour toi*, on lui dit : *À toi toutes les fatigues, à moi toutes les jouissances*. C'est l'Esclavage, qui implique toujours l'abus de la force.

Or, c'est une grande question de savoir s'il n'est pas dans la nature d'une force incontestablement dominante d'abuser toujours d'elle-même. Quant à moi, je ne m'y fie pas, et j'aimerais autant attendre d'une pierre qui tombe la puissance qui doit l'arrêter dans sa chute, que de confier à la force sa propre limite.

Je voudrais, au moins, qu'on me montrât un pays, une époque où l'Esclavage a été aboli par la libre et gracieuse volonté des maîtres.

L'Esclavage fournit un second et frappant exemple de l'insuffisance des sentiments religieux et philanthropiques aux prises avec l'énergique sentiment de l'intérêt. Cela peut paraître triste à quelques Écoles modernes qui cherchent dans l'abnégation le principe réformateur de la société. Qu'elles commencent donc par réformer la nature de l'homme.

---

[41] Voy., tome I, la lettre adressée au président du Congrès de la paix à Francfort.(Note de l'éditeur.)

Aux Antilles, les maîtres professent de père en fils, depuis l'institution de l'esclavage, la Religion chrétienne. Plusieurs fois par jour ils répètent ces paroles : « Tous les hommes sont frères; aimer son prochain, c'est accomplir toute la loi. » — Et pourtant ils ont des esclaves. Rien ne leur semble plus naturel et plus légitime. Les réformateurs modernes espèrent-ils que leur morale sera jamais aussi universellement acceptée, aussi populaire, aussi forte d'autorité, aussi souvent sur toutes les lèvres que l'Évangile? Et si l'Évangile n'a pu passer des lèvres au cœur par-dessus ou à travers la grande barrière de l'intérêt, comment espèrent-ils que leur morale fasse ce miracle?

Mais quoi! l'Esclavage est-il donc invulnérable? Non; ce qui l'a fondé le détruira, je veux dire l'*Intérêt,* pourvu que, pour favoriser les intérêts spéciaux qui ont créé la plaie, on ne contrarie pas les intérêts généraux qui doivent la guérir.

C'est encore une vérité démontrée par l'Économie politique, que le travail libre est essentiellement progressif et le travail esclave nécessairement stationnaire. En sorte que le triomphe du premier sur le second est inévitable. Qu'est devenue la culture de l'indigo par les noirs?

Le travail libre appliqué à la production du sucre en fera baisser de plus en plus le prix. À mesure, l'esclave sera de moins en moins lucratif pour son maître. L'esclavage serait depuis longtemps tombé de lui-même en Amérique, si, en Europe, les lois n'eussent élevé artificiellement le prix du sucre. Aussi nous voyons les maîtres, leurs créanciers et leurs délégués travailler activement à maintenir ces lois, qui sont aujourd'hui les colonnes de l'édifice.

Malheureusement, elles ont encore la sympathie des populations du sein desquelles l'esclavage a disparu; par où l'on voit qu'encore ici l'Opinion est souveraine.

Si elle est souveraine, même dans la région de la Force, elle l'est à bien plus forte raison dans le monde de la Ruse. À vrai dire, c'est là son domaine. La Ruse, c'est l'abus de l'intelligence; le progrès de l'opinion, c'est le progrès des intelligences. Les deux puissances sont au moins de même nature. Imposture chez le spoliateur implique crédulité chez le spolié, et l'antidote naturel de la crédulité c'est la vérité. Il s'ensuit qu'éclairer les esprits, c'est ôter à ce genre de spoliation son aliment.

Je passerai brièvement en revue quelques-unes des spoliations qui s'exercent par la Ruse sur une très-grande échelle.

La première qui se présente c'est la Spoliation par ruse théocratique.

De quoi s'agit-il? De se faire rendre en aliments, vêtements, luxe, considération, influence, pouvoir, des services réels contre des services fictifs.

Si je disais à un homme : — « Je vais te rendre des services immédiats, » — il faudrait bien tenir parole; faute de quoi cet homme saurait bientôt à quoi s'en tenir, et ma ruse serait promptement démasquée.

Mais si je lui dis : — « En échange de tes services, je te rendrai d'immenses services, non dans ce monde, mais dans l'autre. Après cette vie, tu peux être éternellement heureux ou malheureux, et cela dépend de moi; je suis un être intermédiaire entre Dieu et sa créature, et puis, à mon gré, t'ouvrir les portes du ciel ou de l'enfer. » — Pour peu que cet homme me croie, il est à ma discrétion.

Ce genre d'imposture a été pratiqué très en grand depuis l'origine du monde, et l'on sait à quel degré de toute-puissance étaient arrivés les prêtres égyptiens.

Il est aisé de savoir comment procèdent les imposteurs. Il suffit de se demander ce qu'on ferait à leur place.

Si j'arrivais, avec des vues de cette nature, au milieu d'une peuplade ignorante, et que je parvinsse, par quelque acte extraordinaire et d'une apparence merveilleuse, à me faire passer pour un être surnaturel, je me donnerais pour un envoyé de Dieu, ayant sur les futures destinées des hommes un empire absolu.

Ensuite, j'interdirais l'examen de mes titres; je ferais plus : comme la raison serait mon ennemi le plus dangereux, j'interdirais l'usage de la raison même, au moins appliquée à ce sujet redoutable. Je ferais de cette question, et de toutes celles qui s'y rapportent, des questions *tabou*, comme disent les sauvages. Les résoudre, les agiter, y penser même, serait un crime irrémissible.

Certes, ce serait le comble de l'art de mettre une barrière *tabou* à toutes les avenues intellectuelles qui pourraient conduire à la découverte de ma supercherie. Quelle meilleure garantie de sa durée que de rendre le doute même sacrilège?

Cependant, à cette garantie fondamentale, j'en ajouterais d'accessoires. Par exemple, pour que la lumière ne pût jamais descendre dans les masses, je m'attribuerais, ainsi qu'à mes complices, le monopole de toutes les connaissances, je les cacherais sous les voiles d'une langue morte et d'une écriture hiéroglyphique, et, pour n'être jamais surpris par aucun danger, j'aurais soin d'inventer une institution qui me ferait pénétrer, jour par jour, dans le secret de toutes les consciences.

Il ne serait pas mal non plus que je satisfisse à quelques besoins réels de mon peuple, surtout si, en le faisant, je pouvais accroître mon influence et mon autorité. Ainsi les hommes ont un grand besoin d'instruction et de morale : je m'en ferais le dispensateur. Par là je dirigerais à mon gré l'esprit et le cœur de mon peuple. J'entrelacerais dans une chaîne indissoluble la morale et mon autorité; je les représenterais comme ne pouvant exister l'une sans l'autre, en sorte que si quelque audacieux tentait enfin de remuer une question *tabou*, la société tout entière, qui ne peut se passer de morale, sentirait le terrain trembler sous ses pas, et se tournerait avec rage contre ce novateur téméraire.

Quand les choses en seraient là, il est clair que ce peuple m'appartiendrait plus que s'il était mon esclave. L'esclave maudit sa chaîne, mon peuple bénirait la sienne, et je serais parvenu à imprimer, non sur les fronts, mais au fond des consciences, le sceau de la servitude.

L'Opinion seule peut renverser un tel édifice d'iniquité; mais par où l'entamera-t-elle, si chaque pierre est *tabou*? — C'est l'affaire du temps et de l'imprimerie.

À Dieu ne plaise que je veuille ébranler ici ces croyances consolantes qui relient cette vie d'épreuves à une vie de félicités! Mais qu'on ait abusé de l'irrésistible pente qui nous entraîne vers elles, c'est ce que personne, pas même le chef de la chrétienté, ne pourrait contester. Il y a, ce me semble, un signe pour reconnaître si un peuple est dupe ou ne l'est pas. Examinez la Religion et le prêtre; examinez si le prêtre est l'instrument de la Religion, ou si la Religion est l'instrument du prêtre.

Si le prêtre est l'instrument de la Religion, s'il ne songe qu'à étendre sur la terre sa morale et ses bienfaits, il sera doux, tolérant, humble, charitable, plein de zèle; sa vie reflétera celle de son divin modèle; il prêchera la liberté et l'égalité parmi les hommes, la paix et la fraternité entre les nations; il repoussera les séductions de la puissance temporelle, ne voulant pas faire alliance avec ce qui a le plus besoin de frein en ce monde; il sera l'homme du peuple, l'homme des bons conseils et des douces consolations, l'homme de l'Opinion, l'homme de l'Évangile.

Si, au contraire, *la Religion est l'instrument du prêtre*, il la traitera comme on traite un instrument qu'on altère, qu'on plie, qu'on retourne en toutes façons, de manière à en tirer le plus grand avantage pour soi. Il multipliera les questions *tabou*; sa morale sera flexible comme les temps, les hommes et les circonstances. Il cherchera à en imposer par des gestes et des attitudes étudiés; il marmottera cent fois par jour des mots dont le sens sera évaporé, et qui ne seront plus qu'un vain *conventionnalisme*. Il trafiquera des choses saintes, mais tout juste assez pour ne pas ébranler la foi en leur sainteté, et il aura soin que le trafic soit d'autant moins ostensiblement actif que le peuple est plus clairvoyant. Il se mêlera des intrigues de la terre; il se mettra toujours du côté des puissants à la seule condition que les puissants se mettront de son côté. En un mot, dans tous ses actes, on reconnaîtra qu'il ne veut pas faire avancer la Religion par le clergé, mais le clergé par la Religion; et comme tant d'efforts supposent un but, comme ce but, dans cette hypothèse, ne peut être autre que la puissance et la richesse, le signe définitif que le peuple est dupe, c'est quand le prêtre est riche et puissant.

Il est bien évident qu'on peut abuser d'une Religion vraie comme d'une Religion fausse. Plus même son autorité est respectable, plus il est à craindre qu'on ne pousse loin l'épreuve. Mais il y a bien de la différence dans les résultats. L'abus insurge toujours une partie saine, éclairée, indépendante d'un peuple. Il ne se peut pas que la foi n'en soit ébranlée, et l'affaiblissement d'une religion vraie est bien autrement funeste que l'ébranlement d'une Religion fausse.

La Spoliation par ce procédé et la clairvoyance d'un peuple sont toujours en proportion inverse l'une de l'autre, car il est de la nature des abus d'aller tant qu'ils trouvent du chemin. Non qu'au milieu de la population la plus ignorante, il ne se rencontre des prêtres purs et dévoués, mais comment empêcher la fourbe de revêtir la soutane et l'ambition de ceindre la mitre? Les spoliateurs obéissent à la loi malthusienne : ils multiplient comme les moyens d'existence; et les moyens d'existence des fourbes, c'est la crédulité de leurs dupes. On a beau chercher, on trouve toujours qu'il faut que l'Opinion s'éclaire. Il n'y a pas d'autre Panacée.

Une autre variété de Spoliation par la ruse s'appelle fraude commerciale, nom qui me semble beaucoup trop restreint, car ne s'en rend pas coupable seulement le marchand qui altère la denrée ou raccourcit son mètre, mais aussi le médecin qui se fait payer des conseils funestes, l'avocat qui embrouille les procès, etc. Dans l'échange entre deux services, l'un est de mauvais aloi; mais ici, le service reçu étant toujours préalablement et volontairement agréé, il est clair que la Spoliation de cette espèce doit reculer à mesure que la clairvoyance publique avance.

Vient ensuite l'abus des *services publics*, champ immense de Spoliation, tellement immense que nous ne pouvons y jeter qu'un coup d'œil.

Si Dieu avait fait de l'homme un animal solitaire, chacun travaillerait pour soi. La richesse individuelle serait en proportion des services que chacun se rendrait à soi-même.

Mais *l'homme étant sociable, les services s'échangent les uns contre les autres*, proposition que vous pouvez, si cela vous convient, construire à rebours.

Il y a dans la société des besoins tellement généraux, tellement universels, que ses membres y pourvoient en organisant des *services publics*. Tel est le besoin de la sécurité. On se concerte, on se cotise pour rémunérer en *services* divers ceux qui rendent le *service* de veiller à la sécurité commune.

Il n'y a rien là qui soit en dehors de l'Économie politique : *Fais ceci pour moi, je ferai cela pour toi*. L'essence de la transaction est la même, le procédé rémunératoire seul est différent; mais cette circonstance a une grande portée.

Dans les transactions ordinaires chacun reste juge soit du service qu'il reçoit, soit du service qu'il rend. Il peut toujours ou refuser l'échange ou le faire ailleurs, d'où la nécessité de n'apporter sur le marché que des services qui se feront volontairement agréer.

Il n'en est pas ainsi avec l'État, surtout avant l'avènement des gouvernements représentatifs. Que nous ayons ou non besoin de ses services, qu'ils soient de bon ou de mauvais aloi, il nous faut toujours les accepter tels qu'il les fournit et les payer au prix qu'il y met.

Or, c'est la tendance de tous les hommes de voir par le petit bout de la lunette les services qu'ils rendent, et par le gros bout les services qu'ils reçoivent; et les choses iraient bon train si nous n'avions pas, dans les transactions privées, la garantie du *prix débattu*.

Cette garantie, nous ne l'avons pas ou nous ne l'avons guère dans les transactions publiques. — Et cependant, l'État, composé d'hommes (quoique de nos jours on insinue le contraire), obéit à l'universelle tendance. Il veut nous servir beaucoup, nous *servir* plus que nous ne voulons, et nous faire agréer comme service *vrai* ce qui est quelquefois loin de l'être, et cela, pour nous imposer en retour des *services* ou contributions.

L'État aussi est soumis à la loi malthusienne. Il tend à dépasser le niveau de ses moyens d'existence, il grossit en proportion de ces moyens, et ce qui le fait exister c'est la substance des peuples. Malheur donc aux peuples qui ne savent pas limiter la sphère d'action de l'État. Liberté, activité privée, richesse, bien-être, indépendance, dignité, tout y passera.

Car il y a une circonstance qu'il faut remarquer, c'est celle-ci : Parmi les services que nous demandons à l'État, le principal est la sécurité. Pour nous la garantir, il faut qu'il dispose d'une force capable de vaincre toutes les forces, particulières ou collectives, intérieures ou extérieures, qui pourraient la compromettre. Combinée avec cette fâcheuse disposition que nous remarquons dans les hommes à vivre aux dépens des autres, il y a là un danger qui saute aux yeux.

Aussi, voyez sur quelle immense échelle, depuis les temps historiques, s'est exercée la Spoliation par abus et excès du gouvernement? Qu'on se demande quels services ont rendus aux populations et quels services en ont retirés les pouvoirs publics chez les Assyriens, les Babyloniens, les Égyptiens, les Romains, les Persans, les Turcs, les Chinois, les Russes, les Anglais, les Espagnols, les Français? L'imagination s'effraie devant cette énorme disproportion.

Enfin, on a inventé le gouvernement représentatif et, à priori, on aurait pu croire que le désordre allait cesser comme par enchantement.

En effet, le principe de ces gouvernements est celui-ci :

« La population elle-même, par ses représentants, décidera la nature et l'étendue des fonctions qu'elle juge à propos de constituer en *services publics*, et la quotité de la rémunération qu'elle entend attacher à ces *services*. »

La tendance à s'emparer du bien d'autrui et la tendance à défendre son bien étaient ainsi mises en présence. On devait penser que la seconde surmonterait la première.

Certes, je suis convaincu que la chose réussira à la longue. Mais il faut bien avouer que jusqu'ici elle n'a pas réussi.

Pourquoi? par deux motifs bien simples : les gouvernements ont eu trop, et les populations pas assez de sagacité.

Les gouvernements sont fort habiles. Ils agissent avec méthode, avec suite, sur un plan bien combiné et constamment perfectionné par la tradition et l'expérience. Ils étudient les hommes et leurs passions. S'ils reconnaissent, par exemple, qu'ils ont l'instinct de la guerre, ils attisent, ils excitent ce funeste penchant. Ils environnent la nation de dangers par l'action de la diplomatie, et tout naturellement ensuite, ils lui demandent des soldats, des marins, des arsenaux, des fortifications : souvent même ils n'ont que la peine de les laisser offrir; alors ils ont des grades, des pensions et des places à distribuer. Pour cela, il faut beaucoup d'argent; les impôts et les emprunts sont là.

Si la nation est généreuse, ils s'offrent à guérir tous les maux de l'humanité. Ils relèveront, disent-ils, le commerce, feront prospérer l'agriculture, développeront les fabriques, encourageront les lettres et les arts, extirperont la misère, etc., etc. Il ne s'agit que de créer des fonctions et payer des fonctionnaires.

En un mot, la tactique consiste à présenter comme services effectifs ce qui n'est qu'entraves; alors la nation paie non pour être servie, mais desservie. Les gouvernements, prenant des proportions gigantesques, finissent par absorber la moitié de tous les revenus. Et le peuple s'étonne de travailler autant, d'entendre annoncer des inventions merveilleuses qui doivent multiplier à l'infini les produits et... d'être toujours Gros-Jean comme devant.

C'est que, pendant que le gouvernement déploie tant d'habileté, le peuple n'en montre guère. Ainsi, appelé à choisir ses chargés de pouvoirs, ceux qui doivent déterminer la sphère et la rémunération de l'action gouvernementale, qui choisit-il? Les agents du gouvernement. Il charge le pouvoir exécutif de fixer lui-même la limite de son activité et de ses exigences. Il fait comme le *Bourgeois gentilhomme*, qui, pour le choix et le nombre de ses habits, s'en remet... à son tailleur[42].

Cependant les choses vont de mal en pis, et le peuple ouvre enfin les yeux, non sur le remède (il n'en est pas là encore), mais sur le mal.

Gouverner est un métier si doux que tout le monde y aspire. Aussi les conseillers du peuple ne cessent de lui dire : Nous voyons tes souffrances et nous les déplorons. Il en serait autrement si nous te gouvernions.

Cette période, qui est ordinairement fort longue, est celle des rébellions et des émeutes. Quand le peuple est vaincu, les frais de la guerre s'ajoutent à ses charges. Quand il est vainqueur, le personnel gouvernemental change et les abus restent.

Et cela dure jusqu'à ce qu'enfin le peuple apprenne à connaître et à défendre ses vrais intérêts. Nous arrivons donc toujours à ceci : Il n'y a de ressource que dans le progrès de la Raison publique.

Certaines nations paraissent merveilleusement disposées à devenir la proie de la Spoliation gouvernementale. Ce sont celles où les hommes, ne tenant aucun compte de leur propre dignité et de leur propre énergie, se croiraient perdus s'ils n'étaient *administrés* et *gouvernés* en toutes choses. Sans avoir beaucoup voyagé, j'ai vu des pays où l'on pense que l'agriculture ne peut faire aucun progrès si l'État n'entretient

---

[42] Voy., au tome I, la lettre adressée à M. Larnac, et au tome V, les *Incompatibilités parlemantaires*. (Note de l'éditeur.)

des fermes expérimentales; qu'il n'y aura bientôt plus de chevaux, si l'État n'a pas de haras; que les pères ne feront pas élever leurs enfants ou ne leur feront enseigner que des choses immorales, si l'État ne décide pas ce qu'il est bon d'apprendre, etc., etc. Dans un tel pays, les révolutions peuvent se succéder rapidement, les gouvernants tomber les uns sur les autres. Mais les gouvernés n'en seront pas moins gouvernés à merci et miséricorde (car la disposition que je signale ici est l'étoffe même dont les gouvernements sont faits), jusqu'à ce qu'enfin le peuple s'aperçoive qu'il vaut mieux laisser le plus grand nombre possible de *services* dans la catégorie de ceux que les parties intéressées échangent à *prix débattu*[43].

Nous avons vu que la société est *échange des services*. Elle ne devrait être qu'échange de bons et loyaux services. Mais nous avons constaté aussi que les hommes avaient un grand intérêt et, par suite, une pente irrésistible à exagérer la valeur relative des services qu'ils rendent. Et véritablement, je ne puis apercevoir d'autre limite à cette prétention que la libre acceptation ou le libre refus de ceux à qui ces services sont offerts.

De là il arrive que certains hommes ont recours à la loi pour qu'elle diminue chez les autres les naturelles prérogatives de cette liberté. Ce genre de spoliation s'appelle Privilège ou Monopole. Marquons-en bien l'origine et le caractère.

Chacun sait que les services qu'il apporte dans le marché général y seront d'autant plus appréciés et rémunérés qu'ils y seront plus rares. Chacun implorera donc l'intervention de la loi pour éloigner du marché tous ceux qui viennent y offrir des services analogues, — ou, ce qui revient au même, si le concours d'un instrument est indispensable pour que le service soit rendu, il en demandera à la loi la possession exclusive[44].

Cette variété de Spoliation étant l'objet principal de ce volume, j'en dirai peu de chose ici, et me bornerai à une remarque.

---

[43] V. au présent tome, l'État, la Loi, et au tome VI, le chapitre xvii, *Services privés et services publics*. (Note de l'éditeur.)

[44] Pour la distinction entre les monopoles véritables et ce qu'on a nommé les monopoles naturels, voir, au chap. v du tome VI, la note qui accompagne l'exposé de la doctrine d'Adam Smith sur la valeur. (Note de l'éditeur.)

Quand le monopole est un fait isolé, il ne manque pas d'enrichir celui que la loi en a investi. Il peut arriver alors que chaque classe de travailleurs, au lieu de poursuivre la chute de ce monopole, réclame pour elle-même un monopole semblable. Cette nature de Spoliation, ainsi réduite en système, devient alors la plus ridicule des mystifications pour tout le monde, et le résultat définitif est que chacun croit retirer *plus* d'un marché général *appauvri de tout.*

Il n'est pas nécessaire d'ajouter que ce singulier régime introduit en outre un antagonisme universel entre toutes les classes, toutes les professions, tous les peuples; qu'il exige une interférence constante, mais toujours incertaine de l'action gouvernementale; qu'il abonde ainsi dans le sens des abus qui font l'objet du précédent paragraphe; qu'il place toutes les industries dans une insécurité irrémédiable, et qu'il accoutume les hommes à mettre sur la loi, et non sur eux-mêmes, la responsabilité de leur propre existence. Il serait difficile d'imaginer une cause plus active de perturbation sociale[45].

Justification.

On dira : « Pourquoi ce vilain mot : Spoliation? Outre qu'il est grossier, il blesse, il irrite, il tourne contre vous les hommes calmes et modérés, il envenime la lutte. »

Je le déclare hautement, je respecte les personnes; je crois à la sincérité de presque tous les partisans de la Protection; et je ne me reconnais le droit de suspecter la probité personnelle, la délicatesse, la philanthropie de qui que ce soit. Je répète encore que la Protection est l'œuvre, l'œuvre funeste, d'une commune erreur dont tout le monde, ou du moins la grande majorité, est à la fois victime et complice. — Après cela je ne puis pas empêcher que les choses ne soient ce qu'elles sont.

Qu'on se figure une espèce de Diogène mettant la tête hors de son tonneau, et disant : « Athéniens, vous vous faites servir par des esclaves. N'avez-vous jamais pensé que vous exerciez sur vos frères la plus inique des spoliations? »

---

[45] Cette cause de perturbation, l'auteur devait bientôt assister son développement et la combattre avec énergie. V. ci-après l'État, puis, au tome II, *Funestes illusions* et, au tome VI, les dernières pages du chap. iv. (Note de l'éditeur.)

Ou encore, un tribun parlant ainsi dans le Forum : « Romains, vous avez fondé tous vos moyens d'existence sur le pillage successif de tous les peuples. »

Certes, ils ne feraient qu'exprimer une vérité incontestable. Faudrait-il en conclure qu'Athènes et Rome n'étaient habitées que par de malhonnêtes gens? que Socrate et Platon, Caton et Cincinnatus étaient des personnages méprisables?

Qui pourrait avoir une telle pensée? Mais ces grands hommes vivaient dans un milieu qui leur ôtait la conscience de leur injustice. On sait qu'Aristote ne pouvait pas même se faire l'idée qu'une société pût exister sans esclavage.

Dans les temps modernes, l'esclavage a vécu jusqu'à nos jours sans exciter beaucoup de scrupules dans l'âme des planteurs. Des armées ont servi d'instrument à de grandes conquêtes, c'est-à-dire à de grandes spoliations. Est-ce à dire qu'elles ne fourmillent pas de soldats et d'officiers, personnellement aussi délicats, plus délicats peut-être qu'on ne l'est généralement dans les carrières industrielles; d'hommes à qui la pensée seule d'un vol ferait monter le rouge au front, et qui affronteraient mille morts plutôt que de descendre à une bassesse?

Ce qui est blâmable ce ne sont pas les individus, mais le mouvement général qui les entraîne et les aveugle, mouvement dont la société entière est coupable.

Il en est ainsi du Monopole. J'accuse le système, et non point les individus; la société en masse, et non tel ou tel de ses membres. Si les plus grands philosophes ont pu se faire illusion sur l'iniquité de l'esclavage, à combien plus forte raison des agriculteurs et des fabricants peuvent-ils se tromper sur la nature et les effets du régime restrictif?

II. Deux morales

Arrivé, s'il y arrive, au bout du chapitre précédent, je crois entendre le lecteur s'écrier :

« Eh bien! est-ce à tort qu'on reproche aux économistes d'être secs et froids? Quelle peinture de l'humanité! Quoi! la Spoliation serait une puissance fatale, presque normale, prenant toutes les formes, s'exerçant sous tous les prétextes, hors la loi et par la loi, abusant des choses les plus saintes, exploitant tour à tour la faiblesse et la crédulité, et progressant en proportion de ce que ce double aliment abonde autour d'elle! Peut-on faire du monde un plus triste tableau? »

La question n'est pas de savoir s'il est triste, mais s'il est vrai. L'histoire est là pour le dire.

Il est assez singulier que ceux qui décrient l'économie politique (ou l'*économisme*, comme il leur plaît de nommer cette science), parce qu'elle étudie l'homme et le monde tels qu'ils sont, poussent bien plus loin qu'elle le pessimisme, au moins quant au passé et au présent. Ouvrez leurs livres et leurs journaux. Qu'y voyez-vous? L'aigreur, la haine contre la société; jusque-là que le mot même *civilisation* est pour eux synonyme d'injustice, désordre et anarchie. Ils en sont venus à maudire la *liberté*, tant ils ont peu de confiance dans le développement de la race humaine, résultat de sa naturelle organisation. La liberté! c'est elle, selon eux, qui nous pousse de plus en plus vers l'abîme.

Il est vrai qu'ils sont optimistes pour l'avenir. Car si l'humanité, incapable par elle-même, fait fausse route depuis six mille ans, un révélateur est venu, qui lui a signalé la voie du salut, et pour peu que le troupeau soit docile à la houlette du pasteur, il sera conduit dans cette terre promise où le bien-être se réalise sans efforts, où l'ordre, la sécurité et l'harmonie sont le facile prix de l'imprévoyance.

Il ne s'agit pour l'humanité que de consentir à ce que les réformateurs changent, comme dit Rousseau, *sa constitution physique et morale.*

L'économie politique ne s'est pas donné la mission de rechercher ce que serait la société si Dieu avait fait l'homme autrement qu'il ne lui a plu de le faire. Il peut être fâcheux que la Providence ait oublié d'appeler, au commencement, dans ses conseils, quelques-uns de nos organisateurs modernes. Et comme la mécanique céleste serait toute différente, si le Créateur eût consulté Alphonse le Sage; de même, s'il n'eût pas négligé les avis de Fourier, l'ordre social ne ressemblerait en rien à celui où nous sommes forcés de respirer, vivre et nous mouvoir. Mais, puisque nous y sommes, puisque *in eo vivimus, movemur et sumus*[46], il ne nous reste qu'à l'étudier et en connaître les lois, surtout si son amélioration dépend essentiellement de cette connaissance.

Nous ne pouvons pas empêcher que le cœur de l'homme ne soit un foyer de désirs insatiables.

Nous ne pouvons pas faire que ces désirs, pour être satisfaits, n'exigent du travail.

Nous ne pouvons pas éviter que l'homme n'ait autant de répugnance pour le travail que d'attrait pour la satisfaction.

Nous ne pouvons pas empêcher que, de cette organisation, ne résulte un effort perpétuel parmi les hommes pour accroître leur part de jouissances, en se rejetant, par la force ou la ruse, des uns aux autres, le fardeau de la peine.

Il ne dépend pas de nous d'effacer l'histoire universelle, d'étouffer la voix du passé attestant que les choses se sont ainsi passées dès l'origine. Nous ne pouvons pas nier que la guerre, l'esclavage, le servage, la théocratie, l'abus du gouvernement, les privilèges, les fraudes de toute nature et les monopoles n'aient été les incontestables et terribles manifestations de ces deux sentiments combinés dans le cœur de l'homme : *attrait pour les jouissances; répugnance pour la fatigue.*

« Tu mangeras ton pain à la sueur de ton front. » — Mais chacun veut le plus de pain et le moins de sueur possible. C'est la conclusion de l'histoire.

---

[46] Lisez *in Deo vivimus, movemur et sumus.* Citation de Saint-Paul : *nous vivons, nous nous mouvons, et nous sommes en Dieu.* (NDE)

Grâce au ciel, l'histoire montre aussi que la répartition des jouissances et des peines tend à se faire d'une manière de plus en plus égale parmi les hommes.

À moins de nier la clarté du soleil, il faut bien admettre que la société a fait, sous ce rapport, quelques progrès.

S'il en est ainsi, il y a donc en elle une force naturelle et providentielle, une loi qui fait reculer de plus en plus le principe de l'iniquité et réalise de plus en plus le principe de la justice.

Nous disons que cette force est dans la société et que Dieu l'y a placée. Si elle n'y était pas, nous serions réduits, comme les utopistes, à la chercher dans des moyens artificiels, dans des arrangements qui exigent l'altération préalable de la *constitution physique et morale* de l'homme, ou plutôt nous croirions cette recherche inutile et vaine, parce que nous ne pouvons comprendre l'action d'un levier sans point d'appui.

Essayons donc de signaler la force bienfaisante qui tend à surmonter progressivement la force malfaisante, à laquelle nous avons donné le nom de Spoliation, et dont la présence n'est que trop expliquée par le raisonnement et constatée par l'expérience.

Tout acte malfaisant a nécessairement deux termes : le point d'où il émane et le point où il aboutit; l'homme qui exerce l'acte, et l'homme sur qui l'acte est exercé; ou, comme dit l'école, l'a*gent* et le *patient*.

Il y a donc deux chances pour que l'acte malfaisant soit supprimé : l'abstention volontaire de l'être actif, et la résistance de l'être *passif*.

De là deux morales qui, bien loin de se contrarier, concourent : la morale religieuse ou philosophique, et la morale que je me permettrai d'appeler *économique*.

La morale religieuse, pour arriver à la suppression de l'acte malfaisant, s'adresse à son auteur, à l'homme *en tant qu'agent*. Elle lui dit : «Corrige-toi; épure-toi; cesse de faire le mal; fais le bien, dompte tes passions; sacrifie tes intérêts; n'opprime pas ton prochain que ton devoir est d'aimer et soulager; sois juste d'abord et charitable ensuite. » Cette morale sera éternellement la plus belle, la plus touchante, celle qui montrera la race humaine dans toute sa majesté; qui se prêtera le plus aux mouvements de l'éloquence et excitera le plus l'admiration et la sympathie des hommes.

La morale économique aspire au même résultat, mais s'adresse surtout à l'homme *en tant que patient*. Elle lui montre les effets des actions humaines, et, par cette simple exposition, elle le stimule à réagir contre celles qui le blessent, à honorer celles qui lui sont utiles. Elle s'efforce de répandre assez de bon sens, de lumière et de juste défiance dans la masse opprimée pour rendre de plus en plus l'oppression difficile et dangereuse.

Il faut remarquer que la morale économique ne laisse pas que d'agir aussi sur l'oppresseur. Un acte malfaisant produit des biens et des maux : des maux pour celui qui le subit, et des biens pour celui qui l'exerce, sans quoi il ne se produirait pas. Mais il s'en faut de beaucoup qu'il y ait compensation. La somme des maux l'emporte toujours, et nécessairement, sur celle des biens, parce que le fait même d'opprimer entraîne une déperdition de forces, crée des dangers, provoque des représailles, exige de coûteuses précautions. La simple exposition de ces effets ne se borne donc pas à provoquer la réaction des opprimés, elle met du côté de la justice tous ceux dont le cœur n'est pas perverti, et trouble la sécurité des oppresseurs eux-mêmes.

Mais il est aisé de comprendre que cette morale, plutôt virtuelle qu'explicite, qui n'est après tout qu'une démonstration scientifique; qui perdrait même de son efficacité, si elle changeait de caractère; qui ne s'adresse pas au cœur, mais à l'intelligence; qui ne cherche pas à persuader, mais à convaincre; qui ne donne pas des conseils, mais des preuves; dont la mission n'est pas de toucher, mais d'éclairer, et qui n'obtient sur le vice d'autre victoire que de le priver d'aliments; il est aisé de comprendre, dis-je, que cette morale ait été accusée de sécheresse et de prosaïsme.

Le reproche est vrai sans être juste. Il revient à dire que l'économie politique ne dit pas tout, n'embrasse pas tout, n'est pas la science universelle. Mais qui donc a jamais affiché, en son nom, une prétention aussi exorbitante?

L'accusation ne serait fondée qu'autant que l'économie politique présenterait ses procédés comme exclusifs, et aurait l'outrecuidance, comme on dit, d'interdire à la philosophie et à la religion tous leurs moyens propres et directs de travailler au perfectionnement de l'homme.

Admettons donc l'action simultanée de la morale proprement dite et de l'économie politique, l'une flétrissant l'acte malfaisant dans son mobile, par la vue de sa laideur, l'autre le discréditant dans nos convictions par le tableau de ses effets.

Avouons même que le triomphe du moraliste religieux, quand il se réalise, est plus beau, plus consolant et plus radical. Mais en même temps il est difficile de ne pas reconnaître que celui de la science économique ne soit plus facile et plus sûr.

Dans quelques lignes qui valent mieux que beaucoup de gros volumes, J.-B. Say a déjà fait observer que pour faire cesser le désordre introduit par l'hypocrisie dans une famille honorable, il y avait deux moyens : *corriger Tartuffe* ou *déniaiser Orgon*. Molière, ce grand peintre du cœur humain, paraît avoir constamment eu en vue le second procédé, comme le plus efficace.

Il en est ainsi sur le théâtre du monde.

Dites-moi ce que fit César, et je vous dirai ce qu'étaient les Romains de son temps.

Dites-moi ce qu'accomplit la diplomatie moderne, et je vous dirai l'état moral des nations.

Nous ne payerions pas près de deux milliards d'impôts, si nous ne donnions mission de les voter à ceux qui les mangent.

Nous n'aurions pas toutes les difficultés et toutes les charges de la question africaine, si nous étions bien convaincus que *deux et deux font quatre* en économie politique comme en arithmétique.

M. Guizot n'aurait pas eu occasion de dire : *La France est assez riche pour payer sa gloire*, si la France ne s'était jamais éprise de la fausse gloire.

Le même homme d'État n'aurait jamais dit : *La liberté est assez précieuse pour que la France ne la marchande pas*, si la France comprenait bien que *lourd budget* et *liberté* sont incompatibles.

Ce ne sont pas, comme on croit, les monopoleurs, mais les monopolés qui maintiennent les monopoles.

Et, en matière d'élections, ce n'est pas parce qu'il y a des corrupteurs qu'il y a des corruptibles, c'est le contraire; et la preuve, c'est que les corruptibles payent tous les frais de la corruption. Ne serait-ce point à eux à la faire cesser?

Que la morale religieuse touche donc le cœur, si elle le peut, des Tartuffes, des Césars, des colonistes, des sinécuristes, des monopolistes, etc. La tâche de l'économie politique est d'éclairer leurs dupes.

De ces deux procédés, quel est celui qui travaille le plus efficacement au progrès social? Faut-il le dire? Je crois que c'est le second. Je crains que l'humanité ne puisse échapper à la nécessité d'apprendre d'abord la *morale défensive*.

J'ai beau regarder, lire, observer, interroger, je ne vois aucun abus, s'exerçant sur une échelle un peu vaste, qui ait péri par la volontaire renonciation de ceux qui en profitent.

J'en vois beaucoup, au contraire, qui cèdent à la virile résistance de ceux qui en souffrent.

Décrire les conséquences des abus, c'est donc le moyen le plus efficace de les détruire. — Et combien cela est vrai, surtout quand il s'agit d'abus qui, comme le régime restrictif, tout en infligeant des maux réels aux masses, ne renferment, pour ceux qui croient en profiter, qu'illusion et déception!

Après cela, ce genre de moralisation réalisera-t-il à lui seul toute la perfection sociale que la nature sympathique de l'âme humaine et de ses plus nobles facultés fait espérer et prévoir? Je suis loin de le prétendre. Admettons la complète diffusion de la *morale défensive*, qui n'est après tout que la connaissance des intérêts bien entendus toujours d'accord avec l'utilité générale et la justice. Cette société, quoique certainement bien ordonnée, pourrait être fort peu attrayante, où il n'y aurait plus de fripons, uniquement parce qu'il n'y aurait plus de dupes; où le vice, toujours *latent* et pour ainsi dire engourdi par famine, n'aurait besoin que de quelque aliment pour revivre; où la prudence de chacun serait commandée par la vigilance de tous, et où la réforme enfin, régularisant les actes extérieurs, mais s'arrêtant à l'épiderme, n'aurait pas pénétré jusqu'au fond des consciences. Une telle société nous apparaît quelquefois sous la figure d'un de ces hommes exacts, rigoureux, justes, prêts à repousser la plus légère usurpation de leurs droits, habiles à ne se laisser entamer d'aucun côté. Vous l'estimez; vous l'admirez peut-être; vous en feriez votre député, vous n'en feriez pas votre ami.

Que les *deux morales*, au lieu de s'entre-décrier, travaillent donc de concert, attaquant le vice par les deux pôles. Pendant que les économistes font leur œuvre, dessillent les yeux des Orgons, déracinent les préjugés, excitent de justes et nécessaires défiances, étudient et exposent la vraie nature des choses et des actions, que le moraliste religieux accomplisse de son côté ses travaux plus attrayants mais plus difficiles. Qu'il attaque l'iniquité corps à corps; qu'il la poursuive dans les fibres les plus déliées du cœur; qu'il peigne les charmes de la bienfaisance, de l'abnégation, du dévouement; qu'il ouvre la source des vertus là où nous ne pouvons que tarir la source des vices, c'est sa tâche, elle est noble et belle. Mais pourquoi contesterait-il l'utilité de celle qui nous est dévolue?

Dans une société qui, sans être intimement vertueuse, serait néanmoins bien ordonnée par l'action de la *morale économique* (qui est la connaissance de l'*économie* du corps social), les chances du progrès ne s'ouvriraient-elles pas devant la morale religieuse?

L'habitude, a-t-on dit, est une seconde nature.

Un pays où, de longue main, chacun serait déshabitué de l'injustice par la seule résistance d'un public éclairé, pourrait être triste encore. Mais il serait, ce me semble, bien préparé à recevoir un enseignement plus élevé et plut pur. C'est un grand acheminement vers le bien que d'être désaccoutumé du mal. Les hommes ne peuvent rester stationnaires. Détournés du chemin du vice, alors qu'il ne conduirait plus qu'à l'infamie, ils sentiraient d'autant plus l'attrait de la vertu.

La société doit peut-être passer par ce prosaïque état, où les hommes pratiqueront la vertu par calcul, pour de là s'élever à cette région plus poétique, où elle n'aura plus besoin de ce mobile.

III. LES DEUX HACHES

PÉTITION DE JACQUES BONHOMME, CHARPENTIER, À M. CUNIN-GRIDAINE, MINISTRE DU COMMERCE.

Monsieur le fabricant ministre,

Je suis charpentier, comme fut Jésus; je manie la hache et l'herminette pour vous servir.

Or, hachant et bûchant, depuis l'aube jusqu'à la nuit faite, sur les terres de notre seigneur le roi, il m'est tombé dans l'idée que mon travail était national autant que le vôtre.

Et dès lors, je ne vois pas pourquoi la Protection ne visiterait pas mon chantier, comme votre atelier.

Car enfin, si vous faites des draps, je fais des toits. Tous deux, par des moyens divers, nous abritons nos clients du froid et de la pluie.

Cependant, je cours après la pratique, et la pratique court après vous. Vous l'y avez bien su forcer en l'empêchant de se pourvoir ailleurs, tandis que la mienne s'adresse à qui bon lui semble.

Quoi d'étonnant? M. Cunin, ministre, s'est rappelé M. Cunin, tisserand; c'est bien naturel. Mais, hélas! mon humble métier n'a pas donné un ministre à la France, quoiqu'il ait donné un Dieu au monde.

Et ce Dieu, dans le code immortel qu'il légua aux hommes, n'a pas glissé le plus petit mot dont les charpentiers se puissent autoriser pour s'enrichir, comme vous faites, aux dépens d'autrui.

Aussi, voyez ma position. Je gagne trente sous par jour, quand il n'est pas dimanche ou jour chômé. Si je me présente à vous en même temps qu'un charpentier flamand, pour un sou de rabais vous lui accordez la préférence.

Mais me veux-je vêtir? si un tisserand belge met son drap à côté du vôtre, vous le chassez, lui et son drap, hors du pays.

En sorte que, forcément conduit à votre boutique, qui est la plus chère, mes pauvres trente sous n'en valent, en réalité, que vingt-huit.

Que dis-je? ils n'en valent pas vingt-six! car, au lieu d'expulser le tisserand belge *à vos frais* (ce serait bien le moins), vous me faites payer les gens que, dans votre intérêt, vous mettez à ses trousses.

Et comme un grand nombre de vos co-législateurs, avec qui vous vous entendez à merveille, me prennent chacun un sou ou deux, sous couleur de protéger qui le fer, qui la houille, celui-ci l'huile et celui-là le blé, il se trouve, tout compte fait, que je ne sauve pas quinze sous, sur les trente, du pillage.

Vous me direz sans doute que ces petits sous, qui passent ainsi, sans compensation, de ma poche dans la vôtre, font vivre du monde autour de votre château, vous mettant à même de mener grand train. — À quoi je vous ferai observer que, si vous me les laissiez, ils feraient vivre du monde autour de moi.

Quoi qu'il en soit, monsieur le ministre-fabricant, sachant que je serais mal reçu, je ne viens pas vous sommer, comme j'en aurais bien le droit, de renoncer à la *restriction* que vous imposez à votre clientèle; j'aime mieux suivre la pente commune et réclamer, moi aussi, un petit brin de *protection*.

Ici vous m'opposerez une difficulté : « L'ami, me direz-vous, je voudrais bien te protéger, toi et tes pareils; mais comment conférer des faveurs douanières au travail des charpentiers? Faut-il prohiber l'entrée des maisons par terre et par mer? »

Cela serait passablement dérisoire; mais, à force d'y rêver, j'ai découvert un autre moyen de favoriser les enfants de Saint-Joseph; et vous l'accueillerez d'autant plus volontiers, je l'espère, qu'il ne diffère en rien de celui qui constitue le privilège que vous vous votez chaque année à vous-même.

Ce moyen merveilleux, c'est d'interdire en France l'usage des haches aiguisées.

Je dis que cette *restriction* ne serait ni plus illogique ni plus arbitraire que celle à laquelle vous nous soumettez à l'occasion de votre drap.

Pourquoi chassez-vous les Belges? Parce qu'ils vendent à meilleur marché que vous. Et pourquoi vendent-ils à meilleur marché que vous? Parce qu'ils ont sur vous, comme tisserands, une supériorité quelconque.

Entre vous et un Belge il y a donc tout juste la différence d'une hache obtuse à une hache affilée.

Et vous me forcez, moi charpentier, de vous acheter le produit de la hache obtuse!

Considérez la France comme un ouvrier qui veut, par son travail, se procurer toutes choses, et entre autres du drap.

Pour cela il y a deux moyens :

Le premier, c'est de filer et de tisser la laine;

Le second, c'est de fabriquer, par exemple, des pendules, des papiers peints ou des vins, et de les livrer aux Belges contre du drap.

Celui de ces deux procédés qui donne le meilleur résultat peut être représenté par la hache affilée, l'autre par la hache obtuse.

Vous ne niez pas qu'actuellement, en France, on obtient avec plus de peine une pièce d'étoffe d'un métier à tisser (c'est la hache obtuse) que d'un plant de vigne (c'est la hache affilée). Vous le niez si peu, que c'est justement par la considération de cet *excédant de peine* (en quoi vous faites consister la richesse) que vous recommandez, bien plus que vous *imposez* la plus mauvaise des deux haches.

Eh bien! soyez conséquent, soyez impartial, si vous ne voulez être juste, et traitez les pauvres charpentiers comme vous vous traitez vous-même.

Faites une loi qui porte :

« *Nul ne pourra se servir que de poutres et solives produits de haches obtuses.* »

À l'instant voici ce qui va arriver.

Là où nous donnons cent coups de hache, nous en donnerons trois cents. Ce que nous faisons en une heure en exigera trois. Quel puissant encouragement pour le travail! Apprentis, compagnons et maîtres, nous n'y pourrons plus suffire. Nous serons recherchés, partant bien payés.

Qui voudra jouir d'un toit sera bien obligé d'en passer par nos exigences, comme qui veut avoir du drap est obligé de se soumettre aux vôtres.

Et que ces théoriciens du libre *échange* osent jamais révoquer en doute l'utilité de la mesure, nous saurons bien où chercher une réfutation victorieuse. Votre enquête de 1834 est là. Nous les battrons avec, car vous y avez admirablement plaidé la cause des prohibitions et des haches émoussées, ce qui est tout un.

IV. Conseil inférieur du travail

« Quoi! vous avez le front de demander pour tout citoyen le droit de vendre, acheter, troquer, échanger, rendre et recevoir service pour service et juger pour lui-même à la seule condition de ne pas blesser l'honnêteté et de satisfaire le trésor public? Vous voulez donc ravir aux ouvriers le travail, le salaire et le pain? »

Voilà ce qu'on nous dit. Je sais qu'en penser; mais j'ai voulu savoir ce qu'en pensent les ouvriers eux-mêmes.

J'avais sous la main un excellent instrument d'enquête.

Ce n'étaient point ces *conseils supérieurs de l'industrie*, où de gros propriétaires qui se disent laboureurs, de puissants armateurs qui se croient marins, et de riches actionnaires qui se prétendent travailleurs, font de cette philanthropie que l'on sait.

Non; c'étaient des ouvriers pour tout de bon, des ouvriers *sérieux*, comme on dit aujourd'hui, menuisiers, charpentiers, maçons, tailleurs, cordonniers, teinturiers, forgerons, aubergistes, épiciers, etc., etc., qui, dans mon village, ont fondé une *société de secours mutuels*.

Je la transformai, de mon autorité privée, en *conseil inférieur du travail*, et j'en obtins une enquête qui en vaut bien une autre, quoiqu'elle ne soit pas bourrée de chiffres et enflée aux proportions d'un *in-quarto*[47] imprimé aux frais de l'État.

Il s'agissait d'interroger ces braves gens sur la manière dont ils sont, ou se croient affectés par le régime protecteur. Le président me fit bien observer que c'était enfreindre quelque peu les conditions d'existence de *l'association*. Car, en France, sur cette terre de liberté, les gens qui s'associent renoncent à s'entretenir de *politique*, c'est-à-dire de leurs communs intérêts. Cependant, après beaucoup d'hésitation, il mit la question à l'ordre du jour.

---

[47] L'in-quarto est une forme de livre où la feuille imprimée a été pliée deux fois (une dans chaque direction), donnant ainsi quatre feuillets soit huit pages. L'in-quarto est plus ou moins grand, selon l'étendue de la feuille.

On divisa l'assemblée en autant de commissions qu'elle présentait de groupes formant des corps de métiers. On délivra à chacune un tableau qu'elle devait remplir après quinze jours de discussions.

Au jour marqué, le vénérable président prit place au fauteuil (style officiel, car c'était une chaise), et trouva sur le bureau (encore style officiel, car c'était une table en bois de peuplier) une quinzaine de rapports, dont il donna successivement lecture.

Le premier qui se présenta fut celui des *tailleurs*. Le voici aussi exact que s'il était autographié.

EFFETS DE LA PROTECTION. — RAPPORT DES TAILLEURS.

Inconvénients.	Avantages.
1° *À cause du régime protecteur*, nous payons plus cher le pain, la viande, le sucre, le bois, le fil, les aiguilles, etc., ce qui équivaut pour nous à une diminution considérable de salaire; 2° *À cause du régime protecteur*, nos clients aussi payent plus cher toutes choses, ce qui fait qu'il leur reste moins à dépenser en vêtements, d'où il suit que nous avons moins de travail, partant moins de profits; 3° *À cause du régime protecteur*, les étoffes sont chères, on fait durer plus longtemps les habits ou l'on s'en passe. C'est encore une diminution d'ouvrage qui nous force à offrir nos services au rabais.	Néant [1]. [1] Nous avons eu beau prendre nos mesures, il nous a été impossible d'apercevoir un côté quelconque par lequel le régime protecteur fût avantageux à notre commerce.

Voici un autre tableau :

EFFETS DE LA PROTECTION. — RAPPORT DES FORGERONS.

Inconvénients.	Avantages.
1° Le régime protecteur nous frappe d'une taxe, qui ne va pas au Trésor, chaque fois que nous mangeons, buvons, nous chauffons et nous habillons; 2° Il frappe d'une taxe semblable tous nos concitoyens qui ne sont pas forgerons; et, étant moins riches d'autant, la plupart d'entre eux font des clous de bois et des loquets de ficelle, ce qui	Néant.

nous prive de travail;

3° Il tient le fer à si haut prix qu'on ne l'emploie dans le pays ni aux charrues, ni aux grilles, ni aux balcons, et notre métier, qui pourrait fournir du travail à tant de gens qui en manquent, nous en laisse manquer à nous-mêmes;

4° Ce que le fisc manque de recouvrer à l'occasion des marchandises *qui n'entrent pas*, est pris sur notre sel et sur nos lettres.

Tous les autres tableaux, que j'épargne au lecteur, chantaient le même refrain. Jardiniers, charpentiers, cordonniers, sabotiers, bateliers, meuniers, tous exhalaient les mêmes doléances.

Je déplorai qu'il n'y eût pas de laboureurs dans notre association. Leur rapport eût été assurément fort instructif.

Mais, hélas! dans notre pays des Landes, les pauvres laboureurs, tout *protégés* qu'ils sont, n'ont pas le sou, et, après y avoir mis leurs bestiaux, ils ne peuvent entrer eux-mêmes dans des *sociétés de secours mutuels*. Les prétendues faveurs de la protection ne les empêchent pas d'être les parias de notre ordre social. Que dirai-je des vignerons?

Ce que je remarquai surtout, c'est le bon sens avec lequel nos villageois avaient aperçu non-seulement le mal direct que leur fait le régime protecteur, mais aussi le mal indirect qui, frappant leur clientèle, retombe par ricochet sur eux.

C'est ce que ne paraissent pas comprendre, me dis-je, les économistes du *Moniteur industriel*.

Et peut-être les hommes, dont un peu de protection fascine les yeux, notamment les agriculteurs, y renonceraient-ils volontiers, s'ils apercevaient ce côté de la question.

Ils se diraient peut-être : « Mieux vaut se soutenir par soi-même, au milieu d'une clientèle aisée, que d'être *protégé* au milieu d'une clientèle appauvrie. »

Car vouloir enrichir tour à tour chaque industrie, en faisant successivement le vide autour d'elles, c'est un effort aussi vain que d'entreprendre de sauter par-dessus son ombre.

V. Cherté, bon marché

Je crois devoir soumettre aux lecteurs quelques remarques, hélas! théoriques, sur les illusions qui naissent des mots *cherté, bon marché*. Au premier coup d'œil on sera disposé, je le sais, à trouver ces remarques un peu subtiles; mais, subtiles ou non, la question est de savoir si elles sont vraies. Or, je les crois parfaitement vraies et surtout très-propres à faire réfléchir les hommes, en grand nombre, qui ont une foi sincère en l'efficacité du régime protecteur.

Partisans de la liberté, défenseurs de la restriction, nous sommes tous réduits à nous servir de ces expressions *cherté, bon marché*. Les premiers se déclarent pour le bon marché, ayant en vue l'intérêt du consommateur; les seconds se prononcent pour la cherté, se préoccupant surtout du producteur. D'autres interviennent disant : *Producteur et consommateur ne font qu'un*; ce qui laisse parfaitement indécise la question de savoir si la loi doit poursuivre le bon marché ou la cherté.

Au milieu de ce conflit, il semble qu'il n'y a, pour la loi, qu'un parti à prendre, c'est de laisser les prix s'établir naturellement. Mais alors on rencontre les ennemis acharnés du *laissez faire*. Ils veulent absolument que la loi agisse, même sans savoir dans quel sens elle doit agir. Cependant ce serait à celui qui veut faire servir la loi à provoquer une cherté artificielle ou un bon marché hors de nature, à exposer et faire prévaloir le motif de sa préférence. L'*onus probandi*[49] lui incombe exclusivement. D'où il suit que la liberté est toujours censée bonne jusqu'à preuve contraire, car laisser les prix s'établir naturellement, c'est la liberté.

Mais les rôles sont changés. Les partisans de la cherté ont fait triompher leur système, et c'est aux défenseurs des prix naturels à prouver la bonté

---

[48] Ce chapitre est la reproduction d'un article du *Libre-Échange*, n° du 25 juillet 1847. (Note de l'éditeur.)
[49] Expression juridique. *Onus probandi incumbit actor* :la charge de la preuve incombe à celui qui allègue. (NDE)

du leur. De part et d'autre on argumente avec deux mots. Il est donc bien essentiel de savoir ce que ces deux mots contiennent.

Disons d'abord qu'il s'est produit une série de faits propres à déconcerter les champions des deux camps.

Pour engendrer la *cherté*, les restrictionistes ont obtenu des droits protecteurs, et un bon marché, pour eux inexplicable, est venu tromper leurs espérances.

Pour arriver au bon marché, les libres échangistes ont quelquefois fait prévaloir la liberté, et, à leur grand étonnement, c'est l'élévation des prix qui s'en est suivie.

Exemple : En France, pour favoriser l'agriculture, on a frappé la laine étrangère d'un droit de 22 p. 100, et il est arrivé que la laine nationale s'est vendue à plus vil prix après la mesure qu'avant.

En Angleterre, pour soulager le consommateur, on a dégrevé et finalement affranchi la laine étrangère, et il est advenu que celle du pays s'est vendue plus cher que jamais.

Et ce n'est pas là un fait isolé, car le prix de la laine n'a pas une nature qui lui soit propre et le dérobe à la loi générale qui gouverne les prix. Ce même fait s'est reproduit dans toutes les circonstances analogues. Contre toute attente, la protection a amené plutôt la baisse, la concurrence plutôt la hausse des produits.

Alors la confusion dans le débat a été à son comble, les protectionistes disant à leurs adversaires : « Ce bon marché que vous nous vantez tant, c'est notre système qui le réalise. » Et ceux-ci répondant : « Cette cherté que vous trouviez si utile, c'est la liberté qui la provoque[50]. »

Ne serait-ce pas plaisant de voir ainsi le bon marché devenir le mot d'ordre à la rue Hauteville, et la *cherté* à la rue Choiseul?

Évidemment, il y a en tout ceci une méprise, une illusion qu'il faut détruire. C'est ce que je vais essayer de faire.

---

[50] Récemment, M. Duchâtel, qui jadis demandait la liberté en vue des bas prix, a dit à la Chambre : « Il ne me serait pas difficile de prouver que la protection amène le bon marché. »

Supposons deux nations isolées, chacune composée d'un million d'habitants. Admettons que, toutes choses égales d'ailleurs, il y ait chez l'une juste une fois plus de toutes sortes de choses que chez l'autre, le double de blé, de viande, de fer, de meubles, de combustible, de livres, de vêtements, etc.

On conviendra que la première sera le double plus riche.

Cependant il n'y a aucune raison pour affirmer que les *prix absolus* différeront chez ces deux peuples. Peut-être même seront-ils plus élevés chez le plus riche. Il se peut qu'aux États-Unis tout soit nominalement *plus cher* qu'en Pologne, et que les hommes y soient néanmoins mieux pourvus de toutes choses; par où l'on voit que ce n'est pas le prix absolu des produits, mais leur abondance, qui fait la richesse. Lors donc qu'on veut juger comparativement la restriction et la liberté, il ne faut pas se demander laquelle des deux engendre le bon marché ou la cherté, mais laquelle des deux amène l'abondance ou la disette.

Car, remarquez ceci : les produits s'échangeant les uns contre les autres, une rareté relative de tout et une abondance relative de tout laissent exactement au même point le prix absolu des choses, mais non la condition des hommes.

Pénétrons un peu plus avant dans le sujet.

Quand on a vu les aggravations et les diminutions de droits produire des effets si opposés à ceux qu'on en attendait, la dépréciation suivre souvent la taxe et le renchérissement accompagner quelquefois la franchise, il a bien fallu que l'économie politique cherchât l'explication d'un phénomène qui bouleversait les idées reçues; car, on a beau dire, la science, si elle est digne de ce nom, n'est que la fidèle exposition et la juste explication des faits.

Or, celui que nous signalons ici s'explique fort bien par une circonstance qu'il ne faut jamais perdre de vue.

C'est que la cherté a *deux causes*, et non une.

Il en est de même du bon marché[51].

---

[51] L'auteur, dans le discours qu'il prononça, le 29 septembre 1846, à la salle Montesquieu, a, par une image saisissante, présenté une démonstration de la même vérité. V. ce discours au tome II. (Note de l'éditeur.)

C'est un des points les mieux acquis à l'économie politique, que le prix est déterminé par l'état de l'Offre comparé à celui de la Demande.

Il y a donc deux termes qui affectent le prix : l'Offre et la Demande. Ces termes sont essentiellement variables. Ils peuvent se combiner dans le même sens, en sens opposé et dans des proportions infinies. De là des combinaisons de prix inépuisables.

Le prix hausse, soit parce que l'Offre diminue, soit parce que la Demande augmente.

Il baisse, soit que l'Offre augmente ou que la Demande diminue.

De là deux natures de cherté et deux natures de bon marché;

Il y a la cherté de mauvaise nature, c'est celle qui provient de la diminution de l'Offre; car celle-là implique *rareté*, implique *privation* (telle est celle qui s'est fait ressentir cette année sur le blé); il y a la *cherté* de bonne nature, c'est celle qui résulte d'un accroissement de demande; car celle-ci suppose le développement de la richesse générale.

De même, il y a un *bon marché* désirable, c'est celui qui a sa source dans l'abondance; et un *bon marché* funeste, celui qui a pour cause l'abandon de la demande, la ruine de la clientèle.

Maintenant, veuillez remarquer ceci : la restriction tend à provoquer à la fois et celle de ces deux chertés et celui de ces deux bons marchés qui sont de mauvaise nature : la mauvaise cherté, en ce qu'elle diminue l'Offre, c'est même son but avoué, et le mauvais bon marché, en ce qu'elle diminue aussi la Demande, puisqu'elle donne une fausse direction aux capitaux et au travail, et accable la clientèle de taxes et d'entraves.

En sorte que, *quant au prix*, ces deux tendances se neutralisent; et voilà pourquoi ce système, restreignant la Demande en même temps que l'Offre, ne réalise pas même, en définitive, cette cherté qui est son objet.

Mais, relativement à la condition du peuple, elles ne se neutralisent pas; elles concourent au contraire à l'empirer.

L'effet de la liberté est justement opposé. Dans son résultat général, il se peut qu'elle ne réalise pas non plus le bon marché qu'elle promettait; car elle a aussi deux tendances, l'une vers le bon marché désirable par l'extension de l'Offre ou l'abondance, l'autre vers la cherté appréciable par le développement de la Demande ou de la richesse générale. Ces deux tendances se neutralisent en ce qui concerne les *prix absolus*; mais elles concourent en ce qui touche l'amélioration du sort des hommes.

En un mot, sous le régime restrictif, et en tant qu'il agit, les hommes reculent vers un état de choses où tout s'affaiblit, Offre et Demande; sous le régime de la liberté, ils progressent vers un état de choses où elles se développent d'un pas égal, sans que le prix absolu des choses doive être nécessairement affecté. Ce prix n'est pas un bon critérium de la richesse. Il peut fort bien rester le même, soit que la société tombe dans la misère la plus abjecte, soit qu'elle s'avance vers une grande prospérité.

Qu'il nous soit permis de faire en peu de mots l'application de cette doctrine.

Un cultivateur du Midi croit tenir le Pérou parce qu'il est protégé par des droits contre la rivalité extérieure. Il est pauvre comme Job, n'importe; il n'en suppose pas moins que la protection l'enrichira tôt ou tard. Dans ces circonstances, si on lui pose, comme le fait le comité Odier, la question en ces termes :

« Voulez-vous, oui ou non, être assujetti à la concurrence étrangère? » son premier mouvement est de répondre : « *Non.* » — Et le comité Odier donne fièrement un grand éclat à cette réponse.

Cependant il faut aller un peu plus au fond des choses. Sans doute, la concurrence étrangère, et même la concurrence en général, est toujours importune; et si une profession pouvait s'en affranchir seule, elle ferait pendant quelque temps de bonnes affaires.

Mais la protection n'est pas une faveur isolée, c'est un système. Si elle tend à produire, au profit de ce cultivateur, la rareté du blé et de la viande, elle tend aussi à produire, au profit d'autres industriels, la rareté du fer, du drap, du combustible, des outils, etc., soit la rareté en toutes choses.

Or, si la rareté du blé agit dans le sens de son enchérissement, par la diminution de l'Offre, la rareté de tous les autres objets contre lesquels le blé s'échange agit dans le sens de la dépréciation du blé par la diminution de la Demande; en sorte qu'il n'est nullement certain qu'en définitive le blé soit d'un centime plus cher que sous le régime de la liberté. Il n'y a de certain que ceci : que, comme il y a moins de toutes choses dans le pays, chacun doit être moins bien pourvu de toutes choses.

Le cultivateur devrait bien se demander s'il ne vaudrait pas mieux pour lui qu'il entrât du dehors un peu de blé et de bétail, mais que, d'un autre côté, il fût entouré d'une population aisée, habile à consommer et à payer toutes sortes de produits agricoles.

Il y a tel département où les hommes sont couverts de haillons, habitent des masures, se nourrissent de châtaignes. Comment voulez-vous que l'agriculture y soit florissante? Que faire produire à la terre avec l'espoir fondé d'une juste rémunération? De la viande? On n'en mange pas. Du lait? On ne boit que l'eau des fontaines. Du beurre? C'est du luxe. De la laine? On s'en passe le plus possible. Pense-t-on que tous les objets de consommation puissent être ainsi délaissés par les masses, sans que cet abandon agisse sur les prix dans le sens de la baisse, en même temps que la protection agit dans le sens de la hausse?

Ce que nous disons d'un cultivateur, nous pouvons le dire d'un manufacturier. Les fabricants de draps assurent que la concurrence extérieure avilira les prix par l'accroissement de l'Offre. Soit; mais ces prix ne se relèveront-ils pas par l'accroissement de la Demande? La consommation du drap est-elle une quantité fixe, invariable? Chacun en est-il aussi bien pourvu qu'il pourrait et devrait l'être? et si la richesse générale se développait par l'abolition de toutes ces taxes et de toutes ces entraves, le premier usage qu'en ferait la population ne serait-il pas de se mieux vêtir?

La question, l'éternelle question, n'est donc pas de savoir si la protection favorise telle ou telle branche spéciale d'industrie, mais si, tout compensé, tout calcul fait, la restriction est, par sa nature, plus productive que la liberté.

Or, personne n'ose le soutenir. C'est même ce qui explique cet aveu qu'on nous fait sans cesse : « Vous avez raison en principe. »

S'il en est ainsi, si la restriction ne fait du bien à chaque industrie spéciale qu'en faisant un plus grand mal à la richesse générale, comprenons donc que le prix lui-même, à ne considérer que lui, exprime un rapport entre chaque industrie spéciale et l'industrie générale, entre l'Offre et la Demande, et que, d'après ces prémisses, ce *prix rémunérateur*, objet de la protection, est plus contrarié que favorisé par elle[52].

Complément.

Sous ce titre, cherté, bon marché, nous avons publié un article qui nous a valu les deux lettres suivantes. Nous les faisons suivre de la réponse.

Monsieur le rédacteur,

Vous bouleversez toutes mes idées. Je faisais de la propagande au profit du libre-échange et trouvais si commode de mettre en avant le bon marché! J'allais partout disant : « Avec la liberté, le pain, la viande, le drap, le linge, le fer, le combustible, vont baisser de prix. » Cela déplaisait à ceux qui en vendent, mais faisait plaisir à ceux qui en achètent. Aujourd'hui vous mettez en doute que le résultat du libre-échange soit le *bon marché*. Mais alors à quoi servira-t-il? Que gagnera le peuple, si la concurrence étrangère, qui peut le froisser dans ses ventes, ne le favorise pas dans ses achats?

Monsieur le libre-échangiste,

Permettez-nous de vous dire que vous n'avez lu qu'à demi l'article qui a provoqué votre lettre. Nous avons dit que le libre-échange agissait exactement comme les routes, les canaux, les chemins de fer, comme tout ce qui facilite les communications, comme tout ce qui détruit des obstacles. Sa première tendance est d'augmenter l'abondance de l'article affranchi, et par conséquent d'en baisser le prix. Mais en augmentant en même temps l'abondance de toutes les choses contre lesquelles cet article s'échange, il en accroît la *demande*, et le prix se relève par cet autre côté. Vous nous demandez ce que gagnera le

---

[52] Dans le *Libre-Échange* du 1er août 1847, l'auteur donna sur ce sujet une explication que nous jugeons utile de reproduire ici. (Note de l'éditeur.)

peuple? Supposez qu'il a une balance à plusieurs plateaux, dans chacun desquels il a, pour son usage, une certaine quantité des objets que vous avez énumérés. Si l'on ajoute un peu de blé dans un plateau, il tendra à s'abaisser; mais si l'on ajoute un peu de drap, un peu de fer, un peu de combustible aux autres bassins, l'équilibre sera maintenu. À ne regarder que le fléau, il n'y aura rien de changé. À regarder le peuple, on le verra mieux nourri, mieux vêtu et mieux chauffé.

Monsieur le rédacteur,

Je suis fabricant de drap et protectionniste. J'avoue que votre article sur la *cherté* et le *bon marché* me fait réfléchir. Il y a là quelque chose de spécieux qui n'aurait besoin que d'être bien établi pour opérer une conversion.

Monsieur le protectionniste,

Nous disons que vos mesures restrictives ont pour but une chose inique, la cherté artificielle. Mais nous ne disons pas qu'elles réalisent toujours l'espoir de ceux qui les provoquent. Il est certain qu'elles infligent au consommateur tout le mal de la cherté. Il n'est pas certain qu'elles en confèrent le profit au producteur. Pourquoi? parce que si elles diminuent l'*offre*, elles diminuent aussi la demande.

Cela prouve qu'il y a dans l'arrangement économique de ce monde une force morale, *vis medicatrix*[53], qui fait qu'à la longue l'ambition injuste vient s'aheurter à une déception.

Veuillez remarquer, monsieur, qu'un des éléments de la prospérité de chaque industrie particulière, c'est la richesse générale. Le prix d'une maison est non-seulement en raison de ce qu'elle a coûté, mais encore en raison du nombre et de la fortune des locataires. Deux maisons exactement semblables ont-elles nécessairement le même prix? Non certes, si l'une est située à Paris et l'autre en Basse-Bretagne. Ne parlons jamais de prix sans tenir compte des milieux, et sachons bien qu'il n'y a pas de tentative plus vaine que celle de vouloir fonder la prospérité des

---

[53] Littéralement : le pouvoir de guérison de la nature. Phrase attribuée à Hippocrate et qui résume un de ses principes directeurs, que les organismes laissés seuls peuvent souvent se guérir. (NDE)

fractions sur la ruine du tout. C'est pourtant là la prétention du régime restrictif.

La concurrence a toujours été et sera toujours importune à ceux qui la subissent. Aussi voit-on, en tous temps et en tous lieux, les hommes faire effort pour s'en débarrasser. Nous connaissons (et vous aussi peut-être) un conseil municipal où les marchands résidents font aux marchands forains une guerre acharnée. Leurs projectiles sont des droits d'octroi, de placage, d'étalage, de péage, etc., etc.

Or, considérez ce qui serait advenu de Paris, par exemple, si cette guerre s'y était faite avec succès.

Supposez que le premier cordonnier qui s'y est établi eût réussi à évincer tous les autres; que le premier tailleur, le premier maçon, le premier imprimeur, le premier horloger, le premier coiffeur, le premier médecin, le premier boulanger, eussent été aussi heureux. Paris serait encore aujourd'hui un village de 12 à 1,500 habitants. — Il n'en a pas été ainsi. Chacun (sauf ceux que vous éloignez encore) est venu exploiter ce marché, et c'est justement ce qui l'a agrandi. Ce n'a été qu'une longue suite de froissements pour les ennemis de la concurrence; et de froissements en froissements, Paris est devenu une ville d'un million d'habitants. La richesse générale y a gagné, sans doute; mais la richesse particulière des cordonniers et des tailleurs y a-t-elle perdu? Pour vous, voilà la question. À mesure que les concurrents arrivaient, vous auriez dit : le prix des bottes va baisser. Et en a-t-il été ainsi? Non; car si l'offre a augmenté, la demande a augmenté aussi.

Il en sera ainsi du drap, monsieur; laissez-le entrer. Vous aurez plus de concurrents, c'est vrai; mais aussi vous aurez plus de clientèle, et surtout une clientèle plus riche. Hé quoi! n'y avez-vous jamais songé en voyant les neuf dixièmes de vos compatriotes privés pendant l'hiver de ce drap que vous fabriquez si bien?

C'est une leçon bien longue à apprendre que celle-ci : Voulez-vous prospérer? laissez prospérer votre clientèle.

Mais quand elle sera sue, chacun cherchera son bien dans le bien général. Alors, les jalousies d'individu à individu, de ville à ville, de province à province, de nation à nation, ne troubleront plus le monde.

VI. Aux artisans et ouvriers

54

Plusieurs journaux m'ont attaqué devant vous. Ne voudrez-vous pas lire ma défense?

Je ne suis pas défiant. Quand un homme écrit ou parle, je crois qu'il pense ce qu'il dit.

Pourtant, j'ai beau lire et relire les journaux auxquels je réponds, il me semble y découvrir de tristes tendances.

De quoi s'agissait-il? de rechercher ce qui vous est le plus favorable, la restriction ou la liberté.

Je crois que c'est la liberté, — ils croient que c'est la restriction; — à chacun de prouver sa thèse.

Était-il nécessaire d'insinuer que nous sommes les agents de l'Angleterre, du Midi, du Gouvernement?

Voyez combien la récrimination, sur ce terrain, nous serait facile.

Nous sommes, disent-ils, agents des Anglais, parce que quelques-uns d'entre nous se sont servis des mots *meeting, free-trader*!

Et ne se servent-ils pas des mots *drawback, budget*?

Nous imitons Cobden et la démocratie anglaise!

Et eux, ne parodient-ils pas Bentinck et l'aristocratie britannique?

Nous empruntons à la perfide Albion la doctrine de la liberté!

Et eux, ne lui empruntent-ils pas les arguties de la protection?

Nous suivons l'impulsion de Bordeaux et du Midi!

Et eux, ne servent-ils pas la cupidité de Lille et du Nord?

---

54 Ce chapitre est tiré du *Courrier français* (n° du 18 septembre 1846), dont les colonnes furent ouvertes à l'auteur pour repousser les attaques de *l'Atelier*. Ce ne fut que deux mois plus tard que parut la feuille du *Libre-Échange*. (Note de l'éditeur.)

Nous favorisons les secrets desseins du ministère, qui veut détourner l'attention de sa politique!

Et eux, ne favorisent-ils pas les vues de la liste civile, qui gagne, par le régime protecteur, plus que qui que ce soit au monde?

Vous voyez donc bien que, si nous ne méprisions cette guerre de dénigrement, les armes ne nous manqueraient pas.

Mais ce n'est pas ce dont il s'agit.

La question, et je ne la perdrai pas de vue, est celle-ci :

Qu'est-ce qui vaut mieux pour les classes laborieuses, être libres, ou n'être pas libres d'acheter au dehors?

Ouvriers, on vous dit : « Si vous êtes libres d'acheter au dehors ce que vous faites maintenant vous-mêmes, vous ne le ferez plus; vous serez sans travail, sans salaire et sans pain; c'est donc pour votre bien qu'on restreint votre liberté. »

Cette objection revient sous toutes les formes. On dit, par exemple : « Si nous nous habillons avec du drap anglais, si nous faisons nos charrues avec du fer anglais, si nous coupons notre pain avec des couteaux anglais, si nous essuyons nos mains dans des serviettes anglaises, que deviendront les ouvriers français, que deviendra le *travail national*? »

Dites-moi, ouvriers, si un homme se tenait sur le port de Boulogne, et qu'à chaque Anglais qui débarque, il dit : Voulez-vous me donner ces bottes anglaises, je vous donnerai ce chapeau français? — Ou bien : Voulez-vous me céder ce cheval anglais, je vous céderai ce tilbury français — Ou bien : Vous plaît-il d'échanger cette machine de Birmingham contre cette pendule de Paris? — Ou encore : Vous arrange-t-il de troquer cette houille de Newcastle contre ce vin de Champagne? — Je vous le demande, en supposant que notre homme mît quelque discernement dans ses propositions, peut-on dire que notre travail national, pris en masse, en serait affecté?

Le serait-il davantage quand il y aurait vingt de ces offreurs de services à Boulogne au lieu d'un, quand il se ferait un million de trocs au lieu de quatre, et quand on ferait intervenir les négociants et la monnaie pour les faciliter et les multiplier à l'infini?

Or, qu'un pays achète à l'autre en gros pour revendre en détail, ou en détail pour revendre en gros, si on suit la chose jusqu'au bout, on trouvera toujours que le commerce n'est qu'un ensemble de *trocs pour trocs, produits contre produits, services pour services.* Si donc un troc ne nuit pas au *travail national,* puisqu'il implique autant de *travail national donné* que de *travail étranger reçu,* cent mille millions de trocs ne lui nuiront pas davantage.

Mais où sera le profit? Direz-vous. — Le profit est de faire le meilleur emploi des ressources de chaque pays, de manière à ce qu'une même somme de travail donne partout plus de satisfaction et de bien-être.

Il y en a qui emploient envers vous une singulière tactique. Ils commencent par convenir de la supériorité du système libre sur le système prohibitif, sans doute pour n'avoir pas à se défendre sur ce terrain.

Ensuite, ils font observer que, dans le passage d'un système à l'autre, il y aura quelque déplacement de travail.

Puis, ils s'étendent sur les souffrances que doit entraîner, selon eux, ce *déplacement.* Ils les exagèrent, ils les grossissent, ils en font le sujet principal de la question, ils les présentent comme le résultat exclusif et définitif de la réforme, et s'efforcent ainsi de vous enrôler sous le drapeau du monopole.

C'est du reste une tactique qui a été mise au service de tous les abus; et je dois avouer naïvement une chose, c'est qu'elle embarrasse toujours les amis des réformes même les plus utiles au peuple. — Vous allez comprendre pourquoi.

Quand un abus existe, tout s'arrange là-dessus.

Des existences s'y rattachent, d'autres à celles-là, et puis d'autres encore, et cela forme un grand édifice.

Y voulez-vous porter la main? Chacun se récrie et — remarquez bien ceci — les criards paraissent toujours, au premier coup d'œil, avoir raison, parce qu'il est plus facile de montrer le dérangement, qui doit accompagner la réforme, que l'arrangement qui doit la suivre.

Les partisans de l'abus citent des faits particuliers; ils nomment les personnes et leurs fournisseurs et leurs ouvriers qui vont être froissés, — tandis que le pauvre diable de réformateur ne peut s'en référer qu'au bien général qui doit se répandre insensiblement dans les masses. — Cela ne fait pas, à beaucoup près, autant d'effet.

Ainsi, est-il question d'abolir l'esclavage? — « Malheureux! dit-on aux noirs, qui va désormais vous nourrir? Le commandeur distribue des coups de fouet, mais il distribue aussi le manioc. »

Et l'esclave regrette sa chaîne, car il se demande : D'où me viendra le manioc?

Il ne voit pas que ce n'est pas le commandeur qui le nourrit, mais son propre travail, lequel nourrit aussi le commandeur.

Quand, en Espagne, on réforma les couvents, on disait aux mendiants : « Où trouverez-vous le potage et la bure? Le prieur est votre Providence. N'est-il pas bien commode de s'adresser à lui? »

Et les mendiants de dire : « C'est vrai. Si le prieur s'en va, nous voyons bien ce que nous perdrons, mais nous ne voyons pas ce qui nous viendra à la place. »

Ils ne prenaient pas garde que si les couvents faisaient des aumônes, ils en vivaient; en sorte que le peuple avait plus à leur donner qu'à en recevoir.

De même, ouvriers, le monopole vous met à tous imperceptiblement des taxes sur les épaules, et puis, avec le produit de ces taxes, il vous fait travailler.

Et vos faux amis vous disent : S'il n'y avait pas de monopole, qui vous ferait travailler?

Et vous répondez : C'est vrai, c'est vrai. Le travail que nous procurent les monopoleurs est certain. Les promesses de la liberté sont incertaines.

Car vous ne voyez pas qu'on vous soutire de l'argent d'abord, et qu'ensuite on vous rend une partie de cet argent contre votre travail.

Vous demandez qui vous fera travailler? Eh, morbleu! vous vous donnerez du travail les uns aux autres! Avec l'argent qu'on ne vous prendra plus, le cordonnier se vêtira mieux et fera travailler le tailleur. Le tailleur renouvellera plus souvent sa chaussure et fera travailler le cordonnier. Et ainsi de suite pour tous les états.

On dit qu'avec la liberté il y aura moins d'ouvriers aux mines et aux filatures.

Je ne le crois pas. Mais si cela arrive, c'est nécessairement qu'il y en aura plus travaillant librement en chambre et au soleil.

Car si ces mines et ces filatures ne se soutiennent, comme on le dit, qu'à l'aide de taxes mises à leur profit sur tout le monde, une fois ces taxes abolies, tout le monde en sera plus aisé, et c'est l'aisance de tous qui alimente le travail de chacun.

Pardonnez-moi si je m'arrête encore sur cette démonstration. Je voudrais tant vous voir du côté de la liberté!

En France, les capitaux engagés dans l'industrie donnent, je suppose, 5 p. 100 de profit. — Mais voici Mondor qui a dans une usine 100,000 fr. qui lui laissent 5 p. 100 de perte. — De la perte au gain, la différence est 10,000 fr. — Que fait-on? — Tout chattement[55], on répartit entre vous un petit impôt de 10,000 fr, qu'on donne à Mondor; vous ne vous en apercevez pas, car la chose est fort habilement déguisée. Ce n'est pas le percepteur qui vient vous demander votre part de l'impôt; mais vous le payez à Mondor, maître de forges, chaque fois que vous achetez vos haches, vos truelles et vos rabots. — Ensuite on vous dit : Si vous ne payez pas cet impôt, Mondor ne fera plus travailler; ses ouvriers, Jean et Jacques, seront sans ouvrage. Corbleu! si on vous remettait l'impôt, ne feriez-vous pas travailler vous-mêmes, et pour votre compte encore?

Et puis, soyez tranquilles, quand il n'aura plus ce doux oreiller du supplément de prix par l'impôt, Mondor s'ingéniera pour convertir sa perte en bénéfice, et Jean et Jacques ne seront pas renvoyés. Alors, tout sera profit *pour tous*.

Vous insisterez peut-être, disant : « Nous comprenons qu'après la réforme, il y aura en général plus d'ouvrage qu'avant; mais, en attendant, Jean et Jacques seront sur la rue. »

À quoi je réponds :

---

55 (*Vieilli*) À la manière des petits chats. (NDE)

1° Quand l'ouvrage ne se déplace que pour augmenter, l'homme qui a du cœur et des bras n'est pas longtemps sur la rue;

2° Rien n'empêche que l'État ne réserve quelques fonds pour prévenir, dans la transition, des chômages auxquels, quant à moi, je ne crois pas;

3° Enfin, si, pour sortir d'une ornière et entrer dans un état meilleur pour tous, et surtout plus juste, il faut absolument braver quelques instants pénibles, les ouvriers sont prêts, ou je les connais mal. Plaise à Dieu qu'il en soit de même des entrepreneurs!

Eh quoi! parce que vous êtes ouvriers, n'êtes-vous pas intelligents et moraux? Il semble que vos prétendus amis l'oublient. N'est-il pas surprenant qu'ils traitent devant vous une telle question, parlant de salaires et d'intérêts, sans prononcer seulement le mot *justice*? Ils savent pourtant bien que la restriction est *injuste*. Pourquoi donc n'ont-ils pas le courage de vous en prévenir et de vous dire : « Ouvriers, une iniquité prévaut dans le pays, mais elle vous profite, il faut la soutenir. » — Pourquoi? parce qu'ils savent que vous répondriez : Non.

Mais il n'est pas vrai que cette iniquité vous profite. Prêtez-moi encore quelques moments d'attention, et jugez vous-mêmes.

Que protège-t-on en France? Des choses qui se font par de gros entrepreneurs dans de grosses usines, le fer, la houille, le drap, les tissus, et l'on vous dit que c'est, non dans l'intérêt des entrepreneurs, mais dans le vôtre, et pour vous assurer du travail.

Cependant toutes les fois que le *travail étranger* se présente sur notre marché sous une forme telle qu'il puisse vous nuire, mais qu'il serve les gros entrepreneurs, ne le laisse-t-on pas entrer?

N'y a-t-il pas à Paris trente mille Allemands qui font des habits et des souliers? Pourquoi les laisse-t-on s'établir à vos côtés, quand on repousse le drap? Parce que le drap se fait dans de grandes usines appartenant à des fabricants législateurs. Mais les habits se font en chambre par des ouvriers. Pour convertir la laine en drap, ces messieurs ne veulent pas de concurrence, parce que c'est leur métier; mais, pour convertir le drap en habits, ils l'admettent fort bien, parce que c'est le vôtre.

Quand on a fait des chemins de fer, on a repoussé les rails anglais, mais on a fait venir des ouvriers anglais. Pourquoi? Eh! c'est tout simple : parce que les rails anglais font concurrence aux grandes usines, et que les bras anglais ne font concurrence qu'à vos bras.

Nous ne demandons pas, nous, qu'on repousse les tailleurs allemands et les terrassiers anglais. Nous demandons qu'on laisse entrer les draps et les rails. Nous demandons justice pour tous, égalité devant la loi pour tous!

C'est une dérision que de venir nous dire que la restriction douanière a en vue votre avantage. Tailleurs, cordonniers, charpentiers, menuisiers, maçons, forgerons, marchands, épiciers, horlogers, bouchers, boulangers, tapissiers, modistes, je vous mets au défi de me citer une seule manière dont la restriction vous profite et, quand vous voudrez, je vous en citerai quatre par où elle vous nuit.

Et après tout, cette abnégation que vos journaux attribuent aux monopoleurs, voyez combien elle est vraisemblable.

Je crois qu'on peut appeler *taux naturel des salaires* celui qui s'établirait naturellement sous le régime de la liberté. Lors donc qu'on vous dit que la restriction vous profite, c'est comme si on vous disait qu'elle ajoute un excédant à vos salaires *naturels*. Or, un excédant *extra-naturel* de salaires doit être pris quelque part; il ne tombe pas de la lune, et il doit être pris sur ceux qui le payent.

Vous êtes donc conduits à cette conclusion que, selon vos prétendus amis, le régime protecteur a été créé et mis au monde pour que les capitalistes fussent sacrifiés aux ouvriers.

Dites, cela est-il probable?

Où est donc votre place à la chambre des pairs? Quand est-ce que vous avez siégé au Palais-Bourbon? Qui vous a consultés? D'où vous est venue cette idée d'établir le régime protecteur?

Je vous entends me répondre : Ce n'est pas nous qui l'avons établi. Hélas! nous ne sommes ni pairs ni députés, ni conseillers d'État. Ce sont les capitalistes qui ont fait la chose.

Par le grand Dieu du ciel! Ils étaient donc bien disposés ce jour-là! Quoi! les capitalistes ont fait la loi; ils ont établi le régime prohibitif, et cela pour que vous, ouvriers, fissiez des profits à leurs dépens!

Mais voici qui est plus étrange encore.

Comment se fait il que vos prétendus amis, qui vous parlent aujourd'hui de la bonté, de la générosité, de l'abnégation des capitalistes, vous plaignent sans cesse de ne pas jouir de vos droits politiques? À leur point de vue, qu'en pourriez-vous faire? — Les capitalistes ont le monopole de la législation; c'est vrai. Grâce à ce monopole, ils se sont adjugé le monopole du fer, du drap, de la toile, de la houille, du bois, de la viande, c'est encore vrai. Mais voici vos prétendus amis qui disent qu'en agissant ainsi, les capitalistes se sont dépouillés sans y être obligés, pour vous enrichir sans que vous y eussiez droit! Assurément, si vous étiez électeurs et députés, vous ne feriez pas mieux vos affaires; vous ne les feriez même pas si bien.

Si l'organisation industrielle qui nous régit est faite dans votre intérêt, c'est donc une perfidie de réclamer pour vous des droits politiques; car ces démocrates d'un nouveau genre ne sortiront jamais de ce dilemme : la loi, faite par la bourgeoisie, vous donne plus ou vous donne *moins* que vos salaires naturels. Si elle vous donne *moins*, ils vous trompent en vous invitant à la soutenir. Si elle vous donne *plus*, ils vous trompent encore en vous engageant à réclamer des droits politiques, alors que la bourgeoisie vous fait des sacrifices que, dans votre honnêteté, vous n'oseriez pas voter.

Ouvriers, à Dieu ne plaise que cet écrit ait pour effet de jeter dans vos cœurs des germes d'irritation contre les classes riches! Si des intérêts mal entendus ou sincèrement alarmés soutiennent encore le monopole, n'oublions pas qu'il a sa racine dans des erreurs qui sont communes aux capitalistes et aux ouvriers. Loin donc de les exciter les uns contre les autres, travaillons à les rapprocher. Et pour cela que faut-il faire? S'il est vrai que les naturelles tendances sociales concourent à effacer l'inégalité parmi les hommes, il ne faut que laisser agir ces tendances, éloigner les obstructions artificielles qui en suspendent l'effet, et laisser les relations des classes diverses s'établir sur le principe de la justice qui se confond, du moins dans mon esprit, avec le principe de la liberté[56].

[56] V. au tome II, la polémique directe contre divers journaux. (Note de l'éditeur.)

~ 170 ~

VII. CONTE CHINOIS

On crie à la cupidité, à l'égoïsme du siècle!

Pour moi, je vois que le monde, Paris surtout, est peuplé de Décius.

Ouvrez les mille volumes, les mille journaux, les mille feuilletons que les presses parisiennes vomissent tous les jours sur le pays; tout cela n'est il pas l'œuvre de petits saints?

Quelle verve dans la peinture des vices du temps! Quelle tendresse touchante pour les masses! Avec quelle libéralité on invite les riches à partager avec les pauvres, sinon les pauvres à partager avec les riches! Que de plans de réformes sociales, d'améliorations sociales, d'organisations sociales! Est-il si mince écrivain qui ne se dévoue au bien-être des classes laborieuses? Il ne s'agit que de leur avancer quelques écus pour leur procurer le loisir de se livrer à leurs élucubrations humanitaires.

Et l'on parle ensuite de l'égoïsme, de l'individualisme de notre époque!

Il n'y a rien qu'on n'ait la prétention de faire servir au bien-être et à la moralisation du peuple, rien, pas même la *Douane*. — Vous croyez peut être que c'est une machine à impôts, comme l'octroi, comme le péage au bout du pont? Point du tout. C'est une institution essentiellement civilisatrice, fraternitaire et égalitaire. Que voulez-vous? c'est la mode. Il faut mettre ou affecter de mettre du sentiment, du sentimentalisme partout, jusque dans la guérite du *qu'as-tu là*?

Mais pour réaliser ces aspirations philanthropiques, la douane, il faut l'avouer, a de singuliers procédés.

Elle met sur pied une armée de directeurs, sous-directeurs, inspecteurs, sous-inspecteurs, contrôleurs, vérificateurs, receveurs, chefs, sous-chefs, commis, surnuméraires, aspirants-surnuméraires et aspirants à l'aspirance, sans compter le *service actif*, et tout cela pour arriver à exercer sur l'industrie du peuple cette action négative qui se résume par le mot *empêcher*.

Remarquez que je ne dis pas taxer, mais bien réellement *empêcher*.

Et *empêcher* non des actes réprouvés par les mœurs ou contraires à l'ordre public, mais des transactions innocentes et mêmes favorables, on en convient, à la paix et à l'union des peuples.

Cependant l'humanité est si flexible et si souple que, de manière ou d'autre, elle surmonte toujours les *empêchements*. C'est l'affaire d'un surcroît de travail.

Empêche-t-on un peuple de tirer ses aliments du dehors, il les produit au dedans. C'est plus pénible, mais il faut vivre. L'empêche-t-on de traverser la vallée, il franchit les pics. C'est plus long, mais il faut arriver.

Voilà qui est triste, mais voici qui est plaisant. Quand la loi a créé ainsi une certaine somme d'obstacles, et que, pour les vaincre, l'humanité a détourné une somme correspondante de travail, vous n'êtes plus admis à demander la réforme de la loi; car si vous montrez l'*obstacle*, on vous montre le travail qu'il occasionne, et si vous dites : Ce n'est pas là du travail créé, mais *détourné*, on vous répond comme l'*Esprit public* : — « L'appauvrissement seul est certain et immédiat; quant à l'enrichissement, il est plus qu'hypothétique. »

Ceci me rappelle une histoire chinoise que je vais vous conter.

Il y avait en Chine deux grandes villes : *Tchin* et *Tchan*. Un magnifique canal les unissait. L'empereur jugea à propos d'y faire jeter d'énormes quartiers de roche pour le mettre hors de service.

Ce que voyant, Kouang, son premier mandarin, lui dit :

— Fils du Ciel, vous faites une faute.

À quoi l'empereur répondit :

— Kouang, vous dites une sottise.

Je ne rapporte ici, bien entendu, que la substance du dialogue.

Au bout de trois lunes, le céleste empereur fit venir le mandarin et lui dit :

— Kouang, regardez.

Et Kouang, ouvrant les yeux, regarda.

Et il vit, à une certaine distance du canal, une multitude d'hommes *travaillant*. Les uns faisaient des déblais, les autres des remblais, ceux-ci nivelaient, ceux-là pavaient, et le mandarin, qui était fort lettré, pensa en lui-même : Ils font une route.

Au bout de trois autres lunes, l'empereur, ayant appelé Kouang, lui dit :

— Regardez.

Et Kouang regarda.

Et il vit que la route était faite, et il remarqua que le long du chemin, de distance en distance, s'élevaient des hôtelleries. Une cohue de piétons, de chars, de palanquins allaient et venaient, et d'innombrables Chinois, accablés par la fatigue, portaient et reportaient de lourds fardeaux de *Tchin* à *Tchan* et de *Tchan* à *Tchin*. — Et Kouang se dit : C'est la destruction du canal qui donne du travail à ces pauvres gens. Mais l'idée ne lui vint pas que ce travail était *détourné* d'autres emplois.

Et trois lunes se passèrent, et l'empereur dit à Kouang :

— Regardez.

Et Kouang regarda.

Et il vit que les hôtelleries étaient toujours pleines de voyageurs, et que ces voyageurs ayant faim, il s'était groupé autour d'elles des boutiques de bouchers, boulangers, charcutiers et marchands de nids d'hirondelles. — Et que ces honnêtes artisans ne pouvant aller nus, il s'était aussi établi des tailleurs, des cordonniers, des marchands de parasols et d'éventails, et que, comme on ne couche pas à la belle étoile, même dans le Céleste Empire, des charpentiers, des maçons et couvreurs étaient accourus. Puis vinrent des officiers de police, des juges, des fakirs; en un mot, il se forma une ville avec ses faubourgs autour de chaque hôtellerie.

Et l'empereur dit à Kouang : Que vous en semble?

Et Kouang répondit : Je n'aurais jamais cru que la destruction d'un canal put créer pour le peuple autant de travail; car l'idée ne lui vint pas que ce n'était pas du travail créé, mais *détourné*; que les voyageurs mangeaient, lorsqu'ils passaient sur le canal aussi bien que depuis qu'ils étaient forcés de passer sur la route.

Cependant, au grand étonnement des Chinois, l'empereur mourut et ce fils du Ciel fut mis en terre.

Son successeur manda Kouang, et lui dit : Faites déblayer le canal.

Et Kouang dit au nouvel empereur :

— Fils du Ciel, vous faites une faute.

Et l'empereur répondit :

— Kouang, vous dites une sottise.

Mais Kouang insista et dit : Sire, quel est votre but?

— Mon but, dit l'empereur, est de faciliter la circulation des hommes et des choses entre *Tchin* et *Tchan*, de rendre le transport moins dispendieux, afin que le peuple ait du thé et des vêtements à meilleur marché.

Mais Kouang était tout préparé. Il avait reçu la veille quelques numéros du *Moniteur industriel,* journal chinois. Sachant bien sa leçon, il demanda la permission de répondre, et l'ayant obtenue, après avoir frappé du front le parquet par neuf fois, il dit :

« Sire, vous aspirez à réduire, par la facilité du transport, le prix des objets de consommation pour les mettre à la portée du peuple, et pour cela, vous commencez par lui faire perdre tout le travail que la destruction du canal avait fait naître. Sire, en économie politique, le bon marché absolu... — L'empereur : Je crois que vous récitez. — Kouang : C'est vrai : il me sera plus commode de lire. — Et ayant déployé l'*Esprit public*, il lut : « En économie politique, le bon marché absolu des objets de consommation n'est que la question secondaire. Le problème réside dans l'équilibre du prix du travail avec celui des objets nécessaires à l'existence. L'abondance du travail est la richesse des nations, et le meilleur système économique est celui qui leur fournit la plus grande somme de travail possible. N'allez pas demander s'il faut mieux payer une tasse de thé 4 cash ou 8 cash, une chemise 5 taels ou 10 taels. Ce sont là des puérilités indignes d'un esprit grave. Personne ne conteste votre proposition. La question est de savoir s'il vaut mieux payer un objet plus cher et avoir, par l'abondance et le prix du travail, plus de moyens de l'acquérir; ou bien s'il vaut mieux appauvrir les sources du travail, diminuer la masse de la population nationale, transporter par des *chemins qui marchent* les objets de consommation, à meilleur marché, il est vrai, mais en même temps enlever à une portion de nos travailleurs les possibilités de les acheter même à ces prix réduits. »

L'empereur n'étant pas bien convaincu, Kouang lui dit : Sire, daignez attendre. J'ai encore le *Moniteur industriel* à citer.

Mais l'empereur dit :

— Je n'ai pas besoin de vos journaux chinois pour savoir que créer des *obstacles*, c'est appeler le travail de ce côté. Mais ce n'est pas ma mission. Allez, désobstruez le canal. Ensuite nous réformerons la douane.

Et Kouang s'en alla, s'arrachant la barbe et criant : Ô Fô! ô Pê! ô Lî! et tous les dieux monosyllabiques et circonflexes du Cathay, prenez en pitié votre peuple; car il nous est venu un empereur de l'*école anglaise*, et je vois bien qu'avant peu nous manquerons de tout, puisque nous n'aurons plus besoin de rien faire.

VIII. Post hoc, ergo proper hoc

57

Le plus commun et le plus faux des raisonnements.

Des souffrances réelles se manifestent en Angleterre.

Ce fait vient à la suite de deux autres :

1° La réforme douanière;

2° La perte de deux récoltes consécutives.

À laquelle de ces deux dernières circonstances faut-il attribuer la première?

Les protectionnistes ne manquent pas de s'écrier : « C'est cette liberté maudite qui fait tout le mal. Elle nous promettait monts et merveilles, nous l'avons accueillie, et voilà que les fabriques s'arrêtent et le peuple souffre : *Cum hoc, ergo propter hoc*[58]. »

La liberté commerciale distribue de la manière la plus uniforme et la plus équitable les fruits que la Providence accorde au travail de l'homme. Si ces fruits sont enlevés, en partie, par un fléau, elle ne préside pas moins à la bonne distribution de ce qui en reste. Les hommes sont moins bien pourvus, sans doute; mais faut-il s'en prendre à la liberté ou au fléau?

La liberté agit sur le même principe que les assurances. Quand un sinistre survient, elle répartit sur un grand nombre d'hommes, sur un grand nombre d'années, des maux qui, sans elle, s'accumuleraient sur un peuple et sur un temps. Or, s'est-on jamais avisé de dire que l'incendie n'est plus un fléau depuis qu'il y a des assurances?

Eu 1842, 43 et 44, la réduction des taxes a commencé en Angleterre. En même temps les récoltes y ont été très-abondantes, et il est permis de

---

[57] Tiré du *Libre-Échange*, n° du 6 décembre 1846. (Note de l'éditeur.)
[58] *Cum hoc ergo propter hoc* (latin signifiant *avec ceci, donc à cause de ceci*) est un sophisme qui consiste à prétendre que si deux événements sont corrélés alors il y a un lien de cause à effet entre les deux (la fameuse confusion entre corrélation et causalité). (NDE)

croire que ces deux circonstances ont concouru à la prospérité inouïe dont ce pays a donné le spectacle pendant cette période.

En 1845, la récolte a été mauvaise : en 1846, plus mauvaise encore.

Les aliments ont renchéri; le peuple a dépensé ses ressources pour se nourrir, et restreint ses autres consommations. Les vêtements ont été moins demandés, les fabriques moins occupées, et le salaire a manifesté une tendance à la baisse. Heureusement que, dans cette même année, les barrières restrictives ayant été de nouveau abaissées, une masse énorme d'aliments a pu parvenir sur le marché anglais. Sans cette circonstance, il est à peu près certain qu'en ce moment une révolution terrible ensanglanterait la Grande-Bretagne.

Et l'on vient accuser la liberté des désastres qu'elle prévient et répare du moins en partie!

Un pauvre lépreux vivait dans la solitude. Ce qu'il avait touché, nul ne le voulait toucher. Réduit à se suffire à lui-même, il traînait dans ce monde une misérable existence. Un grand médecin le guérit. Voilà notre solitaire eu pleine possession de la liberté des échanges. Quelle belle perspective s'ouvrait devant lui! Il se plaisait à calculer le bon parti que, grâce à ses relations avec les autres hommes, il pourrait tirer de ses bras vigoureux. Il vint à se les rompre tous les deux. Hélas! son sort fut plus horrible. Les journalistes de ce pays, témoins de sa misère, disaient : « Voyez à quoi l'a réduit la faculté d'échanger! Vraiment, il était moins à plaindre quand il vivait seul. — Eh! quoi, répondait le médecin, ne tenez-vous aucun compte de ses deux bras cassés? n'entrent-ils pour rien dans sa triste destinée? Son malheur est d'avoir perdu les bras, et non point d'être guéri de la lèpre. Il serait bien plus à plaindre s'il était manchot et lépreux par dessus le marché. »

Post hoc, ergo propter hoc; méfiez-vous de ce sophisme.

IX. Le vol à la prime

59

On trouve mon petit livre des Sophismes trop théorique, scientifique, métaphysique. Soit. Essayons du genre trivial, banal, et, s'il le faut, brutal. Convaincu que le public est dupe à l'endroit de la protection, je le lui ai voulu prouver. Il préfère qu'on le lui crie. Donc vociférons :

Midas, le roi Midas a des oreilles d'âne!

Une explosion de franchise fait mieux souvent que les circonlocutions les plus polies. Vous vous rappelez Oronte et le mal qu'a le misanthrope, tout misanthrope qu'il est, à le convaincre de sa folie.

> Alceste. On s'expose à jouer un mauvais personnage.
> Oronte. Est-ce que vous voulez me déclarer par là. Que j'ai tort de vouloir…
> Alceste. Je ne dis pas cela. Mais…
> Oronte. Est-ce que j'écris mal?
> Alceste. Je ne dis pas cela. Mais enfin…
> Oronte. Mais ne puis-je savoir ce que dans mon sonnet?…
> Alceste. Franchement, il est bon à mettre au cabinet.

Franchement, bon public, *on te vole*. C'est cru, mais c'est clair.

Les mots *vol, voler, voleur*, paraîtront de mauvais goût à beaucoup de gens. Je leur demanderai comme Harpagon à Élise : Est-ce le mot ou la chose qui vous fait peur?

« Quiconque a soustrait frauduleusement une chose qui ne lui appartient pas, est coupable de vol. » (*C. pén. art. 379.*)

Voler : Prendre furtivement ou par force. (*Dictionnaire de l'Académie.*)

Voleur : Celui qui exige plus qu'il ne lui est dû. (*Id.*)

Or, le monopoleur qui, de par une loi de sa façon, m'oblige à lui payer 20 fr. ce que je puis avoir ailleurs pour 15, ne me soustrait-il pas frauduleusement 5 fr. qui m'appartiennent?

Ne prend-il pas *furtivement* ou *par force*?

---

59 Tiré du *Journal des économistes*, n° de janvier 1846. (Note de l'éditeur.)

N'exige-t-il pas plus qu'il ne lui est dû?

Il soustrait, il prend, il exige, dira-t-on; mais non point furtivement ou par force; ce qui caractériserait le vol.

Lorsque nos bulletins de contributions se trouvent chargés des 5 fr. pour la prime, que soustrait, prend ou exige le monopoleur, quoi de plus *furtif*, puisque si peu d'entre nous s'en doutent? Et pour ceux qui ne sont pas dupes, quoi de plus *forcé*, puisqu'au premier refus le garnisaire est à nos portes?

Au reste, que les monopoleurs se rassurent. Les vols *à la prime* ou *au tarif*, s'ils blessent l'équité tout aussi bien que le vol à l'américaine, ne violent pas la loi; ils se commettent, au contraire, de par la loi; ils n'en sont que pires, mais ils n'ont rien à démêler avec la *correctionnelle*.

D'ailleurs, bon gré, mal gré, nous sommes tous *voleurs* et *volés* en cette affaire. L'auteur de ce volume a beau crier *au voleur* quand il achète, on peut crier après lui quand il vend[60]; s'il diffère de beaucoup de ses compatriotes, c'est seulement en ceci : il sait qu'il perd au jeu plus qu'il n'y gagne, et eux ne le savent pas; s'ils le savaient, le jeu cesserait bientôt.

Je ne me vante pas, au surplus, d'avoir le premier restitué à la chose son vrai nom. Voici plus de soixante ans que Smith disait :

« Quand des industriels s'assemblent, on peut s'attendre à ce qu'une conspiration va s'ourdir contre les poches du public. » Faut-il s'en étonner, puisque le public n'en prend aucun souci?

Or donc, une assemblée d'industriels délibère officiellement sous le nom de *Conseils généraux*. Que s'y passe-t-il et qu'y résout-on?

Voici, fort en abrégé, le procès-verbal d'une séance.

« Un armateur. Notre marine est aux abois (digression belliqueuse). Cela n'est pas surprenant, je ne saurais construire sans fer. J'en trouve bien 10 fr. *sur le marché du monde*; mais, de par la loi, le maître de forges

---

[60] Possédant un champ qui le fait vivre, il est de la classe des *protégés*. Cette circonstance devrait désarmer la critique. Elle montre que, s'il se sert d'expressions dures, c'est contre la chose et non contre les intentions.

français me force à le lui payer 15 fr. : c'est donc 5 fr. qu'il me soustrait. Je demande la liberté d'acheter où bon me semble.

« Un maître de forges. *Sur le marché du monde*, je trouve à faire opérer des transports à 20 fr. — Législativement, l'armateur en exige 30 : c'est donc 10 fr. qu'il me prend. Il me pille, je le pille; tout est pour le mieux.

« Un homme d'État. La conclusion de l'armateur est bien imprudente. Oh! cultivons l'union touchante qui fait notre force; si nous effaçons un iota à la théorie de la protection, adieu la théorie entière.

« L'armateur. Mais pour nous la protection a failli : je répète que la marine est aux abois.

« Un marin. Eh bien! relevons la *surtaxe*, et que l'armateur, qui prend 30 au public pour son fret, en prenne 40.

« Un ministre. Le gouvernement poussera jusqu'aux dernières limites le beau mécanisme de la *surtaxe*; mais je crains que cela ne suffise pas[61].

« Un fonctionnaire. Vous voilà tous bien empêchés pour peu de chose. N'y a-t-il de salut que dans le tarif, et oubliez-vous l'impôt? Si le consommateur est bénévole, le contribuable ne l'est pas moins. Accablons-le de taxes, et que l'armateur soit satisfait. Je propose 5 fr. de prime, à prendre sur les contributions publiques, pour être livrés au constructeur pour chaque quintal de fer qu'il emploiera.

« *Voix confuses.* Appuyé, appuyé! Un *agriculteur* : À moi 3 fr. de prime par hectolitre de blé! Un *tisserand* : À moi 2 fr. de prime par mètre de toile! etc., etc.

« Le président. Voilà qui est entendu; notre session aura enfanté le système des *primes*, et ce sera sa gloire éternelle. Quelle industrie pourra perdre désormais, puisque nous avons deux moyens si simples de convertir les pertes en profits : le tarif et la prime? La séance est levée. »

---

[61] Voici le texte : « Je citerai encore les lois de douane des 9 et 11 juin dernier, qui ont en grande partie pour objet d'encourager la navigation lointaine, en augmentant sur plusieurs articles les surtaxes afférentes au pavillon étranger. Nos lois de douane, vous le savez, sont généralement dirigées vers ce but, et peu à peu la surtaxe de 10 francs, établie par la loi du 28 avril 1816 et souvent insuffisante, disparaît pour faire place... à une protection plus efficace et plus en harmonie avec la cherté relative de notre navigation. » — Ce disparaît est précieux.
(M. Cunin-Gridaine, séance du 16 décembre 1845, *discours d'ouverture*.)

Il faut que quelque vision surnaturelle m'ait montré en songe la prochaine apparition de la prime (qui sait même si je n'en ai pas suggéré la pensée à M. Dupin), lorsqu'il y a quelques mois j'écrivais ces paroles :

« Il me semble évident que la protection aurait pu, sans changer de nature et d'effets, prendre la forme d'une taxe directe prélevée par l'État et distribuée en primes indemnitaires aux industries privilégiées. »

Et après avoir comparé le droit protecteur à la prime :

« J'avoue franchement ma prédilection pour ce dernier système; il me semble plus juste, plus économique et plus loyal. Plus juste, parce que si la société veut faire des largesses à quelques-uns de ses membres, il faut que tous y contribuent; plus économique, parce qu'il épargnerait beaucoup de frais de perception et ferait disparaître beaucoup d'entraves; plus loyal enfin, parce que le public verrait clair dans l'opération et saurait ce qu'on lui fait faire[62]. »

Puisque l'occasion nous en est si bénévolement offerte, étudions le *vol à la prime*. Aussi bien, ce qu'on en peut dire s'applique au *vol au tarif*, et comme celui-ci est un peu mieux déguisé, le filoutage direct aidera à comprendre le filoutage indirect. L'esprit procède ainsi du simple au composé.

Mais quoi! n'y a-t-il pas quelque variété de vol plus simple encore? Si fait, il y a le *vol de grand chemin* : il ne lui manque que d'être légalisé, monopolisé, ou, comme on dit aujourd'hui, *organisé*.

Or, voici ce que je lis dans un récit de voyages :

« Quand nous arrivâmes au royaume de A…, toutes les industries se disaient en souffrance. L'agriculture gémissait, la fabrique se plaignait, le commerce murmurait, la marine grognait et le gouvernement ne savait à qui entendre. D'abord, il eut la pensée de taxer d'importance tous les mécontents, et de leur distribuer le produit de ces taxes, après s'être fait sa part : c'eût été comme, dans notre chère Espagne, la loterie. Vous êtes mille, l'État vous prend une piastre à chacun; puis subtilement il escamote 250 piastres, et en répartit 750, en lots plus ou moins forts, entre les joueurs. Le brave Hidalgo qui reçoit trois quarts de piastre, oubliant qu'il a donné piastre entière, ne se possède pas de joie et court

---

[62] *Sophismes économiques*, Ire série, chap. v, pag. 49 et 50.

dépenser ses quinze réaux au cabaret. C'eût été encore quelque chose comme ce qui se passe en France. Quoi qu'il en soit, tout barbare qu'était le pays, le gouvernement ne compta pas assez sur la stupidité des habitants pour leur faire accepter de si singulières protections, et voici ce qu'il imagine.

« La contrée était sillonnée de routes. Le gouvernement les fit exactement kilométrer, puis il dit à l'agriculteur : « Tout ce que tu pourrais voler aux passants entre ces deux bornes est à toi : que cela te serve de *prime*, de protection, d'encouragement. » Ensuite, il assigna à chaque manufacturier, à chaque armateur, une portion de route à exploiter, selon cette formule :

Dono tibi et concendo
Virtutem et puissantiam
Volandi,
Pillandi,
Derobandi,
Filoutandi,
Et escroquandi,
Impunè per totam istam
Viam[63].

« Or, il est arrivé que les naturels du royaume de A... sont aujourd'hui si familiarisés avec ce régime, si habitués à ne tenir compte que de ce qu'ils volent et non de ce qui leur est volé, si profondément enclins à ne considérer le pillage qu'au point de vue du pillard, qu'ils regardent comme un *profit national* la somme de tous les vols particuliers, et refusent de renoncer à un système de *protection* en dehors duquel, disent-ils, il n'est pas une industrie qui puisse se suffire. »

Vous vous récriez? Il n'est pas possible, dites-vous, que tout un peuple consente à voir un *surcroît de richesses* dans ce que les habitants se dérobent les uns aux autres.

Et pourquoi pas? Nous avons bien cette conviction en France, et tous les jours nous y organisons et perfectionnons le *vol réciproque* sous le nom de primes et tarifs protecteurs.

---

[63] *Je vous donne et concède la vertu et la puissance de voler, piller, dérober, filouter et escroquer, impunément sur toute la route.* Bastiat parodie ici Molière (NDE)

N'exagérons rien toutefois : convenons que, sous le rapport du *mode de perception* et quant aux circonstances collatérales, le système du royaume de A... peut être pire que le nôtre; mais disons aussi que, quant aux principes et aux effets nécessaires, il n'y a pas un atome de différence entre toutes ces espèces de vols légalement organisés pour fournir des suppléments de profits à l'industrie.

Remarquez que si le *vol de grand chemin* présente quelques inconvénients d'exécution, il a aussi des avantages qu'on ne trouve pas dans le vol au tarif.

Par exemple : on en peut faire une répartition équitable entre tous les producteurs. Il n'en est pas de même des droits de douane. Ceux-ci sont impuissants par leur nature à protéger certaines classes de la société, telles que artisans, marchands, hommes de lettres, hommes de robe, hommes d'épée, hommes de peine, etc, etc.

Il est vrai que le *vol à la prime* se prête aussi à des subdivisions infinies, et, sous ce rapport, il ne le cède pas en perfection au *vol de grand chemin*; mais, d'un autre côté, il conduit souvent à des résultats si bizarres, si jocrisses, que les naturels du royaume de A... s'en pourraient moquer avec grande raison.

Ce que perd le volé, dans le *vol de grand chemin*, est gagné par le voleur. L'objet dérobé reste au moins dans le pays. Mais, sous l'empire du vol à la prime, ce que l'impôt soustrait aux Français est conféré souvent aux Chinois, aux Hottentots, aux Cafres, aux Algonquins, et voici comme :

Une pièce de drap vaut *cent francs* à Bordeaux. Il est impossible de la vendre au-dessous, sans y perdre. Il est impossible de la vendre au-dessus, la *concurrence* entre les marchands s'y oppose. Dans ces circonstances, si un Français se présente pour avoir ce drap, il faudra qu'il le paie *cent francs*, ou qu'il s'en passe. Mais si c'est un Anglais, alors le gouvernement intervient et dit au marchand : Vends ton drap, je te ferai donner *vingt francs* par les contribuables. Le marchand, qui ne veut ni ne peut tirer que cent francs de son drap, le livre à l'Anglais pour 80 francs. Cette somme, ajoutée aux 20 francs, produit du *vol à la prime*, fait tout juste son compte. C'est donc exactement comme si les contribuables eussent donné 20 francs à l'Anglais, sous la condition d'acheter du drap français à 20 francs de rabais, à 20 francs au-dessous des frais de production, à 20 francs au-dessous de ce qu'il nous coûte à nous-mêmes. Donc, le *vol à la prime* a ceci de particulier, que les *volés* sont dans le pays qui le tolère, et les voleurs disséminés sur la surface du globe.

Vraiment, il est miraculeux que l'on persiste à tenir pour démontrée cette proposition : *Tout ce que l'individu vole à la masse est un gain général.* Le mouvement perpétuel, la pierre philosophale, la quadrature du cercle sont tombés dans l'oubli; mais la théorie du *Progrès par le vol* est encore en honneur. *À priori* pourtant, on aurait pu croire que de toutes les puérilités c'était la moins viable.

Il y en a qui nous disent : Vous êtes donc les partisans du *laissez passer*? des économistes de l'école surannée des Smith et des Say? Vous ne voulez donc pas l'*organisation du travail*? Eh! messieurs, organisez le travail tant qu'il vous plaira. Mais nous veillerons, nous, à ce que vous n'organisiez pas le *vol*.

D'autres plus nombreux répètent : *primes, tarifs*, tout cela a pu être exagéré. Il en faut user sans en abuser. Une sage liberté, combinée avec une protection modérée, voilà ce que réclament les hommes sérieux et pratiques. Gardons-nous des *principes absolus*.

C'est précisément, selon le voyageur espagnol, ce qui se disait au royaume de A... « Le vol de grand chemin, disaient les sages, n'est ni bon ni mauvais; cela dépend des circonstances. Il ne s'agit que de bien *pondérer* les choses, et de nous bien payer, nous fonctionnaires, pour cette œuvre de pondération. Peut-être a-t-on laissé au pillage trop de latitude, peut-être pas assez. Voyons, examinons, balançons les comptes de chaque travailleur. À ceux qui ne gagnent pas assez, nous donnerons un peu plus de route à exploiter. Pour ceux qui gagnent trop, nous réduirons les heures, jours ou mois de pillage, »

Ceux qui parlaient ainsi s'acquirent un grand renom de modération, de prudence et de sagesse. Ils ne manquaient jamais de parvenir aux plus hautes fonctions de l'État.

Quant à ceux qui disaient : Réprimons les injustices et les fractions d'injustice; ne souffrons ni *vol*, ni *demi-vol* ni *quart de vol*, ceux-là passaient pour des idéologues, des rêveurs ennuyeux qui répétaient toujours la même chose. Le peuple, d'ailleurs, trouvait leurs raisonnements trop à sa portée. Le moyen de croire vrai ce qui est si simple!

X. Le percepteur

Jacques Bonhomme, Vigneron;

M. Lasouche, Percepteur.

L. Vous avez récolté vingt tonneaux de vin?

J. Oui, à force de soins et de sueurs.

— Ayez la bonté de m'en délivrer six et des meilleurs.

— Six tonneaux sur vingt! bonté du ciel! vous me voulez ruiner. Et, s'il vous plaît, à quoi les destinez-vous?

— Le premier sera livré aux créanciers de l'État. Quand on a des dettes, c'est bien le moins d'en servir les intérêts.

— Et où a passé le capital?

— Ce serait trop long à dire. Une partie fut mise jadis en cartouches qui firent la plus belle fumée du monde. Un autre soldait des hommes se faisant estropier sur la terre étrangère après l'avoir ravagée. Puis, quand ces dépenses eurent attiré chez nous nos amis les ennemis, ils n'ont pas voulu déguerpir sans emporter de l'argent, qu'il fallut emprunter.

— Et que m'en revient-il aujourd'hui?

— La satisfaction de dire :

Que je suis fier d'être Français

Quand je regarde la colonne!

— Et l'humiliation de laisser à mes héritiers une terre grevée d'une rente perpétuelle. Enfin, il faut bien payer ce qu'on doit, quelque fol usage qu'on en ait fait. Va pour un tonneau, mais les cinq autres?

— Il en faut un pour acquitter les services publics, la liste civile, les juges qui vous font restituer le sillon que votre voisin veut s'approprier, les gendarmes qui chassent aux larrons pendant que vous dormez, le cantonnier qui entretient le chemin qui vous mène à la ville, le curé qui baptise vos enfants, l'instituteur qui les élève, et votre serviteur qui ne travaille pas pour rien.

— À la bonne heure, service pour service. Il n'y rien à dire. J'aimerais tout autant m'arranger directement avec mon curé et mon maître d'école; mais je n'insiste pas là-dessus, va pour le second tonneau. Il y a loin jusqu'à six.

— Croyez-vous que ce soit trop de deux tonneaux pour votre contingent aux frais de l'armée et de la marine?

— Hélas! c'est peu de chose, eu égard à ce qu'elles me coûtent déjà; car elles m'ont enlevé deux fils que j'aimais tendrement.

— Il faut bien maintenir l'équilibre des forces européennes.

— Eh, mon Dieu! l'équilibre serait le même, si l'on réduisait partout ces forces de moitié ou des trois quarts. Nous conserverions nos enfants et nos revenus. Il ne faudrait que s'entendre.

— Oui; mais on ne s'entend pas.

— C'est ce qui m'abasourdit. Car, enfin, chacun en souffre.

— Tu l'as voulu, Jacques Bonhomme.

— Vous faites le plaisant, monsieur le percepteur, est-ce que j'ai voix au chapitre?

— Qui avez-vous nommé pour député?

— Un brave général d'armée, qui sera maréchal sous peu si Dieu lui prête vie.

— Et sur quoi vit le brave général?

— Sur mes tonneaux, à ce que j'imagine.

— Et qu'adviendrait-il s'il votait la réduction de l'armée et de votre contingent?

— Au lieu d'être fait maréchal, il serait mis à la retraite.

— Comprenez-vous maintenant que vous avez vous-même…

— Passons au cinquième tonneau, je vous prie.

— Celui-ci part pour l'Algérie.

— Pour l'Algérie! Et l'on assure que tous les musulmans sont œnophobes, les barbares! Je me suis même demandé souvent s'ils ignorent le médoc parce qu'ils sont mécréants, ou, ce qui est plus probable, s'ils sont mécréants parce qu'ils ignorent le médoc. D'ailleurs, quels services me rendent-ils en retour de cette ambroisie qui m'a tant coûté de travaux?

— Aucun; aussi n'est-elle pas destinée à des musulmans, mais à de bons chrétiens qui passent tous les jours en Barbarie.

— Et qu'y vont-ils faire qui puisse m'être utile?

— Exécuter des razzias et en subir; tuer et se faire tuer; gagner des dysenteries et revenir se faire traiter; creuser des ports, percer des routes, bâtir des villages et les peupler de Maltais, d'Italiens, d'Espagnols et de Suisses qui vivent sur votre tonneau et bien d'autres tonneaux que je viendrai vous demander encore.

— Miséricorde! ceci est trop fort, je vous refuse net mon tonneau. On enverrait à Bicêtre un vigneron qui ferait de telles folies. Percer des routes dans l'Atlas, grand Dieu! quand je ne puis sortir de chez moi! Creuser des ports en Barbarie quand la Garonne s'ensable tous les jours! M'enlever mes enfants que j'aime pour aller tourmenter les Kabyles! Me faire payer les maisons, les semences et les chevaux qu'on livre aux Grecs et aux Maltais, quand il y a tant de pauvres autour de nous!

— Des pauvres! justement, on débarrasse le pays de ce *trop-plein*.

— Grand merci! en les faisant suivre en Algérie du capital qui les ferait vivre ici.

— Et puis vous jetez les bases d'un *grand empire*, vous portez la *civilisation* en Afrique, et vous décorez votre patrie d'une gloire immortelle.

— Vous êtes poète, monsieur le percepteur; mais moi je suis vigneron, et je refuse.

— Considérez que, dans quelque mille ans, vous recouvrerez vos avances au centuple. C'est ce que disent ceux qui dirigent l'entreprise.

— En attendant, ils ne demandaient d'abord, pour parer aux frais, qu'une pièce de vin, puis deux, puis trois, et me voilà taxé à un tonneau! Je persiste dans mon refus.

— Il n'est plus temps. *Votre chargé de pouvoirs* a stipulé pour vous l'octroi d'un tonneau ou quatre pièces entières.

— Il n'est que trop vrai. Maudite faiblesse! Il me semblait aussi en lui donnant ma procuration que je commettais une imprudence, car qu'y a-t-il de commun entre un général d'armée et un vigneron?

— Vous voyez bien qu'il y a quelque chose de commun entre vous, ne fût-ce que le vin que vous récoltez et qu'il se vote à lui-même, en votre nom.

— Raillez-moi, je le mérite, monsieur le percepteur. Mais soyez raisonnable, là, laissez-moi au moins le sixième tonneau. Voilà l'intérêt des dettes payé, la liste civile pourvue, les services publics assurés, la guerre d'Afrique perpétuée. Que voulez-vous de plus?

— On ne marchande pas avec moi. Il fallait dire vos intentions à M. le général. Maintenant, il a disposé de votre vendange.

— Maudit grognard! Mais enfin, que voulez-vous faire de ce pauvre tonneau, la fleur de mon chai? Tenez, goûtez ce vin. Comme il est moelleux, corsé, étoffé, velouté, rubané!...

— Excellent! délicieux! Il fera bien l'affaire de M. D... le fabricant de draps.

— De M. D... le fabricant? Que voulez-vous dire?

— Qu'il en tirera un bon parti.

— Comment? qu'est-ce? Du diable si je vous comprends!

— Ne savez-vous pas que M. D... a fondé une superbe entreprise, fort utile au pays, laquelle, tout balancé, laisse chaque année une perte considérable?

— Je le plains de tout mon cœur. Mais qu'y puis-je faire?

— La Chambre a compris que, si cela continuait ainsi, M. D... serait dans l'alternative ou de mieux opérer ou de fermer son usine.

— Mais quel rapport y a-t-il entre les fausses spéculations de M. D... et mon tonneau?

— La Chambre a pensé que si elle livrait à M. D... un peu d e vin pris dans votre cave, quelques hectolitres de blé prélevés chez vos voisins, quelques sous retranchés aux salaires des ouvriers, ses pertes se changeraient en bénéfices.

— La recette est infaillible autant qu'ingénieuse. Mais, morbleu! elle est terriblement inique. Quoi! M. D... se couvrira de ses pertes en me prenant mon vin?

— Non pas précisément le vin, mais le prix. C'est ce qu'on nomme *primes d'encouragement*. Mais vous voilà tout ébahi! Ne voyez-vous pas le grand service que vous rendez à la patrie?

— Vous voulez dire à M. D...?

— À la patrie. M. D... assure que son industrie prospère, grâce à cet arrangement, et c'est ainsi, dit-il, que le pays s'enrichit. C'est ce qu'il répétait ces jours-ci à la Chambre dont il fait partie.

— C'est une supercherie insigne! Quoi! un malotru fera une sotte entreprise, il dissipera ses capitaux; et s'il m'extorque assez de vin ou de blé pour réparer ses pertes et se ménager même des profits, on verra là un gain général!

— Votre *fondé de pouvoir* l'ayant jugé ainsi, il ne vous reste plus qu'à me livrer les six tonneaux de vin et à vendre le mieux possible les quatorze tonneaux que je vous laisse.

— C'est mon affaire.

— C'est, voyez-vous, qu'il serait bien fâcheux que vous n'en tirassiez pas un grand prix.

— J'y aviserai.

— Car il y a bien des choses à quoi ce prix doit faire face.

— Je le sais, Monsieur, je le sais.

— D'abord, si vous achetez du fer pour renouveler vos bêches et vos charrues, une loi décide que vous le paierez a u maître de forges deux fois ce qu'il vaut.

— Ah çà, mais c'est donc la forêt Noire?

— Ensuite, si vous avez besoin d'huile, de viande, de toile, de houille, de laine, de sucre, chacun, de par la loi, vous les cotera au double de leur valeur.

— Mais c'est horrible, affreux, abominable!

— À quoi bon ces plaintes? Vous-même, par votre *chargé de procuration*...

— Laissez-moi en paix avec ma procuration. Je l'ai étrangement placée, c'est vrai. Mais on ne m'y prendra plus et je me ferai représenter par bonne et franche paysannerie.

— Bah! vous renommerez le brave général.

— Moi, je renommerai le général, pour distribuer mon vin aux Africains et aux fabricants?

— Vous le renommerez, vous dis-je.

— C'est un peu fort. Je ne le renommerai pas, si je ne veux pas.

— Mais vous voudrez et vous le renommerez.

— Qu'il vienne s'y frotter. Il trouvera à qui parler.

— Nous verrons bien. Adieu. J'emmène vos six tonneaux et vais en faire la répartition, comme le général l'a décidé[64].

---

[64] V. au tome Ier la lettre à M. Larnac, et au tome V, les *Incompatibilités parlementaires*. (Note de l'éditeur.)

XI. L'UTOPISTE

65

— Si j'étais ministre de Sa Majesté!...

— Eh bien, que feriez-vous?

— Je commencerais par... par..., ma foi, par être fort embarrassé. Car enfin, je ne serais ministre que parce que j'aurais la majorité; je n'aurais la majorité que parce que je me la serais faite; je ne me la serais faite, honnêtement du moins, qu'en gouvernant selon ses idées... Donc, si j'entreprenais de faire prévaloir les miennes en contrariant les siennes, je n'aurais plus la majorité, et si je n'avais pas la majorité, je ne serais pas ministre de Sa Majesté.

— Je suppose que vous le soyez et que par conséquent la majorité ne soit pas pour vous un obstacle; que feriez-vous?

— Je rechercherais de quel côté est le *juste*.

— Et ensuite?

— Je chercherais de quel côté est l'*utile*.

— Et puis?

— Je chercherais s'ils s'accordent ou se gourment entre eux.

— Et si vous trouviez qu'ils ne s'accordent pas?

— Je dirais au roi Philippe :

> Reprenez votre portefeuille.
>
> La rime n'est pas riche et le style en est vieux;
>
> Mais ne voyez-vous pas que cela vaut bien mieux
>
> Que ces *transactions* dont le bon sens murmure,
>
> Et que l'*honnêteté* parle là toute pure?

— Mais si vous reconnaissez que le *juste* et l'*utile* c'est tout un?

---

[65] Tiré du *Libre-Échange*, n° du 17 janvier 1847. (Note de l'éditeur.)

— Alors, j'irai droit en avant.

— Fort bien. Mais pour réaliser l'utilité par la justice, il faut une troisième chose.

— Laquelle?

— La possibilité.

— Vous me l'avez accordée.

— Quand?

— Tout à l'heure.

— Comment?

— En me concédant la majorité.

— Il me semblait aussi que la concession était fort hasardée, car enfin elle implique que la majorité voit clairement ce qui est juste, voit clairement ce qui est utile, et voit clairement qu'ils sont en parfaite harmonie.

— Et si elle voyait clairement tout cela, le bien se ferait, pour ainsi dire, tout seul.

— Voilà où vous m'amenez constamment : à ne voir de réforme possible que par le progrès de la raison générale.

— Comme à voir, parce progrès, toute réforme infaillible.

— À merveille. Mais ce progrès préalable est lui-même un peu long. Supposons-le accompli. Que feriez-vous? car je suis pressé de vous voir à l'œuvre, à l'exécution, à la pratique.

— D'abord, je réduirais la taxe des lettres à 10 centimes.

— Je vous avais entendu parler de 5 centimes[66].

— Oui; mais comme j'ai d'autres réformes en vue, je dois procéder avec prudence pour éviter le déficit.

— Tudieu! quelle prudence! Vous voilà déjà en déficit de 30 millions.

---

[66] « L'auteur avait dit en effet 5 centimes, en mai 1846, dans un article du *Journal des économistes*, qui est devenu le chap. xii de la seconde série des *Sophismes*. (Note de l'éditeur.)

— Ensuite, je réduirais l'impôt du sel à 10 fr.

— Bon! vous voilà en déficit de 30 autres millions. Vous avez sans doute inventé un nouvel impôt?

— Le ciel m'en préserve! D'ailleurs, je ne me flatte pas d'avoir l'esprit si inventif.

— Il faut pourtant bien... ah! j'y suis. Où avais-je la tête? Vous allez simplement diminuer la dépense. Je n'y pensais pas.

— Vous n'êtes pas le seul. — J'y arriverai, mais, pour le moment, ce n'est pas sur quoi je compte.

— Oui-dà! vous diminuez la recette sans diminuer la dépense, et vous évitez le déficit?

— Oui, en diminuant en même temps d'autres taxes

(Ici l'interlocuteur, posant l'index de la main droite sur son sinciput, hoche la tête, ce qui peut se traduire ainsi : il bat la campagne).

— Par ma foi! le procédé est ingénieux. Je verse 100 francs au trésor, vous me dégrevez de 5 francs sur le sel, de 5 francs sur la poste; et pour que le trésor n'en reçoive pas moins 100 francs, vous me dégrevez de 10 francs sur quelque autre taxe?

— Touchez là; vous m'avez compris.

— Du diable si c'est vrai! Je ne suis pas même sûr de vous avoir entendu.

— Je répète que je balance un dégrèvement par un autre.

— Morbleu! j'ai quelques instants à perdre : autant vaut que je vous écoute développer ce paradoxe.

— Voici tout le mystère : je sais une taxe qui vous coûte 20 francs et dont il ne rentre pas une obole au trésor; je vous fais remise de moitié et fais prendre à l'autre moitié le chemin de l'hôtel de la rue de Rivoli.

— Vraiment! vous êtes un financier sans pareil. Il n'y a qu'une difficulté. En quoi est-ce, s'il vous plaît, que je paie une taxe qui ne va pas au trésor?

— Combien vous coûte cet habit?

— 100 francs.

— Et si vous eussiez fait venir le drap de Verviers, combien vous coûterait-il?

— 80 francs.

— Pourquoi donc ne l'avez-vous pas demandé à Verviers?

— Parce que cela est défendu.

— Et pourquoi cela est-il défendu?

— Pour que l'habit me revienne à 100 francs au lieu de 80.

— Cette défense vous coûte donc 20 francs?

— Sans aucun doute.

— Et où passent-ils, ces 20 francs?

— Et où passeraient-ils? Chez le fabricant de drap.

— Eh bien! donnez-moi 10 francs pour le trésor, je ferai lever la défense, et vous gagnerez encore 10 francs.

— Oh! oh! je commence à y voir clair. Voici le compte du trésor : il perd 5 francs sur la poste, 5 sur le sel, et gagne 10 francs sur le drap. Partant quitte.

— Et voici votre compte à vous : vous gagnez 5 francs sur le sel, 5 francs sur la poste et 10 francs sur le drap.

— Total, 20 francs. Ce plan me sourit assez. Mais que deviendra le pauvre fabricant de draps?

— Oh! j'ai pensé à lui. Je lui ménage des compensations, toujours au moyen de dégrèvements profitables au trésor; et ce que j'ai fait pour vous à l'occasion du drap, je le fais pour lui à l'égard de la laine, de la houille, des machines, etc.; en sorte qu'il pourra baisser son prix sans perdre.

— Mais êtes-vous sûr qu'il y aura balance?

— Elle penchera de son côté. Les 20 francs que je vous fais gagner sur le drap, s'augmenteront de ceux que je vous économiserai encore sur le blé, la viande, le combustible, etc. Cela montera haut; et une épargne semblable sera réalisée par chacun de vos trente-cinq millions de concitoyens. Il y a là de quoi épuiser les draps de Verviers et ceux d'Elbeuf. La nation sera mieux vêtue, voilà tout.

— J'y réfléchirai; car tout cela se brouille un peu dans ma tête.

— Après tout, en fait de vêtements, l'essentiel est d'être vêtu. Vos membres sont votre propriété et non celle du fabricant. Les mettre à l'abri de grelotter est votre affaire, et non la sienne! Si la loi prend parti pour lui contre vous, la loi est injuste, et vous m'avez autorisé à raisonner dans l'hypothèse que ce qui est injuste est nuisible.

— Peut-être me suis-je trop avancé; mais poursuivez l'exposé de votre plan financier.

— Je ferai donc une loi de douanes.

— En deux volumes in-folio?

— Non, en deux articles.

— Pour le coup, on ne dira plus que ce fameux axiome : « Nul n'est censé ignorer la loi, » est une fiction. Voyons donc votre tarif.

— Le voici :

Art. 1er. Toute marchandise importée paiera une taxe de 5 p. 100 de la valeur.

— Même les *matières premières*?

— À moins qu'elles n'aient point de *valeur*.

— Mais elles en ont toutes, peu ou *prou*.

— En ce cas, elles paieront peu ou *prou*.

— Comment voulez-vous que nos fabriques luttent avec les fabriques étrangères qui ont les matières premières en franchise?

— Les dépenses de l'État étant données, si nous fermons cette source de revenus, il en faudra ouvrir une autre : cela ne diminuera pas l'infériorité relative de nos fabriques, et il y aura une administration de plus à créer et à payer.

— Il est vrai; je raisonnais comme s'il s'agissait d'annuler la taxe et non de la déplacer. J'y réfléchirai. Voyons votre second article?...

— Art. 2. Toute marchandise exportée paiera une taxe de 5 p. % de la valeur.

— Miséricorde! monsieur l'utopiste. Vous allez vous faire lapider, et au besoin je jetterai la première pierre.

— Nous avons admis que la majorité est éclairée.

— Éclairée! soutiendrez-vous qu'un *droit de sortie* ne soit pas onéreux?

— Toute taxe est onéreuse, mais celle-ci moins qu'une autre.

— Le carnaval justifie bien des excentricités. Donnez-vous le plaisir de rendre spécieux, si cela est possible, ce nouveau paradoxe.

— Combien avez-vous payé ce vin?

— Un franc le litre.

— Combien l'auriez-vous payé hors barrière?

— Cinquante centimes.

— Pourquoi cette différence?

— Demandez-le à l'octroi qui a prélevé dix sous dessus.

— Et qui a établi l'octroi?

— La commune de Paris, afin de paver et d'éclairer les rues.

— C'est donc un droit d'importation. Mais si c'étaient les communes limitrophes qui eussent érigé l'octroi à leur profit, qu'arriverait-il?

— Je n'en paierais pas moins 1 fr. mon vin de 50 c., et les autres 50 c. paveraient et éclaireraient Montmartre et les Batignolles.

— En sorte qu'en définitive c'est le consommateur qui paie la taxe?

— Cela est hors de doute.

— Donc, en mettant un droit à l'exportation, vous faites contribuer l'étranger à vos dépenses.

— Je vous prends en faute, ce n'est plus de la *justice*.

— Pourquoi pas? Pour qu'un produit se fasse, il faut qu'il y ait dans le pays de l'instruction, de la sécurité, des routes, des choses qui coûtent.

Pourquoi l'étranger ne supporterait-il pas les charges occasionnées par ce produit, lui qui, en définitive, va le consommer?

— Cela est contraire aux idées reçues.

— Pas le moins du monde. Le dernier acheteur doit rembourser tous les frais de production directs ou indirects.

— Vous avez beau dire, il saute aux yeux qu'une telle mesure paralyserait le commerce et nous fermerait des débouchés.

— C'est une illusion. Si vous payiez cette taxe en sus de toutes les autres, vous avez raison. Mais si les 100 millions prélevés par cette voie dégrèvent d'autant d'autres impôts, vous reparaissez sur les marchés du dehors avec tous vos avantages, et même avec plus d'avantages, si cet impôt a moins occasionné d'embarras et de dépenses.

— J'y réfléchirai. — Ainsi, voilà le sel, la poste et la douane réglés. Tout est-il fini là?

— À peine je commence.

— De grâce, initiez-moi à vos autres utopies.

— J'avais perdu 60 millions sur le sel et la poste. La douane me les fait retrouver; mais elle me donne quelque chose de plus précieux.

— Et quoi donc, s'il vous plaît?

— Des rapports internationaux fondés sur la justice, et une probabilité de paix qui équivaut à une certitude. Je congédie l'armée.

— L'armée tout entière?

— Excepté les armes spéciales, qui se recruteront volontairement comme toutes les autres professions. Vous le voyez, la conscription est abolie.

— Monsieur, il faut dire le recrutement.

— Ah! j'oubliais. J'admire comme il est aisé, en certains pays, de perpétuer les choses les plus impopulaires en leur donnant un autre nom.

— C'est comme les *droits réunis*, qui sont devenus des *contributions indirectes*.

— Et les gendarmes qui ont pris nom *gardes municipaux.*

— Bref, vous désarmez le pays sur la foi d'une utopie.

— J'ai dit que je licenciais l'armée et non que je désarmais le pays. J'entends lui donner au contraire une force invincible.

— Comment arrangez-vous cet amas de contradictions?

— J'appelle tous les citoyens au service.

— Il valait bien la peine d'en dispenser quelques-uns pour y appeler tout le monde.

— Vous ne m'avez pas fait ministre pour laisser les choses comme elles sont. Aussi, à mon avènement au pouvoir, je dirai comme Richelieu : « Les maximes de l'État sont changées. » Et ma première maxime, celle qui servira de base à mon administration, c'est celle-ci : Tout citoyen doit savoir deux choses : pourvoir à son existence et défendre son pays.

— Il me semble bien, au premier abord, qu'il y a quelque étincelle de bon sens là-dessous.

— En conséquence, je fonde la défense nationale sur une loi en deux articles :

Art. 1er. Tout citoyen valide, sans exception, restera sous les drapeaux pendant quatre années, de 21 à 25 ans, pour y recevoir l'instruction militaire.

— Voilà une belle économie! vous congédiez 400,000 soldats et vous en faites 10 millions.

— Attendez mon second article.

Art. 2. À moins qu'il ne prouve, à 21 ans, savoir parfaitement l'école de peloton.

— Je ne m'attendais pas à cette chute. Il est certain que pour éviter quatre ans de service, il y aurait une terrible émulation, dans notre jeunesse, à apprendre le *par le flanc droit* et *la charge en douze temps.* L'idée est bizarre.

— Elle est mieux que cela. Car enfin, sans jeter la douleur dans les familles, et sans froisser l'égalité, n'assure-t-elle pas au pays, d'une manière simple et peu dispendieuse, 10 millions de défenseurs capables de défier la coalition de toutes les armées permanentes du globe?

— Vraiment, si je n'étais sur mes gardes, je finirais par m'intéresser à vos fantaisies.

L'utopiste s'échauffant : Grâce au ciel, voilà mon budget soulagé de 200 millions! Je supprime l'octroi, je refonds les contributions indirectes, je...

— Eh! monsieur l'utopiste!

L'utopiste s'échauffant de plus en plus : Je proclame la liberté des cultes, la liberté d'enseignement. Nouvelles ressources. J'achète les chemins de fer, je rembourse la dette, j'affame l'agiotage.

— Monsieur l'utopiste!

— Débarrassé de soins trop nombreux, je concentre toutes les forces du gouvernement à réprimer la fraude, distribuer à tous prompte et bonne justice, je...

— Monsieur l'utopiste, vous entreprenez trop de choses, la nation ne vous suivra pas!

— Vous m'avez donné la majorité.

— Je vous la retire.

— À la bonne heure! alors je ne suis plus ministre, et mes plans restent ce qu'ils sont, des utopies.

XII. Le sel, la poste et la douane

67

1846.

On s'attendait, il y a quelques jours, à voir le mécanisme représentatif enfanter un produit tout nouveau et que ses rouages n'étaient pas encore parvenus à élaborer : le *soulagement du contribuable*.

Chacun était attentif : l'expérience était intéressante autant que nouvelle. Les forces aspirantes de cette machine ne donnent d'inquiétude à personne. Elle fonctionne, sous ce rapport, d'une manière admirable, quels que soient le temps, le lieu, la saison et la circonstance.

Mais, quant aux réformes qui tendent à simplifier, égaliser et alléger les charges publiques, nul ne sait encore ce qu'elle peut faire.

On disait : Vous allez voir : voici le moment; c'est l'œuvre des *quatrièmes sessions*, alors que la popularité est bonne à quelque chose. 1842 nous valut les chemins de fer; 1846 va nous donner l'abaissement de la taxe du sel et des lettres; 1850 nous réserve le remaniement des tarifs et des contributions indirectes. La quatrième session, c'est le *jubilé* du contribuable.

Chacun était donc plein d'espoir, et tout semblait favoriser l'expérience. *Le Moniteur* avait annoncé que, de trimestre en trimestre, les sources du revenu vont toujours grossissant; et quel meilleur usage pouvait-on faire de ces rentrées inattendues, que de permettre au villageois un grain de sel de plus pour son eau tiède, une lettre de plus du champ de bataille où se joue la vie de son fils?

Mais qu'est-il arrivé? Comme ces deux matières sucrées qui, dit-on, s'empêchent réciproquement de cristalliser; ou comme ces deux chiens dont la lutte fut si acharnée qu'il n'en resta que les deux queues, les deux réformes se sont entre-dévorées. Il ne nous en reste que les queues, c'est-à-dire force projets de lois, exposés des motifs, rapports, statistiques et annexes, où nous avons la consolation de voir nos

---

67 Tiré du *Journal des Économistes*, n° de mai 1846. (Note de l'éditeur.)

souffrances philanthropiquement appréciées et homœopathiquement calculées. — Quant aux réformes elles-mêmes, elles n'ont pas cristallisé. Il ne sort rien du creuset, et l'expérience a failli.

Bientôt les chimistes se présenteront devant le jury pour expliquer cette déconvenue, et ils diront,

L'un : « J'avais *proposé* la réforme postale; mais la Chambre a voulu dégrever le sel, et j'ai dû la retirer. »

L'autre : « J'avais *voté* le dégrèvement du sel; mais le ministère a proposé la réforme postale, et le vote n'a pas abouti. »

Et le jury, trouvant la raison excellente, recommencera l'épreuve sur les mêmes données, et renverra à l'œuvre les mêmes chimistes.

Ceci nous prouve qu'il pourrait bien y avoir quelque chose de raisonnable, malgré la source, dans la pratique qui s'est introduite depuis un demi-siècle de l'autre côté du détroit, et qui consiste, pour le public, à ne poursuivre qu'une réforme à la fois. C'est long, c'est ennuyeux; mais ça mène à quelque chose.

Nous avons une douzaine de réformes sur le chantier; elles se pressent comme les ombres à la porte de l'oubli, et pas une n'entre.

> *Ohimè! che lasso!*

> *Una a la volta, per carità.*

C'est ce que disait *Jacques Bonhomme* dans un dialogue avec *John Bull* sur la *réforme postale*. Il vaut la peine d'être rapporté.

JACQUES BONHOMME, JOHN BULL.

Jacques Bonhomme. Oh! qui me délivrera de cet ouragan de réformes! J'en ai la tête fendue. Je crois qu'on en invente tous les jours : réforme universitaire, financière, sanitaire, parlementaire; réforme électorale, réforme commerciale, réforme sociale, et voici venir la réforme *postale*!

John Bull. Pour celle-ci, elle est si facile à faire et si utile, comme nous l'éprouvons chez nous, que je me hasarde à vous la conseiller.

Jacques. On dit pourtant que ça a mal tourné en Angleterre, et que votre Échiquier y a laissé dix millions.

John. Qui en ont enfanté cent dans le public.

Jacques. Cela est-il bien certain?

John. Voyez tous les signes par lesquels se manifeste la satisfaction publique. Voyez la nation, Peel et Russel en tête, donner à M. Rowland-Hill, à la façon britannique, des témoignages substantiels de gratitude. Voyez le pauvre peuple ne faire circuler ses lettres qu'après y avoir déposé l'empreinte de ses sentiments au moyen de pains à cacheter qui portent cette devise : *À la réforme postale, le peuple reconnaissant.* Voyez les chefs de la ligue déclarer en plein parlement que, sans elle, il leur eût fallu trente ans pour accomplir leur grande entreprise, pour affranchir la nourriture du pauvre. Voyez les officiers du Board of trade déclarer qu'il est fâcheux que la monnaie anglaise ne se prête pas à une réduction plus radicale encore du port des lettres! Quelles preuves vous faut-il de plus?

Jacques. Oui, mais le Trésor?

John. Est-ce que le Trésor et le public ne sont pas dans la même barque?

Jacques. Pas tout à fait. — Et puis, est-il bien certain que notre système postal ait besoin d'être réformé?

John. C'est là la question. Voyons un peu comment se passent les choses. Que deviennent les lettres qui sont mises à la poste?

Jacques. Oh! c'est un mécanisme d'une simplicité admirable : le directeur ouvre la boîte à une certaine heure, et il en retire, je suppose, cent lettres.

John. Et ensuite?

Jacques. Ensuite il les inspecte l'une après l'autre. Un tableau géographique sous les yeux, et une balance en main, il cherche à quelle catégorie chacune d'elles appartient sous le double rapport de la distance et du poids. Il n'y a que onze zones et autant de degrés de pesanteur.

John. Cela fait bien 121 combinaisons pour chaque lettre.

Jacques. Oui, et il faut doubler ce nombre, parce que la lettre peut appartenir ou ne pas appartenir au *service rural.*

John. C'est donc 24,200 recherches pour les cent lettres. — Que fait ensuite M. le directeur?

Jacques. Il inscrit le poids sur un coin et la taxe au beau milieu de l'adresse, sons la figure d'un hiéroglyphe convenu dans l'administration.

John. Et ensuite?

Jacques. Il timbre; il partage les lettres en dix paquets, selon les bureaux avec lesquels il correspond. Il additionne le total des taxes des dix paquets.

John. Et ensuite?

Jacques. Ensuite il inscrit les dix sommes, en long, sur un registre et, en travers, sur un autre.

John. Et ensuite?

Jacques. Ensuite il écrit une lettre à chacun des dix directeurs correspondants, pour l'informer de l'article de comptabilité qui le concerne.

John. Et si les lettres sont affranchies?

Jacques. Oh! alors j'avoue que le service se complique un peu. Il faut recevoir la lettre, la peser et mesurer, comme devant, toucher le payement et rendre monnaie; choisir parmi trente timbres celui qui convient; constater sur la lettre son numéro d'ordre, son poids et sa taxe; transcrire l'adresse tout entière sur un premier registre, puis sur un second, puis sur un troisième, puis sur un bulletin détaché; envelopper la lettre dans le bulletin, envoyer le tout bien ficelé au directeur correspondant, et relater chacune de ces circonstances dans une douzaine de colonnes choisies parmi cinquante qui bariolent les sommiers.

John. Et tout cela pour 40 centimes!

Jacques. Oui, en moyenne.

John. Je vois qu'en effet le départ est assez simple. Voyons comment les choses se passent à *l'arrivée*.

Jacques. Le directeur ouvre la dépêche.

John. Et après?

Jacques. Il lit les dix avis de ses correspondants.

John. Et après?

Jacques. Il compare le total accusé par chaque avis avec le total qui résulte de chacun des dix paquets de lettres.

John. Et après?

Jacques. Il fait le total des totaux, et sait de quelle somme en bloc il rendra les facteurs responsables.

John. Et après?

Jacques. Après, tableau des distances et balance en main, il vérifie et rectifie la taxe de chaque lettre.

John. Et après?

Jacques. Il inscrit de registre en registre, de colonne en colonne, selon d'innombrables occurrences, les plus trouvés et les moins trouvés.

John. Et après?

Jacques. Il se met en correspondance avec les dix directeurs pour signaler des erreurs de 10 ou 20 centimes.

John. Et après?

Jacques. Il remanie toutes les lettres reçues pour les donner aux facteurs.

John. Et après?

Jacques. Il fait le total des taxes que chaque facteur prend en charge.

John. Et après?

Jacques. Le facteur vérifie; on discute la signification des hiéroglyphes. Le facteur avance la somme, et il part.

John. *Go on.*

Jacques. Le facteur va chez le destinataire; il frappe à la porte, un domestique descend. Il y a six lettres à cette adresse. On additionne les taxes, séparément d'abord, puis en commun. On en trouve pour 2 fr. 70 cent.

John. *Go on.*

Jacques. Le domestique va trouver son maître; celui-ci procède à la vérification des hiéroglyphes. Il prend les 3 pour des 2, et les 9 pour des 4; il a des doutes sur les poids et les distances; bref, il faut faire monter le facteur, et, en l'attendant, il cherche à deviner le signataire des lettres, pensant qu'il serait sage de les refuser.

John. *Go on.*

Jacques. Le facteur arrive et plaide la cause de l'administration. On discute, on examine, on pèse, on mesure; enfin le destinataire reçoit cinq lettres et en rebute une.

John. *Go on.*

Jacques. Il ne s'agit plus que du payement. Le domestique va chez l'épicier chercher de la monnaie. Enfin, au bout de vingt minutes, le facteur est libre et il court recommencer de porte en porte la même cérémonie.

John. *Go on.*

Jacques. Il revient au bureau. Il compte et recompte avec le directeur. Il remet les lettres rebutées et se fait restituer ses avances. Il rend compte des objections des destinataires relativement aux poids et aux distances.

John. *Go on.*

Jacques. Le directeur cherche les registres, les sommiers, les bulletins spéciaux, pour faire ses comptes de *rebuts*.

John. *Go on, if you please.*

Jacques. Et ma foi, je ne suis pas directeur. Nous arriverions ici aux comptes de dizaines, de vingtaines, de fin du mois; aux moyens imaginés, non-seulement pour établir, mais pour contrôler une comptabilité si minutieuse portant sur 50 millions de francs, résultant de taxes moyennes de 43 centimes, et de 116 millions de lettres, chacune desquelles peut appartenir à 242 catégories.

John. Voilà une simplicité très-compliquée. Certes, l'homme qui a résolu ce problème devait avoir cent fois plus de génie que votre M. Piron ou notre Rowland-Hill.

Jacques. Mais vous, qui avez l'air de rire de notre système, expliquez-moi le vôtre.

John. En Angleterre, le gouvernement fait vendre, dans tous les lieux où il le juge utile, des enveloppes et des bandes à un penny pièce.

Jacques. Et après?

John. Vous écrivez, pliez votre lettre en quatre, la mettez dans une de ces enveloppes, la jetez ou l'envoyez à la poste.

Jacques. Et après?

John. Après, tout est dit. Il n'y a ni poids, ni distances, ni *plus trouvés*, ni *moins trouvés*, ni *rebuts*, ni bulletins, ni registres, ni sommiers, ni colonnes, ni comptabilité, ni contrôle, ni monnaie à donner et à recevoir, ni hiéroglyphes, ni discussions et interprétations, ni forcement en recette, etc., etc.

Jacques. Vraiment, cela paraît simple. Mais ce ne l'est-il pas trop? Un enfant comprendrait cela. C'est avec de pareilles réformes qu'on étouffe le génie des grands administrateurs. Pour moi, je tiens à la manière Française. Et puis, votre taxe *uniforme* a le plus grand de tous les défauts. Elle est injuste.

John. Pourquoi donc?

Jacques. Parce qu'il est injuste de faire payer autant pour une lettre qu'on porte au voisinage que pour celle qu'on porte à cent lieues.

John. En tous cas, vous conviendrez que l'injustice est renfermée dans les limites d'un penny.

Jacques. Qu'importe? c'est toujours une injustice.

John. Elle ne peut même jamais s'étendre qu'à un demi-penny, car l'autre moitié est afférente à des frais fixes pour toutes les lettres, quelle que soit la distance.

Jacques. Penny ou demi-penny, il y a toujours là un principe d'injustice.

John. Enfin cette injustice qui, au *maximum*, ne peut aller qu'à un demi-penny dans un cas particulier, s'efface pour chaque citoyen dans l'ensemble de sa correspondance, puisque chacun écrit tantôt au loin, tantôt au voisinage.

Jacques. Je n'en démords pas. L'injustice est atténuée à l'infini si vous voulez, elle est inappréciable, infinitésimale, homœopathique, mais elle existe.

John. L'État vous fait-il payer plus cher le gramme de tabac que vous achetez à la rue de Clichy que celui qu'on vous débite au quai d'Orsay?

Jacques. Quel rapport y a-t-il entre les deux objets de comparaison?

John. C'est que, dans un cas comme dans l'autre, il a fallu faire les frais d'un transport. Il serait juste, mathématiquement, que chaque prise de tabac fût plus chère rue de Clichy qu'au quai d'Orsay de quelque millionième de centime.

Jacques. C'est vrai, il ne faut vouloir que ce qui est possible.

John. Ajoutez que votre système de poste n'est juste qu'en apparence. Deux maisons se trouvent côte à côte, mais l'une en dehors, l'autre en dedans de la zone. La première payera 10 centimes de plus que la seconde, juste autant que coûte en Angleterre le port entier de la lettre. Vous voyez bien que, malgré les apparences, l'injustice se commet chez vous sur une bien plus grande échelle.

Jacques. Cela semble bien vrai. Mon objection ne vaut pas grand'chose, mais reste toujours la perte du revenu.

Ici, je cessai d'entendre les deux interlocuteurs. Il paraît cependant que Jacques Bonhomme fut entièrement converti; car, quelques jours après, le rapport de M. de Vuitry ayant paru, il écrivit la lettre suivante à l'honorable législateur :

J. BONHOMME À M. DE VUITRY, DÉPUTÉ, RAPPORTEUR DE LA COMMISSION CHARGÉE D'EXAMINER LE PROJET DE LOI RELATIF À LA TAXE DES LETTRES.

« Monsieur,

Bien que je n'ignore pas l'extrême défaveur qu'on crée contre soi quand on se fait l'avocat d'une *théorie absolue*, je ne crois pas devoir abandonner la cause de *la taxe unique et réduite au simple remboursement du service rendu.*

En m'adressant à vous, je vous fais beau jeu assurément. D'un côté, un cerveau brûlé, un réformateur de cabinet, qui parle de renverser tout un système brusquement, sans transition; un rêveur qui n'a peut-être pas jeté les yeux sur cette montagne de lois, ordonnances, tableaux, annexes, statistiques qui accompagnent votre rapport; et, pour tout dire en un mot, un *théoricien*! — De l'autre, un législateur grave, prudent, modéré, qui a pesé et comparé, qui ménage les intérêts divers, qui rejette tous les *systèmes*, ou, ce qui revient au même, en compose un de ce qu'il emprunte à tous les autres : certes, l'issue de la lutte ne saurait être douteuse.

Néanmoins, tant que la question est pendante, les convictions ont le droit de se produire. Je sais que la mienne est assez tranchée pour appeler sur les lèvres du lecteur le sourire de la raillerie. Tout ce que j'ose attendre de lui, c'est de me le prodiguer, s'il y a lieu, après et non avant d'avoir écouté mes raisons.

Car enfin, moi aussi, je puis invoquer *l'expérience.* Un grand peuple en a fait l'épreuve. Comment la juge-t-il? On ne nie pas qu'il ne soit habile en ces matières, et son jugement a quelque poids.

Eh bien, il n'y a pas une voix en Angleterre qui ne bénisse la *réforme postale.* J'en ai pour témoin la souscription ouverte en faveur de M. Rowland-Hill; j'en ai pour témoin la manière originale dont le peuple, à ce que me disait John Bull, exprime sa reconnaissance; j'en ai pour témoin cet aveu si souvent réitéré de la Ligue : « Jamais, sans le *penny-postage*, nous n'aurions développé l'opinion publique qui renverse aujourd'hui le système protecteur. » J'en ai pour témoin ce que je lis dans un ouvrage émané d'une plume officielle :

« La taxe des lettres doit être réglée non dans un but de fiscalité, mais dans l'unique objet de couvrir la dépense. »

À quoi M. Mac-Gregor ajoute :

« *Il est vrai que la taxe étant descendue au niveau de notre plus petite monnaie, il n'est pas possible de l'abaisser davantage, quoiqu'elle donne du revenu. Mais ce revenu, qui ira sans cesse grossissant, doit être consacré à améliorer le service et à développer notre système de paquebots sur toutes les mers.* »

Ceci me conduit à examiner la pensée fondamentale de la commission, qui est, au contraire, que la taxe des lettres doit être pour l'État une source de revenus.

Cette pensée domine tout votre rapport, et j'avoue que, sous l'empire de cette préoccupation, vous ne pouviez arriver à rien de grand, à rien de complet; heureux si, en voulant concilier tous les systèmes, vous n'en avez pas combiné les inconvénients divers.

La première question qui se présente est donc celle-ci : La correspondance entre les particuliers est-elle une bonne *matière imposable*?

Je ne remonterai pas aux principes abstraits. Je ne ferai pas remarquer que la société n'étant que la communication des idées, l'objet de tout gouvernement doit être de favoriser et non de contrarier cette communication,

J'examinerai les faits existants.

La longueur totale des routes royales, départementales et vicinales est d'un million de kilomètres; en supposant que chacun a coûté 100,000 francs, cela fait un capital de cent milliards dépensé par l'État pour favoriser la locomotion des choses et des hommes.

Or, je vous le demande, si un de vos honorables collègues proposait à la Chambre un projet de loi ainsi conçu :

« *À partir du 1er janvier 1847, l'État percevra sur tous les voyageurs une taxe calculée, non-seulement pour couvrir les dépenses des routes, mais encore pour faire rentrer dans ses caisses quatre ou cinq fois le montant de cette dépense...* »

Ne trouveriez-vous pas cette proposition antisociale et monstrueuse?

Comment se fait-il que cette pensée de bénéfice, que dis-je? de simple rémunération, ne se soit jamais présentée à l'esprit, quand il s'est agi de la circulation des choses, et qu'elle vous paraisse si naturelle, quand il est question de la circulation des idées?

J'ose dire que cela tient à l'habitude. S'il était question de créer la poste, à coup sûr il paraîtrait monstrueux de l'établir sur le *principe fiscal*.

Et veuillez remarquer qu'ici l'oppression est mieux caractérisée.

Quand l'État a ouvert une route, il ne force personne à s'en servir. (Il le ferait sans doute si l'usage de la route était taxé.) Mais quand la poste royale existe, nul n'a plus la faculté d'écrire par une autre voie, fût-ce à sa mère.

Donc, en principe, la taxe des lettres devrait être *rémunératoire*, et, par ce motif, *uniforme*.

Que si l'on part de cette idée, comment ne pas être émerveillé de la facilité, de la beauté, de la simplicité de la réforme?

La voici tout entière, et, sauf rédaction, formulée en projet de loi :

« *Art. 1er. À partir du 1er janvier 1847, il sera exposé en vente, partout où l'administration le jugera utile, des enveloppes et des bandes timbrées au prix de cinq (ou dix) centimes.*
2. Toute lettre mise dans une de ces enveloppes et ne dépassant pas le poids de 15 grammes, tout journal ou imprimé mis sous une de ces bandes et ne dépassant pas ... grammes, sera porté et remis, sans frais, à son adresse.
3. La comptabilité de la poste est entièrement supprimée.
4. Toute criminalité et pénalité en matière de ports de lettres sont abolies. »

Cela est bien simple, je l'avoue, beaucoup trop simple, et je m'attends à une nuée d'objections.

Mais, à supposer que ce système ait des inconvénients, ce n'est pas la question; il s'agit de savoir si le vôtre n'en a pas de plus grands encore.

Et de bonne foi, peut-il, sous quelque aspect que ce soit (sauf le revenu), supporter un instant la comparaison?

Examinez-les tous les deux; comparez-les sous les rapports de la facilité, de la commodité, de la célérité, de la simplicité, de l'ordre, de l'économie, de la justice, de l'égalité, de la multiplication des affaires, de la satisfaction des sentiments, du développement intellectuel et moral, de la puissance civilisatrice, et dites, la main sur la conscience, s'il est possible d'hésiter un moment.

Je me garderai bien de développer chacune de ces considérations. Je vous donne les en-tête de douze chapitres et laisse le reste en blanc, persuadé que personne n'est mieux en état que vous de les remplir.

Mais, puisqu'il n'y a qu'une seule objection, le revenu, il faut bien que j'en dise un mot.

Vous avez fait un tableau duquel il résulte que la taxe unique, même à 20 centimes, constituerait le Trésor en perte de 22 millions.

À 10 centimes, la perte serait de 28 millions, et à 5 centimes, de 33 millions, hypothèses si effrayantes que vous ne les formulez même pas.

Mais permettez-moi de vous dire que les chiffres, dans votre rapport, dansent avec un peu trop de laisser aller. Dans tous vos tableaux, dans tous vos calculs, vous sous-entendez ces mots : *Toutes choses égales d'ailleurs*. Vous supposez les mêmes frais avec une administration simple qu'avec une administration compliquée; le même nombre de lettres avec la taxe moyenne de 43 qu'avec la taxe unique à 20 cent. Vous vous bornez à cette règle de trois : 87 millions de lettres à 42 cent. 1/2 ont donné tant. Donc, à 20 cent, elles donneraient tant; admettant néanmoins quelques distinctions quand elles sont contraires à la réforme.

Pour évaluer le sacrifice réel du Trésor, il faudrait savoir d'abord ce qu'on économiserait sur le service; ensuite, dans quelle proportion s'augmenterait l'activité de la correspondance. Ne tenons compte que de cette dernière donnée, parce que nous pouvons supposer que l'épargne réalisée sur les frais se réduirait à ceci, que le personnel actuel ferait face à un service plus développé.

Sans doute il n'est pas possible de fixer le chiffre de l'accroissement dans la circulation des lettres; mais, en ces matières, une analogie raisonnable a toujours été admise.

Vous dites vous-même qu'en Angleterre une réduction de 7/8 dans la taxe a amené une augmentation de 360 pour cent dans la correspondance.

Chez nous, l'abaissement à 5 cent, de la taxe qui est actuellement, en moyenne, de 43 cent., constituerait aussi une réduction de 7/8. Il est donc permis d'attendre le même résultat, c'est-à-dire 417 millions de lettres, au lieu de 116 millions.

Mais calculons sur 300 millions.

Y a-t-il exagération à admettre qu'avec une taxe de moitié moindre, nous arriverons à 8 lettres par habitant, quand les Anglais sont parvenus à 13?

Or, 300 millions de lettres à 5 c. donnent...	15	mil.
100 millions de journaux et imprimés à 5 c...	5	
Voyageurs par les malles-postes...	4	
Articles d'argent...	4	
Total des recettes...	28	mil.
La dépense actuelle (qui pourra diminuer) est de...	31	mil.
À déduire celle des paquebots...	5	
Reste sur les dépêches, voyageurs et articles d'argent...	26	mil.
Produit net...	2	
Aujourd'hui le produit net est de...	19	
Perte, ou plutôt réduction de gain...	17	mil.

Maintenant je demande si l'État, qui fait un *sacrifice positif* de 800 millions par an pour faciliter la circulation gratuite des personnes, ne doit pas faire un *sacrifice négatif* de 17 millions pour ne pas *gagner* sur la circulation des idées?

Mais enfin le fisc, je le sais, a ses habitudes; et autant il contracte avec facilité celle de voir grossir les recettes, autant il s'accoutume malaisément à les voir diminuer d'une obole. Il semble qu'il soit pourvu de ces valvules admirables qui, dans notre organisation, laissent le sang affluer dans une direction, mais l'empêchent de rétrograder. Soit. Le fisc est un peu vieux pour que nous puissions changer ses allures. N'espérons donc pas le décider à se dessaisir. Mais que dirait-il, si moi, Jacques Bonhomme, je lui indiquais un moyen simple, facile, commode, essentiellement pratique, de faire un grand bien au pays, sans qu'il lui en coûtât un centime!

La poste donne brut au Trésor...	50	mil.
Le sel...	70	
La douane...	160	
Total *pour* ces trois services...	280	mil.

Eh bien! mettez la taxe des lettres au taux uniforme de 5 cent.

Abaissez la taxe du sel à 10 fr. le quintal, comme la Chambre l'a voté.

Donnez-moi la faculté de modifier le tarif des douanes, en ce sens *qu'il me sera formellement interdit d'élever aucun droit, mais qu'il me sera loisible de les abaisser à mon gré.*

Et moi, Jacques Bonhomme, je vous garantis, non pas 280, mais 300 millions. Deux cents banquiers de France seront mes cautions. Je ne demande pour ma prime que ce que ces trois impôts produiront en sus des 300 millions.

Maintenant ai-je besoin d'énumérer les avantages de ma proposition?

1° Le peuple recueillera tout le bénéfice du *bon marché* dans le prix d'un objet de première nécessité, le sel.

2° Les pères pourront écrire à leurs fils, les mères à leurs filles. Les affections, les sentiments, les épanchements de l'amour et de l'amitié ne seront pas, comme aujourd'hui, refoulés par la main du fisc au fond des cœurs.

3° Porter une lettre d'un ami à un ami ne sera pas inscrit sur nos codes comme une action criminelle.

4° Le commerce refleurira avec la liberté; notre marine marchande se relèvera de son humiliation.

5° Le fisc gagnera d'abord *vingt millions*; ensuite, tout ce que fera affluer vers les autres branches de contributions l'épargne réalisée par chaque citoyen sur le sel, les lettres et sur les objets dont les droits auront été abaissés.

Si ma proposition n'est pas acceptée, que devrai-je en conclure? Pourvu que la compagnie de banquiers que je présente offre des garanties suffisantes, sous quel prétexte pourrait-on rejeter mon offre? Il n'est pas possible d'invoquer *l'équilibre des budgets.* Il sera bien rompu, mais rompu de manière à ce que les recettes excèdent les dépenses. Il ne s'agit pas ici d'une théorie, d'un système, d'une statistique, d'une probabilité, d'une conjecture; c'est une offre, une offre comme celle d'une compagnie qui demande la concession d'un chemin de fer. Le fisc me dit ce qu'il retire de la poste, du sel et de la douane. J'offre de lui donner plus. L'objection ne peut donc pas venir de lui. J'offre de diminuer le tarif du sel, de la poste et de la douane; je m'engage à ne pas l'élever; l'objection ne peut donc pas venir des contribuables. — De qui viendrait-elle donc? — Des monopoleurs? — Reste à savoir si leur voix doit étouffer en France celle de l'État et celle du peuple. Pour nous en assurer, je vous prie de transmettre ma proposition au conseil des ministres.

Jacques Bonhomme. »

« P. S. Voici le texte de mon offre :

Moi, Jacques Bonhomme, représentant une compagnie de banquiers et capitalistes, prête à donner toutes garanties et à déposer tous cautionnements qui seront nécessaires;

Ayant appris que l'État ne tire que 280 millions de la douane, de la poste et du sel, au moyen des droits tels qu'ils sont actuellement fixés;

J'offre de lui donner 300 millions du produit brut de ces trois services;

Même alors qu'il réduirait la taxe du sel de 30 francs à 10 francs;

Même alors qu'il réduirait la taxe des lettres de 42 1/2 cent, en moyenne, à une taxe unique et uniforme de 5 à 10 centimes;

À la seule condition qu'il me sera permis non point d'élever (ce qui me sera formellement interdit), mais d'abaisser, autant que je le voudrai, les droits de douane.

Jacques Bonhomme. »

Mais vous êtes fou, dis-je à Jacques Bonhomme, qui me communiquait sa lettre; vous n'avez jamais rien su prendre avec modération. L'autre jour vous vous récriiez contre l'*ouragan des réformes*, et voilà que vous en réclamez trois, faisant de l'une la condition des deux autres. Vous vous ruinerez. — Soyez tranquille, dit-il, j'ai fait tous mes calculs. Plaise à Dieu qu'ils acceptent! Mais ils n'accepteront pas. — Là-dessus, nous nous quittâmes la tête pleine, lui de chiffres, moi de réflexions, que j'épargne au lecteur.

XIII. Les trois Échevins

Démonstration en quatre tableaux.

(La scène se passe dans l'hôtel de l'échevin Pierre. La fenêtre donne sur un beau parc; trois personnages sont attablés près d'un bon feu.)

Pierre. Ma foi! vive le feu quand Gaster est satisfait. Il faut convenir que c'est une douce chose. Mais, hélas! que de braves gens, comme le *Roi d'Yvetot,*

> *Soufflent, faute de bois,*
> *Dans leurs doigts.*

Malheureuses créatures! le ciel m'inspire une pensée charitable. Vous voyez ces beaux arbres, je les veux abattre et distribuer le bois aux pauvres.

Paul et Jean. Quoi! gratis?

Pierre. Pas précisément. C'en serait bientôt fait de mes bonnes œuvres, si je dissipais ainsi mon bien. J'estime que mon parc vaut vingt mille livres; en l'abattant j'en tirerai bien davantage.

Paul. Erreur. Votre bois sur pied a plus de valeur que celui des forêts voisines, car il rend des services que celui-ci ne peut pas rendre. Abattu, il ne sera bon, comme l'autre, qu'au chauffage, et ne vaudra pas un denier de plus la voie.

Pierre. Oh! oh! Monsieur le théoricien, vous oubliez que je suis, moi, un homme de pratique. Je croyais ma réputation de spéculateur assez bien établie, pour me mettre à l'abri d'être taxé de niaiserie. Pensez-vous que je vais m'amuser à vendre mon bois au prix du bois flotté?

Paul. Il le faudra bien.

Pierre. Innocent! Et si j'empêche le bois flotté d'arriver à Paris?

Paul. Ceci changerait la question. Mais comment vous y prendrez-vous?

Pierre. Voici tout le secret. Vous savez que le bois flotté paie à l'entrée dix sur la voie. Demain je décide que les Échevins à porter le droit à 100, 200, 300 livres, enfin, assez haut pour qu'il n'entre pas de quoi faire une bûche. — Eh! saisissez-vous? — Si le bon peuple ne veut pas crever de froid, il faudra bien qu'il vienne à mon chantier. On se battra pour avoir mon bois, je le vendrai au poids de l'or, et cette charité bien ordonnée me mettra à même d'en faire d'autres.

Paul. Morbleu! la belle invention! elle m'en suggère une autre de même force.

Jean. Voyons, qu'est-ce? La philanthropie est-elle aussi en jeu?

Paul. Comment avez-vous trouvé ce beurre de Normandie?

Jean. Excellent.

Paul. Hé, hé! il me paraissait passable tout à l'heure. Mais ne trouvez-vous pas qu'il prend à la gorge? J'en veux faire de meilleurs à Paris. J'aurai quatre ou cinq cents vaches; je ferai au pauvre peuple une distribution de lait, de beurre et de fromage.

Pierre et Paul. Quoi! charitablement?

Paul. Bah! mettons toujours la charité en avant. C'est une si belle figure que son masque même est un excellent passe-port. Je donnerai mon beurre au peuple, le peuple me donnera son argent. Est-ce que cela s'appelle vendre?

Jean. Non, selon le *Bourgeois gentilhomme*; mais appelez-le comme il vous plaira, vous vous ruinerez. Est-ce que Paris peut lutter avec la Normandie pour l'élève des vaches?

Paul. J'aurai pour moi l'économie du transport.

Jean. Soit. Mais encore, en payant le transport, les Normands sont à même de battre les Parisiens.

Paul. Appelez-vous *battre* quelqu'un, lui livrer les choses à bas prix?

Jean. C'est le mot consacré. Toujours est-il que vous serez battu, vous.

Paul. Oui, comme Don Quichotte. Les coups retomberont sur Sancho. Jean, mon ami, vous oubliez l'*octroi*.

Jean. L'octroi! qu'a-t-il à démêler avec votre beurre?

Paul. Dès demain, je réclame *protection*; je décide la commune à prohiber le beurre de Normandie et de Bretagne. Il faudra bien que le peuple s'en passe, ou qu'il achète le mien, et à mon prix encore.

Jean. Par la sambleu, Messieurs, votre philanthropie m'entraîne.

On apprend à hurler, dit l'autre, avec les loups.

Mon parti est pris. Il ne sera pas dit que je suis Échevin indigne. Pierre, ce feu pétillant a enflammé votre âme; Paul, ce beurre a donné du jeu aux ressorts de votre esprit; eh bien! je sens aussi que cette pièce de salaison stimule mon intelligence. Demain, je vote et fais voter l'exclusion des porcs, morts ou vifs; cela fait, je construis de superbes loges en plein Paris,

Pour l'animal immonde aux Hébreux défendu.

Je me fais porcher et charcutier. Voyons comment le bon peuple lutécien évitera de venir s'approvisionner à ma boutique.

Pierre. Eh, Messieurs, doucement, si vous renchérissez ainsi le beurre et le salé, vous rognez d'avance le profit que j'attendais de mon bois.

Paul. Dame! ma spéculation n'est plus aussi merveilleuse, si vous me rançonnez avec vos bûches et vos jambons.

Jean. Et moi, que gagnerai-je à vous faire surpayer mes saucisses, si vous me faites surpayer les tartines et les falourdes?

Pierre. Eh bien! voilà-t-il que nous allons nous quereller? Unissons-nous plutôt. Faisons-nous des concessions réciproques. D'ailleurs, il n'est pas bon de n'écouter que le vil intérêt; l'humanité est là, ne faut-il pas assurer le chauffage du peuple?

Paul. C'est juste. Et il faut que le peuple ait du beurre à étendre sur son pain.

Jean. Sans doute. Et il faut qu'il puisse mettre du lard dans son pot-au-feu.

Ensemble. En avant la charité! vive la philanthropie! à demain! à demain! nous prenons l'octroi d'assaut.

Pierre. Ah! j'oubliais. Encore un mot : c'est essentiel. Mes amis, dans ce siècle d'égoïsme, le monde est méfiant; et les intentions les plus pures sont souvent mal interprétées. Paul, plaidez pour le bois; Jean, défendez le beurre, et moi je me voue au cochon local. Il est bon de prévenir les soupçons malveillants.

Paul et Jean (*en sortant*). Par ma foi! voilà un habile homme!

DEUXIÈME TABLEAU.

Conseil des échevins.

Paul. Mes chers collègues, il entre tous les jours des masses de bois à Paris, ce qui en fait sortir des masses de numéraire. De ce train, nous sommes tous ruinés en trois ans, et que deviendra le pauvre peuple? (*Bravo!*) Prohibons le bois étranger. — Ce n'est pas pour moi que je parle, car, de tout le bois que je possède, on ne ferait pas un cure-dents. Je suis donc parfaitement désintéressé dans la question. (*Bien, bien!*) Mais voici Pierre qui a un parc, il assurera le chauffage à nos concitoyens, qui ne seront plus sous la dépendance des charbonniers de l'Yonne. Avez-vous jamais songé au danger que nous courons de mourir de froid, s'il prenait fantaisie aux propriétaires des forêts étrangères de ne plus porter de bois à Paris? Prohibons donc le bois. Par là nous préviendrons l'épuisement de notre numéraire, nous créerons l'industrie bûcheronne, et nous ouvrirons à nos ouvriers une nouvelle source de travail et de salaires. (*Applaudissements.*)

Jean. J'appuie la proposition si philanthropique, et surtout, si désintéressée, ainsi qu'il le disait lui-même, de l'honorable préopinant. Il est temps que nous arrêtions cet insolent laissez passer, qui a amené sur notre marché une concurrence effrénée, en sorte qu'il n'est pas une province un peu bien située, pour quelque production que ce soit, qui ne vienne nous *inonder*, nous la vendre à vil prix, et détruire le travail parisien. C'est à l'État à niveler les conditions de production par les droits sagement pondérés, à ne laisser entrer du dehors que ce qui y est plus cher qu'à Paris, et à nous soustraire ainsi à une lutte inégale. Comment, par exemple, veut-on que nous puissions faire du lait et du beurre à Paris, en présence de la Bretagne et de la Normandie? Songez donc, Messieurs, que les Bretons ont la terre à meilleur marché, le foin plus à portée, la main d'œuvre à des conditions plus avantageuses. Le bon sens ne dit-il pas qu'il faut égaliser les chances par un tarif d'octroi protecteur? Je demande que le droit sur le lait et le beurre soit porté à 1,000 p. 100, et plus s'il le faut. Le déjeuner du peuple en sera un peu plus cher, mais aussi comme ses salaires vont hausser! nous verrons s'élever des étables, des laiteries, se multiplier des barates, et se fonder de nouvelles industries. — Ce n'est pas que j'aie le moindre intérêt à ma proposition. Je ne suis pas vacher, ni ne veux l'être. Je suis mû par le seul désir d'être utile aux classes laborieuses. (*Mouvement d'adhésion.*)

Pierre. Je suis heureux de voir dans cette assemblée des hommes d'États aussi purs, aussi éclairés, aussi dévoués aux intérêts du peuple. (Bravos.) J'admire leur abnégation, et je ne saurais mieux faire que d'imiter un si noble exemple. J'appuie leur motion, et j'y ajoute celle de prohiber les porcs du Poitou. Ce n'est pas que je veuille me faire porcher ni charcutier; en ce cas, ma conscience me ferait un devoir de m'abstenir. Mais n'est-il pas honteux, Messieurs, que nous soyons *tributaires* de ces paysans poitevins, qui ont l'audace de venir, jusque sur notre propre marché, s'emparer d'un travail que nous pourrions faire nous-même; qui, après nous avoir inondés de saucisses et de jambons, ne nous prennent peut-être rien en retour? En tout cas, qui nous dit que la balance du commerce n'est pas en leur faveur et que nous ne sommes pas obligés de leur payer un solde en argent? N'est-il pas clair que, si l'industrie poitevine s'implantait à Paris, elle ouvrirait des débouchés assurés au travail parisien? — Et puis, Messieurs, n'est-il pas fort possible, comme le disait si bien M. Lestiboudois[68], que nous achetions le salé poitevin, non pas avec nos revenus, mais avec nos capitaux? Où cela nous mènerait-il? Ne souffrons donc pas que des rivaux avides, cupides, perfides, viennent vendre ici les choses à bon marché, et nous mettre dans l'impossibilité de les faire nous-mêmes. Échevins, Paris nous a donné sa confiance, c'est à nous de la justifier. Le peuple est sans

---

[68] Voy. chap VI de la Ire série des *Sophismes*. (Note de l'éditeur.)

ouvrage, c'est à nous de lui en créer, et si le salé lui coûte un peu plus cher, nous aurons du moins la conscience d'avoir sacrifié nos intérêts à ceux des masses comme tout bon échevin doit faire. (*Tonnerres d'applaudissements.*)

Une voix. J'entends qu'on parle beaucoup du pauvre peuple, mais, sous prétexte de lui donner du travail, on commence par lui enlever ce qui vaut mieux que le travail même, le bois, le beurre et la soupe.

Pierre, Paul et Jean. Aux voix! aux voix! à bas les utopistes, les théoriciens, les généralisateurs. Aux voix! aux voix! (*Les trois propositions sont admises.*)

TROISIÈME TABLEAU.

Vingt ans après.

Le Fils. Père, décidez-vous, il faut quitter Paris. On n'y peut plus vivre. L'ouvrage manque et tout y est cher.

Le Père. Mon enfant, tu ne sais pas ce qu'il en coûte d'abandonner le lieu qui nous a vus naître.

Le Fils. Le pire de tout est d'y périr de misère.

Le Père. Va, mon fils, cherche une terre plus hospitalière. Pour moi je ne m'éloignerai pas de cette fosse, où sont descendus ta mère, tes frères et tes sœurs. Il me tarde d'y trouver enfin, auprès d'eux, le repos qui m'a été refusé dans cette ville de désolation.

Le Fils. Du courage, bon père, nous trouverons du travail à l'étranger, en Poitou, en Normandie, en Bretagne. On dit que toute l'industrie de Paris se transporte peu à peu dans ces contrées lointaines.

Le Père. C'est bien naturel. Ne pouvant plus vendre du bois et des aliments, elles ont cessé d'en produire au delà de leurs besoins; ce qu'elles ont de temps et de capitaux disponibles, elles les consacrent à faire elles-mêmes ce que nous leur fournissions autrefois.

Le Fils. De même qu'à Paris on cesse de faire de beaux meubles et de beaux vêtements, pour planter des arbres, élever des porcs et des vaches. Quoique bien jeune, j'ai vu de vastes magasins, de somptueux quartiers, des quais animés sur ces bords de la Seine, envahis maintenant par des prés et des taillis.

Le Père. Pendant que la province se couvre de villes, Paris se fait campagne. Quelle affreuse révolution! Et il a suffi de trois Échevins égarés, aidés de l'ignorance publique, pour attirer sur nous cette terrible calamité.

Le Fils. Contez-moi cette histoire, mon père.

Le Père. Elle est bien simple. Sous prétexte d'implanter à Paris trois industries nouvelles et de donner ainsi de l'aliment au travail des ouvriers, ces hommes firent prohiber le bois, le beurre et la viande. Ils s'arrogèrent le droit d'en approvisionner leurs concitoyens. Ces objets s'élevèrent d'abord à un prix exorbitant. Personne ne gagnait assez pour s'en procurer, et le petit nombre de ceux qui pouvaient en obtenir, y mettant tous leurs profits, étaient hors d'état d'acheter autre chose; toutes les industries par cette cause s'arrêtèrent à la fois, d'autant plus vite que les provinces n'offraient non plus aucuns débouchés. La misère, la mort, l'émigration commencèrent à dépeupler Paris.

Le Fils. Et quand cela s'arrêtera-t-il?

Le Père. Quand Paris sera devenue une forêt et une prairie.

Le Fils. Les trois Échevins doivent avoir fait une grande fortune?

Le Père. D'abord, ils réalisèrent d'énormes profits; mais à la longue ils ont été enveloppés dans la misère commune.

Le Fils. Comment cela est-il possible?

Le Père. Tu vois cette ruine, c'était un magnifique hôtel entouré d'un beau parc. Si Paris eût continué à progresser, maître Pierre en tirerait plus de rentes qu'il ne vaut aujourd'hui en capital.

Le Fils. Comment cela se peut-il, puisqu'il s'est débarrassé de la concurrence?

Le Père. La concurrence pour vendre a disparu, mais la concurrence pour acheter disparaît aussi tous les jours et continuera de disparaître, jusqu'à ce que Paris soit rase campagne et que le taillis de maître Pierre n'ait plus de valeur qu'une égale superficie de taillis dans la forêt de Bondy. C'est ainsi que le monopole, comme toute injustice, porte en lui-même son propre châtiment.

Le Fils. Cela ne me semble pas bien clair, mais ce qui est incontestable, c'est la décadence de Paris. N'y a-t-il donc aucun moyen de renverser cette mesure unique que Pierre et ses collègues firent adopter il y vingt ans?

Le Père. Je vais te confier mon secret. Je reste à Paris pour cela; j'appellerai le peuple à mon aide. Il dépend de lui de replacer l'octroi sur ses anciennes bases, de le dégager de ce funeste principe qui s'est enté dessus et y a végété comme un fungus parasite.

Le Fils. Vous devez réussir dès le premier jour.

Le Père. Oh! l'œuvre est au contraire difficile et laborieuse. Pierre, Paul et Jean s'entendent à merveille. Ils sont prêts à tout plutôt que laisser entrer le bois, le beurre et la viande à Paris. Ils ont pour eux le peuple même, qui voit clairement le travail que lui donnent les trois industries protégées, qui sait à combien de bûcherons et de vachers elles donnent de l'emploi, mais qui ne peut avoir une idée aussi précise du travail qui se développerait au grand air de la liberté.

Le Fils. Si ce n'est que cela, vous l'éclairerez.

Le Père. Enfant, à ton âge on ne doute de rien. Si j'écris, le peuple ne lira pas; car, pour soutenir sa malheureuse existence, il n'a pas trop de toutes ses heures. Si je parle, les Échevins me fermeront la bouche. Le peuple restera donc longtemps dans son funeste égarement; les partis politiques, qui fondent leurs espérances sur ses passions, s'occuperont moins de dissiper ses préjugés que de les exploiter. J'aurai donc à la fois sur les bras les puissants du jour, le peuple et les partis. Oh! je vois un orage effroyable prêt à fondre sur la tête de l'audacieux qui osera s'élever contre une iniquité si enracinée dans le pays.

Le Fils. Vous aurez pour vous la justice et la vérité.

Le Père. Et ils auront pour eux la force et la calomnie. Encore, si j'étais jeune! mais l'âge et la souffrance ont épuisé mes forces.

Le Fils. Eh bien, père, ce qui vous en reste, consacrez-le au service de la patrie. Commencez cette œuvre d'affranchissement et laissez-moi pour héritage le soin de l'achever.

QUATRIÈME TABLEAU.

L'agitation.

Jacques Bonhomme. Parisiens, demandons la réforme de l'octroi; qu'il soit rendu à sa première destination. Que tout citoyen soit libre d'acheter du bois, du beurre et de la viande où bon lui semble.

Le Peuple. Vive, vive la liberté!

Pierre. Parisiens, ne vous laissez pas séduire à ce mot. Que vous importe la liberté d'acheter, si vous n'en avez pas les moyens? et comment en aurez-vous les moyens, si l'ouvrage vous manque? Paris peut-il produire du bois à aussi bon marché que la forêt de Bondy? de la viande à aussi bas prix que le Poitou? du beurre d'aussi bonnes conditions que la Normandie? Si vous ouvrez la porte à deux battants à ces produits rivaux, que deviendront les vachers, les bûcherons et les charcutiers? Ils ne peuvent se passer de protection.

Le Peuple. Vive, vive la protection!

Jacques. La protection! Mais vous protège-t-on, vous, ouvriers? ne vous faites-vous pas concurrence les uns aux autres? Que les marchands de bois souffrent donc la concurrence à leur tour. Ils n'ont pas le droit d'élever par la loi le prix de leurs bois, à moins qu'il n'élèvent aussi, par la loi, le taux des salaires. N'êtes-vous plus ce peuple amant de l'égalité?

Le Peuple. Vive, vive l'égalité!

Pierre. N'écoutez pas ce factieux. Nous avons élevé le prix du bois, de la viande et du beurre, c'est vrai; mais c'est pour pouvoir donner de bons salaires aux ouvriers. Nous sommes mus par la charité.

Le Peuple. Vive, vive la charité!

Jacques. Faites servir l'octroi, si vous pouvez, à hausser les salaires, ou ne le faites pas servir à renchérir les produits. Les Parisiens ne demandent pas la charité, mais la justice.

Le Peuple. Vive, vive la justice!

Pierre. C'est précisément la cherté des produits qui amènera la cherté des salaires.

Le Peuple. Vive, vive la cherté!

Jacques. Si le beurre est cher, ce n'est pas parce que vous payez chèrement les ouvriers; ce n'est pas même que vous fassiez de grands profits, c'est uniquement parce que Paris est mal placé pour cette industrie, parce que vous avez voulu qu'on fît à la ville ce qu'on doit faire à la campagne, et à la campagne ce qui se faisait à la ville. Le peuple n'a pas plus de travail, seulement il travaille à autre chose. Il n'a plus de salaires, seulement il n'achète plus les choses à aussi bon marché.

Le Peuple. Vive, vive le bon marché!

Pierre. Cet homme vous séduit par ses belles phrases. Posons la question dans toute sa simplicité. N'est-il pas vrai que si nous admettons le beurre, le bois et la viande, nous en serons inondés? nous périrons de pléthore. Il n'y a donc d'autre moyen, pour nous préserver de cette invasion de nouvelle espèce, que de lui fermer la porte, et pour maintenir le prix des choses, que d'en occasionner artificiellement la rareté.

Quelques voix fort rares. Vive, vive la rareté!

Jacques. Posons la question dans toute sa vérité. Entre tous les Parisiens, on ne peut partager que ce qu'il y a dans Paris; s'il y a moins de bois, de viande, de beurre, la part de chacun sera plus petite. Or il y en aura moins, si nous les repoussons que si nous les laissons entrer. Parisiens, il ne peut y avoir abondance pour chacun, qu'autant qu'il y a abondance générale.

Le peuple. Vive, vive l'abondance!

Pierre. Cet homme a beau dire, il ne vous prouvera pas que vous soyez intéressés à subir une concurrence effrénée.

Le peuple. À bas, à bas la concurrence!

Jacques. Cet homme a beau déclamer, il ne vous fera pas goûter à la restriction.

Le peuple. À bas, à bas la restriction!

Pierre. Et moi, je déclare que si l'on prive les pauvres vachers et les porchers de leur gagne-pain, si on les sacrifie à des théories, je ne réponds plus de l'ordre public. Ouvriers, méfiez-vous de cet homme. C'est agent de la perfide Normandie, il va chercher ses inspirations à l'étranger. C'est un traître, il faut le pendre. (*Le peuple garde le silence.*)

Jacques. Parisiens, tout ce que je dis aujourd'hui, je le disais il y a vingt ans, lorsque Pierre s'avisa d'exploiter l'octroi à son profit et à votre préjudice. Je ne suis donc pas un agent des Normands. Pendez-moi si vous voulez, mais cela n'empêchera pas l'oppression d'être oppression. Amis, ce n'est ni Jacques ni Pierre qu'il faut tuer, mais la liberté si elle vous fait peur, ou la restriction si elle vous fait mal.

Le peuple. Ne pendons personne et affranchissons tout le monde.

XIV. Autre chose

69

— Qu'est-ce que la restriction?

— C'est une prohibition partielle.

— Qu'est-ce la prohibition?

— C'est une restriction absolue.

— En sorte que ce que l'on dit de l'une est vrai de l'autre?

— Oui, sauf le degré. Il y a entre elles le même rapport qu'entre l'arc de cercle et le cercle.

— Donc, si la prohibition est mauvaise, la restriction ne saurait être bonne?

— Pas plus que l'arc ne peut être droit si le cercle est courbe.

— Quel est le nom commun à la restriction et à la prohibition?

— Protection.

— Quel est l'effet définitif de la protection?

— D'exiger des hommes *un plus grand travail pour un même résultat*.

— Pourquoi les hommes sont-ils si attachés au régime protecteur?

— Parce que la liberté devant amener un même résultat *pour un moindre travail*, cette diminution apparente de travail les effraie.

— Pourquoi dites-vous *apparente*?

— Parce que tout travail épargné peut être consacré à autre chose.

— À quelle autre chose?

— C'est ce qui ne peut être précisé et n'a pas besoin de l'être.

— Pourquoi?

---

69 Tiré du *Libre-Échange*, n° du 21 mars 1847. (Note de l'éditeur.)

— Parce que, si la somme des satisfactions de la France actuelle pouvait être acquise avec une diminution d'un dixième sur la somme de son travail, nul ne peut préciser quelles satisfactions nouvelles elle voudrait se procurer avec le travail resté disponible. L'un voudrait être mieux vêtu, l'autre mieux nourri, celui-ci mieux instruit, celui-là plus amusé.

— Expliquez-moi le mécanisme et les effets de la protection.

— La chose n'est pas aisée. Avant d'aborder le cas compliqué, il faudrait l'étudier dans le cas le plus simple.

— Prenez le cas le plus simple que vous voudrez.

— Vous rappelez-vous comment s'y prit Robinson, n'ayant pas de scie, pour faire une planche?

— Oui. Il abattit un arbre, et puis avec sa hache taillant la tige à droite et à gauche, il la réduisit à l'épaisseur d'un madrier.

— Et cela lui donna bien du travail?

— Quinze jours pleins.

— Et pendant ce temps de quoi vécut-il?

— De ses provisions.

— Et qu'advint-il à la hache?

— Elle en fut tout émoussée.

— Fort bien. Mais vous ne savez peut-être pas ceci : au moment de donner le premier coup de hache, Robinson aperçut une planche jetée par le flot sur le rivage.

— Oh! l'heureux à-propos! il courut la ramasser?

— Ce fut son premier mouvement; mais il s'arrêta, raisonnant ainsi :

« Si je vais chercher cette planche, il ne m'en coûtera que la fatigue de la porter, le temps de descendre et de remonter la falaise.

Mais si je fais une planche avec ma hache, d'abord je me procurerai du travail pour quinze jours, ensuite j'userai ma hache, ce qui me fournira l'occasion de la réparer, et je dévorerai mes provisions, troisième source de travail, puisqu'il faudra les remplacer. *Or, le travail, c'est la richesse.* Il est clair que je me ruinerais en allant ramasser la planche naufragée. Il m'importe de protéger mon *travail personnel*, et même, à présent que j'y songe, je puis me créer un travail additionnel, en allant repousser du pied cette planche dans la mer! »

— Mais ce raisonnement était absurde!

— Soit. Ce n'en est pas moins celui que fait toute nation qui se *protège* par la prohibition. Elle repousse la planche qui lui est offerte en échange d'un petit travail, afin de se donner un travail plus grand. Il n'y a pas jusqu'au travail du douanier dans lequel elle ne voie un gain. Il est représenté par la peine que se donna Robinson pour aller rendre aux flots le présent qu'ils voulaient lui faire. Considérez la nation comme un être collectif, et vous ne trouverez pas entre son raisonnement et celui de Robinson un atome de différence.

— Robinson ne voyait-il pas que le temps épargné, il le pouvait consacrer à faire *autre chose*?

— Quelle *autre chose*?

— Tant qu'on a devant soi des besoins et du temps, on a toujours *quelque chose* à faire. Je ne suis pas tenu de préciser le travail qu'il pouvait entreprendre.

— Je précise bien celui qui lui aurait échappé.

— Et moi, je soutiens que Robinson, par un aveuglement incroyable, confondait le travail avec son résultat, le but avec les moyens, et je vais vous le prouver…

— Je vous en dispense. Toujours est-il que voilà le système restrictif ou prohibitif dans sa plus simple expression. S'il vous paraît absurde sous cette forme, c'est que les deux qualités de producteur et de consommateur se confondent ici dans le même individu.

— Passez donc à un exemple plus compliqué.

— Volontiers. — À quelque temps de là, Robinson ayant rencontré Vendredi, ils se lièrent et se mirent à travailler en commun. Le matin, ils chassaient pendant six heures et rapportaient quatre paniers de gibier. Le soir, ils jardinaient six heures et obtenaient quatre paniers de légumes.

Un jour une pirogue aborda l'*Île du Désespoir*. Un bel étranger en descendit et fut admis à la table de nos deux solitaires. Il goûta et vanta beaucoup les produits du jardin et, avant de prendre congé de ses hôtes, il leur tint ce langage :

« Généreux insulaires, j'habite une terre beaucoup plus giboyeuse que celle-ci, mais où l'horticulture est inconnue. Il me sera facile de vous apporter tous les soirs quatre paniers de gibier, si vous voulez me céder seulement deux paniers de légumes. »

À ces mots, Robinson et Vendredi s'éloignèrent pour tenir conseil, et le débat qu'ils eurent est trop intéressant pour que je ne le rapporte pas ici in extenso.

Vendredi. — Ami, que t'en semble?

Robinson. — Si nous acceptons, nous sommes ruinés.

V. — Est-ce bien sûr? Calculons.

R. — C'est tout calculé. Écrasés par la concurrence, la chasse est pour nous une industrie perdue.

V. — Qu'importe? si nous avons le gibier.

R. — Théorie! Il ne sera pas le produit de notre travail.

V. — Si fait, morbleu, puisque, pour l'avoir, il faudra donner des légumes!

R. — Alors que gagnerons-nous?

V. — Les quatre paniers de gibier nous coûtent six heures de travail. L'étranger nous les donne contre deux paniers de légumes qui ne nous prennent que trois heures. — C'est donc trois heures qui restent à notre disposition.

R. — Dis donc, qui sont soustraites à notre activité. C'est là précisément notre perte. *Le travail, c'est la richesse*, et si nous perdons un quart de notre temps, nous serons d'un quart moins riches.

V. — Ami, tu fais une méprise énorme. Même gibier, mêmes légumes, et, par-dessus le marché, trois heures disponibles, c'est du progrès, ou il n'y en a pas dans ce monde.

R. — Généralité! Que ferons-nous de ces trois heures?

V. — Nous ferons *autre chose*.

R. — Ah! je t'y prends. Tu ne peux rien préciser. *Autre chose, autre chose*, c'est bientôt dit.

V. — Nous pêcherons, nous embellirons notre case, nous lirons la *Bible*.

R. — Utopie! Est-il bien certain que nous ferons ceci plutôt que cela?

V. — Eh bien, si les besoins nous font défaut, nous nous reposerons. N'est-ce rien que le repos?

R. — Mais quand on se repose, on meurt de faim.

V. — Ami, tu es dans un cercle vicieux. Je te parle d'un repos qui ne retranche rien sur notre gibier ni sur nos légumes. Tu oublies toujours qu'au moyen de notre commerce avec l'étranger, neuf heures de travail nous donneront autant de provisions qu'aujourd'hui douze.

R. — On voit bien que tu n'as pas été élevé en Europe. Tu n'as peut-être jamais lu le *Moniteur industriel*? Il t'aurait appris ceci : « Tout le temps épargné est une perte sèche. Ce n'est pas de manger qui importe, c'est de travailler. Tout ce que nous consommons, si ce n'est pas le produit direct de notre travail, ne compte pas. Veux-tu savoir si tu es riche? Ne regarde pas à tes satisfactions, mais à ta peine. » Voilà ce que le *Moniteur industriel* t'aurait appris. Pour moi, qui ne suis pas un théoricien, je ne vois que la perte de notre chasse.

V. — Quel étrange renversement d'idées! Mais...

R. — Pas de mais. D'ailleurs, il y a des raisons politiques pour repousser les offres intéressées du perfide étranger.

V. — Des raisons politiques!

R. — Oui. D'abord, il ne nous fait ces offres que parce qu'elles lui sont avantageuses.

V. — Tant mieux, puisqu'elles nous le sont aussi.

R. — Ensuite, par ces trocs, nous nous mettrons dans sa dépendance.

V. — Et lui dans la nôtre. Nous aurons besoin de son gibier, lui de nos légumes, et nous vivrons en bonne amitié.

R. — Système! Veux-tu que je te mette sans parole?

V. — Voyons; j'attends encore une bonne raison.

R. — Je suppose que l'étranger apprenne à cultiver un jardin et que son île soit plus fertile que la nôtre. Vois-tu la conséquence?

V. — Oui. Nos relations avec l'étranger cesseront. Il ne nous prendra plus de légumes, puisqu'il en aura chez lui avec moins de peine. Il ne nous apportera plus de gibier, puisque nous n'aurons rien à lui donner en échange, et nous serons justement alors comme tu veux que nous soyons aujourd'hui.

R. — Sauvage imprévoyant! Tu ne vois pas qu'après avoir tué notre chasse en nous inondant de gibier, il tuera notre jardinage en nous inondant de légumes.

V. — Mais ce ne sera jamais qu'autant que nous lui donnerons autre chose, c'est-à-dire que nous trouverons autre chose à produire avec économie de travail pour nous.

R. — *Autre chose, autre chose*! Tu en viens toujours là. Tu es dans le vague, ami *Vendredi*; il n'y a rien de pratique dans tes vues.

La lutte se prolongea longtemps et laissa chacun, ainsi qu'il arrive souvent, dans sa conviction. Cependant, Robinson ayant sur Vendredi un grand ascendant, son avis prévalut, et quand l'étranger vint chercher la réponse, Robinson lui dit :

« — Étranger, pour que votre proposition soit acceptée, il faudrait que nous fussions bien sûrs de deux choses :

La première, que votre île n'est pas plus giboyeuse que la nôtre; car nous ne voulons lutter qu'à *armes égales*.

La seconde, que vous perdrez au marché. Car, comme dans tout échange il y a nécessairement un gagnant et un perdant, nous serions dupes si vous ne l'étiez pas. — Qu'avez-vous à dire? »

« — Rien, dit l'étranger. » Et ayant éclaté de rire, il regagna sa pirogue.

— Le conte ne serait pas mal, si Robinson n'était pas si absurde.

— Il ne l'est pas plus que le comité de la rue Hauteville.

— Oh! c'est bien différent. Vous supposez tantôt un homme seul, tantôt, ce qui revient au même, deux hommes vivant en communauté. Ce n'est pas là notre monde; la séparation des occupations, l'intervention des négociants et du numéraire changent bien la question.

— Cela complique en effet les transactions, mais n'en change pas la nature.

— Quoi! vous voulez comparer le commerce moderne à de simples trocs?

— Le commerce n'est qu'une multitude de trocs; la nature propre du troc est identique à la nature propre du commerce, comme un petit travail est de même nature qu'un grand, comme la gravitation qui pousse un atome est de même nature que celle qui entraîne un monde.

— Ainsi, selon vous, ces raisonnements si faux dans la bouche de Robinson ne le sont pas moins dans la bouche de nos protectionistes?

— Non; seulement l'erreur s'y cache mieux sous la complication des circonstances.

— Eh bien! arrivez donc à un exemple pris dans l'ordre actuel des faits.

— Soit; en France, vu les exigences du climat et des habitudes, le drap est une chose utile. L'essentiel est-il *d'en faire ou d'en avoir*?

— Belle question! pour en avoir, il faut en faire.

— Ce n'est pas indispensable. Pour en avoir, il faut que quelqu'un le fasse, voilà qui est certain; mais il n'est pas d'obligation que ce soit la personne ou le pays qui le consomme, qui le produise. Vous n'avez pas fait celui qui vous habille si bien; la France n'a pas fait le café dont elle déjeune.

— Mais j'ai acheté mon drap, et la France son café.

— Précisément, et avec quoi?

— Avec de l'argent.

— Mais vous n'avez pas fait l'argent, ni la France non plus.

— Nous l'avons acheté.

— Avec quoi?

— Avec nos produits qui sont allés au Pérou.

— C'est donc en réalité votre travail que vous échangez contre du drap, et le travail français qui s'est échangé contre du café.

— Assurément.

— Il n'est donc pas de nécessité rigoureuse de faire ce qu'on consomme?

— Non, si l'on fait autre chose que l'on donne en échange.

— En d'autres termes, la France a deux moyens de se procurer une quantité donnée de drap. Le premier, c'est de le faire; le second, c'est de faire *autre chose*, et de troquer *cette autre chose* à l'étranger contre du drap. De ces deux moyens, quel est le meilleur?

— Je ne sais pas trop.

— N'est-ce pas celui qui, pour un travail déterminé, donne une plus grande quantité de drap?

— Il semble bien.

— Et lequel vaut mieux, pour une nation, d'avoir le choix entre ces deux moyens ou que la loi lui en interdise un, au risque de tomber justement sur le meilleur?

— Il me paraît qu'il vaut mieux pour elle avoir le choix, d'autant qu'en ces matières elle choisit toujours bien.

— La loi, qui prohibe le drap étranger, décide donc que si la France veut avoir du drap, il faut qu'elle le fasse *en nature*, et qu'il lui est interdit de faire cette *autre chose* avec laquelle elle pourrait acheter du drap étranger?

— Il est vrai.

— Et comme elle oblige à faire le drap et défend de faire *l'autre chose*, précisément parce que cette autre chose exigerait moins de travail (sans quoi elle n'aurait pas besoin de s'en mêler), elle décrète donc virtuellement que, par un travail déterminé, la France n'aura qu'un mètre de drap en le faisant, quand, pour le même travail, elle en aurait eu deux mètres en faisant *l'autre chose*.

— Mais, pour Dieu! quelle *autre chose*?

— Eh! pour Dieu! qu'importe? ayant le choix, elle ne fera *autre chose* qu'autant qu'il y ait quelque *autre chose* à faire.

— C'est possible; mais, je me préoccupe toujours de l'idée que l'étranger nous envoie du drap et ne nous prenne pas l'autre chose, auquel cas nous serions bien attrapés. En tout cas, voici l'objection, même à votre point de vue. Vous convenez que la France fera cette autre chose à échanger contre du drap, avec moins de travail que si elle eût fait le drap lui-même.

— Sans doute.

— Il y aura donc une certaine quantité de son travail frappée d'inertie.

— Oui, mais sans qu'elle soit moins bien vêtue, petite circonstance qui fait toute la méprise. Robinson la perdait de vue; nos protectionistes ne la voient pas ou la dissimulent. La planche naufragée frappait aussi d'inertie, pour quinze jours, le travail de Robinson, en tant qu'appliqué à faire une planche, mais s'en l'en priver. Distinguez donc entre ces deux espèces de diminution de travail, celle qui a pour effet la *privation* et celle qui a pour cause la *satisfaction*. Ces deux choses sont fort différentes et, si vous les assimilez, vous raisonnez comme Robinson. Dans les cas les plus compliqués, comme dans les cas les plus simples, le sophisme consiste en ceci : *Juger de l'utilité du travail par sa durée et son intensité, et non par ses résultats*; ce qui conduit à cette police économique : *Réduire les résultats du travail dans le but d'en augmenter la durée et l'intensité*[70].

---

[70] Voy. chap. ii et iii de la 1re série des *Sophismes* et le chap. vi des *Harmonies*. (Note de l'éditeur.)

XV. Le petit arsenal du libre-échangiste

71

— Si l'on vous dit : Il n'y a point de principes absolus. La prohibition peut être mauvaise et la restriction bonne.

Répondez : La restriction *prohibe* tout ce qu'elle empêche d'entrer.

— Si l'on vous dit : L'agriculture est la mère nourricière du pays.

Répondez : Ce qui nourrit le pays, ce n'est précisément pas l'agriculture, mais le blé.

— Si l'on vous dit : La base de l'alimentation du peuple, c'est l'agriculture.

Répondez : La base de l'alimentation du peuple, c'est le *blé*. Voilà pourquoi une loi qui fait obtenir, par du travail agricole, *deux* hectolitres de blé, aux dépens de quatre hectolitres qu'aurait obtenus, sans elle, un même travail industriel, loin d'être une loi d'alimentation, est une loi d'inanition.

— Si l'on vous dit : La restriction à l'entrée du blé étranger induit à plus de culture et, par conséquent, à plus de production intérieure.

Répondez : Elle induit à semer sur les roches des montagnes et sur les sables de la mer. Traire une vache et traire toujours donne plus de lait; car qui peut dire le moment où l'on n'obtiendra plus une goutte? Mais la goutte coûte cher.

— Si l'on vous dit : Que le pain soit cher, et l'agriculteur devenu riche enrichira l'industriel.

Répondez : Le pain est cher quand il y en a peu, ce qui ne peut faire que des pauvres, ou, si vous voulez, des riches *affamés*.

— Si l'on insiste, disant : Quand le pain renchérit, les salaires s'élèvent.

Répondez en montrant, en avril 1847, les cinq sixièmes des ouvriers à l'aumône.

---

[71] Tiré du *Libre-Échange*, n° du 26 avril 1847. (Note de l'éditeur.)

— Si l'on vous dit : Les profits des ouvriers doivent suivre la cherté de la subsistance.

Répondez : Cela revient à dire que, dans un navire sans provisions, tout le monde a autant de biscuit, qu'il y en ait ou qu'il n'y en ait pas.

— Si l'on vous dit : Il faut assurer un bon salaire à celui qui vend du blé.

Répondez : Soit; mais alors, il faut assurer un bon salaire à celui qui l'achète.

— Si l'on vous dit : Les propriétaires, qui font la loi, ont élevé le prix du pain sans s'occuper des salaires, parce qu'ils savent que, quand le pain renchérit, les salaires haussent *tout naturellement*.

Répondez : Sur ce principe, quand les ouvriers feront la loi, ne les blâmez pas, s'ils fixent un bon taux des salaires, sans s'occuper de protéger le blé, car ils savent que, si les salaires sont élevés, les substances renchérissent *tout naturellement*.

— Si l'on vous dit : Que faut-il donc faire?

Répondez : Être juste envers tout le monde.

— Si l'on vous dit : Il est essentiel qu'un grand pays ait l'industrie du fer.

Répondez : ce qui est plus essentiel, c'est que ce grand pays *ait du fer*.

— Si l'on vous dit : Il est indispensable qu'un grand pays ait l'industrie du drap.

Répondez : Ce qui est plus indispensable, c'est que, dans ce grand pays, les citoyens ait du drap.

— Si l'on vous dit : Le travail c'est la richesse.

Répondez : C'est faux.

Et, par voie de développement, ajoutez : Une saignée n'est pas la santé; et la preuve qu'elle n'est pas la santé, c'est qu'elle a pour but de la rendre.

— Si l'on vous dit : Forcer les hommes à labourer des roches et à tirer une once de fer d'un quintal de minerai, c'est accroître leur travail et par suite leur richesse.

Répondez : Forcer les hommes à creuser des puits en leur interdisant l'eau de la rivière, c'est accroître leur travail inutile, mais non leur richesse.

— Si l'on vous dit : Le soleil donne sa chaleur et sa lumière sans rémunération.

Répondez : Tant mieux pour moi, il ne m'en coûte rien pour voir clair.

— Et si l'on vous réplique : L'industrie, en général, perd ce que vous auriez payé pour l'éclairage.

Ripostez : Non; car n'ayant rien payé au soleil, ce qu'il m'épargne me sert à payer des habits, des meubles et des bougies.

— De même si l'on vous dit : Ces coquins d'Anglais ont des capitaux amortis.

Répondez : Tant mieux pour nous, ils ne nous feront pas payer l'intérêt.

— Si l'on vous dit : Ces perfides Anglais trouvent le fer et la houille au même gîte.

Répondez : Tant mieux pour nous, ils ne nous feront rien payer pour les rapprocher.

— Si l'on vous dit : Les Suisses ont de gras pâturages qui coûtent peu.

Répondez : L'avantage est pour nous, car ils nous demanderont une moindre quantité de travail pour fournir des moteurs à notre agriculture et des aliments à nos estomacs.

— Si l'on vous dit : Les terres de Crimée n'ont pas de valeur et ne paient pas de taxes.

Répondez : Le profit est pour nous qui achetons du blé exempt de ces charges.

— Si l'on vous dit : Les serfs de Pologne travaillent sans salaire.

Répondez : Le malheur est pour eux et le profit pour nous, puisque leur travail est déduit du prix du blé que leurs maîtres nous vendent.

— Enfin, si l'on vous dit : Les autres nations ont sur nous une foule d'avantages.

Répondez : Par l'échange, elles sont bien forcées de nous y faire participer.

— Si l'on vous dit : Avec la liberté, nous allons être inondés de pain, de bœuf à la mode, de houille et de paletots.

Répondez : Nous n'aurons ni faim ni froid.

— Si l'on vous dit : Avec quoi paierons-nous?

Répondez : Que cela ne vous inquiète pas. Si nous sommes inondés, c'est que nous aurons pu payer, et si nous ne pouvons pas payer, nous ne serons pas inondés.

— Si l'on vous dit : J'admettrais le libre-échange, si l'étranger, en nous portant un produit, nous en prenait un autre; mais il emportera notre numéraire.

Répondez : Le numéraire, pas plus que le café, ne pousse dans les champs de la Beauce, et ne sort des ateliers d'Elbeuf. Pour nous, payer l'étranger avec du numéraire, c'est comme le payer avec du café.

— Si l'on vous dit : Mangez de la viande.

Répondez : Laissez-la entrer.

— Si l'on vous dit, comme la *Presse* : Quand on n'a pas de quoi acheter du pain, il faut acheter du bœuf.

Répondez : Conseil aussi judicieux que celui de M. Vautour à son locataire :

> *Quand on n'a pas de quoi payer son terme,*
> *Il faut avoir une maison à soi.*

— Si l'on vous dit, comme la *Presse* : L'État doit enseigner au peuple pourquoi et comment il faut manger du bœuf.

Répondez : Que l'État laisse seulement entrer le bœuf, et quant à le manger, le peuple le plus civilisé du monde est assez grand garçon pour l'apprendre sans maître.

— Si l'on vous dit : L'État doit tout savoir et tout prévoir pour diriger le peuple, et le peuple n'a qu'à se laisser diriger.

Répondez : Y a-t-il un État en dehors du peuple et une prévoyance humaine en dehors de l'humanité? Archimède aurait pu répéter tous les jours de sa vie : Avec un levier et un point d'appui, je remuerai le monde, qu'il ne l'aurait pas pour cela remué, faute de point d'appui et de levier. — Le point d'appui de l'État, c'est la nation, et rien de plus insensé que de fonder tant d'espérances sur l'État, c'est-à-dire de supposer la science et la prévoyance collectives, après avoir posé en fait l'imbécillité et l'imprévoyance individuelles.

— Si l'on vous dit : Mon Dieu! je ne demande pas de faveur, mais seulement un droit sur le blé et la viande, qui compense les lourdes taxes auxquelles la France est assujettie; un simple petit droit égal à ce que ces taxes ajoutent au prix de revient de mon blé.

Répondez : Mille pardons, mais moi aussi je paie des taxes. Si donc la protection, que vous vous votez à vous-même, a cet effet de grever pour moi votre blé tout juste de votre quote-part aux taxes, votre doucereuse demande ne tend à rien moins qu'à établir entre nous cet arrangement par vous formulé : « Attendu que les charges publiques sont pesantes, moi, vendeur de blé, je ne paierai rien du tout, et toi, mon voisin l'acheteur, tu paieras deux parts, savoir : la tienne et la mienne. » Marchand de blé, mon voisin, tu peux avoir pour toi la force; mais à coup sûr, tu n'as pas pour toi la raison.

— Si l'on vous dit : Il est pourtant bien dur pour moi, qui paie des taxes, de lutter sur mon propre marché, avec l'étranger qui n'en paie pas.

Répondez :

1° D'abord, ce n'est pas votre marché, mais *notre* marché. Moi, qui vis de blé et qui le paie, je dois être compté pour quelque chose;

2° Peu d'étrangers, par le temps qui court, sont exempts de taxes;

3° Si la taxe que vous votez vous rend, en routes, canaux, sécurité, etc., plus qu'elle ne vous coûte, vous n'êtes pas justifiés de repousser, à mes dépens, la concurrence d'étrangers qui ne paient pas la taxe, mais n'ont pas non plus la sécurité, les routes, les canaux. Autant vaudrait dire : Je demande un droit compensateur, parce que j'ai de plus beaux habits, de plus forts chevaux, de meilleures charrues que le laboureur russe;

4° Si la taxe ne rend pas ce qu'elle coûte, ne la votez pas;

5° Et en définitive, après avoir voté la taxe, vous plaît-il de vous y soustraire? Imaginez un système qui la rejette sur l'étranger. Mais le tarif fait retomber votre quote-part sur moi, qui ai déjà bien assez de la mienne.

— Si l'on vous dit : Chez les Russes, la liberté du commerce est nécessaire *pour échanger leurs produits avec avantage*. (Opinion de M. Thiers dans les bureaux, avril 1847.)

Répondez : La liberté est nécessaire partout et par le même motif.

— Si l'on vous dit : Chaque pays a ses besoins. C'est d'après cela qu'*il faut agir*. (M. Thiers.)

Répondez : C'est d'après cela qu'il *agit de lui-même* quand on ne l'en empêche pas.

— Si l'on vous dit : Puisque nous n'avons pas de tôles, il faut en permettre l'introduction. (M. Thiers.)

Répondez : Grand merci.

— Si l'on vous dit : Il faut du fret à la marine marchande. Le défaut de chargement au retour fait que notre marine ne peut lutter contre la marine étrangère. (M. Thiers.)

Répondez : Quand on veut tout faire chez soi, on ne peut avoir de fret ni à l'aller ni au retour. Il est aussi absurde de vouloir une marine avec le régime prohibitif, qu'il le serait de vouloir des charrettes là où l'on aurait défendu tous transports.

— Si l'on vous dit : À supposer que la protection soit injuste, tout s'est arrangé là-dessus; il y a des capitaux engagés, des droits acquis; on ne peut sortir de là sans souffrance.

Répondez : Toute injustice profite à quelqu'un (excepté, peut-être, la restriction qui à la longue ne profite à personne); arguer du dérangement que la cessation de l'injustice occasionne à celui qui en profite, c'est dire qu'une injustice, par cela seul qu'elle a existé un moment, doit être éternelle.

XVI. La main droite et la main gauche

(Rapport au roi.)

Sire,

Quand on voit ces hommes du *Libre-Échange* répandre audacieusement leur doctrine, soutenir que le droit d'acheter et de vendre est impliqué dans le droit de propriété (insolence que M. Billault a relevée en vrai avocat), il est permis de concevoir de sérieuses alarmes sur le sort du *travail national*; car que feront les Français de leurs bras et de leur intelligence quand ils seront libres?

L'administration que vous avez honorée de votre confiance a dû se préoccuper d'une situation aussi grave, et chercher dans sa sagesse une protection qu'on puisse substituer à celle qui parait compromise. − Elle vous propose d'interdire à vos fidèles sujets l'usage de la main droite.

Sire, ne nous faites pas l'injure de penser que nous avons adopté légèrement une mesure qui, au premier aspect, peut paraître bizarre. L'étude approfondie du régime protecteur nous a révélé ce syllogisme, sur lequel il repose tout entier :

Plus on travaille, plus on est riche;

Plus on a de difficultés à vaincre, plus on travaille;

Ergo, plus on a de difficultés à vaincre, plus on est riche.

Qu'est-ce, en effet, que la *protection*, sinon une application ingénieuse de ce raisonnement en forme, et si serré qu'il résisterait à la subtilité de M. Billault lui-même?

Personnifions le pays. Considérons-le comme un être collectif aux trente millions de bouches, et, par une conséquence naturelle, aux soixante millions de bras. Le voilà qui fait une pendule, qu'il prétend troquer en Belgique contre dix quintaux de fer. − Mais nous lui disons : Fais le fer

---

72 Tiré du Libre-Échange, n° du 13 décembre 1846. (Note de l'éditeur.)

~ 242 ~

toi-même. — Je ne le puis, répond-il, cela me prendrait trop de temps, je n'en ferais pas cinq quintaux pendant que je fais une pendule. — Utopiste! répliquons-nous, c'est pour cela même que nous te défendons de faire la pendule et t'ordonnons de faire le fer. Ne vois-tu pas que nous te créons du travail?

Sire, il n'aura pas échappé à votre sagacité que c'est absolument comme si nous disions au pays : *Travaille de la main gauche et non de la droite.*

Créer des obstacles pour fournir au travail l'occasion de se développer, tel est le principe de la *restriction* qui se meurt. C'est aussi le principe de la *restriction* qui va naître. Sire, réglementer ainsi, ce n'est pas innover, c'est persévérer.

Quant à l'efficacité de la mesure, elle est incontestable. Il est malaisé, beaucoup plus malaisé qu'on ne pense, d'exécuter de la main gauche ce qu'on avait coutume de faire de la droite. Vous vous en convaincrez, Sire, si vous daignez condescendre à expérimenter notre système sur un acte qui vous soit familier, comme, par exemple, celui de brouiller des cartes. Nous pouvons donc nous flatter d'ouvrir au travail une carrière illimitée.

Quand les ouvriers de toute sorte seront réduits à leur main gauche, représentons-nous, Sire, le nombre immense qu'il en faudra pour faire face à l'ensemble de la consommation actuelle, en la supposant invariable, ce que nous faisons toujours quand nous comparons entre eux des systèmes de production opposés. Une demande si prodigieuse de main-d'œuvre ne peut manquer de déterminer une hausse considérable des salaires, et le paupérisme disparaîtra du pays comme par enchantement.

Sire, votre cœur paternel se réjouira de penser que les bienfaits de l'ordonnance s'étendront aussi sur cette intéressante portion de la grande famille dont le sort excite toute votre sollicitude. Quelle est la destinée des femmes en France? Le sexe le plus audacieux et le plus endurci aux fatigues les chasse insensiblement de toutes les carrières.

Autrefois elles avaient la ressource des bureaux de loterie. Ils ont été fermés par une philanthropie impitoyable; et sous quel prétexte? « Pour épargner disait-elle, le denier du pauvre. » Hélas! Le pauvre a-t-il jamais obtenu, d'une pièce de monnaie, des jouissances aussi douces et aussi innocentes que celle que renfermait pour lui l'urne mystérieuse de la Fortune? Sevré de toutes les douceurs de la vie, quand il mettait, de quinzaine en quinzaine, le prix d'une journée de travail sur un *quaterne*[73] *sec*, combien d'heures délicieuses n'introduisait-il pas au sein de sa famille? L'espérance avait toujours sa place au foyer domestique. La mansarde se peuplait d'illusions : la femme se promettait d'éclipser ses voisines par l'éclat de sa mise, le fils se voyait tambour-major, la fille se sentait entraînée vers l'autel au bras de son fiancé.

C'est quelque chose encore que de faire un beau rêve!

Oh! La loterie, c'était la poésie du pauvre, et nous l'avons laissée échapper!

La loterie défunte, quels moyens avons-nous de pourvoir nos protégées? Le tabac et la poste.

Le tabac à la bonne heure; il progresse, grâce au ciel et aux habitudes distinguées que d'augustes exemples ont su, fort habilement, faire prévaloir parmi notre élégante jeunesse.

Mais la poste!... Nous n'en dirons rien, elle fera l'objet d'un rapport spécial.

Sauf donc le tabac, que reste-t-il à vos sujettes? Rien que la broderie, le tricot et la couture, tristes ressources qu'une science barbare, la mécanique, restreint de plus en plus.

Mais sitôt que votre ordonnance aura paru, sitôt que les mains droites seront coupées ou attachées, tout va changer de face. Vingt fois, trente fois plus de brodeuses, lisseuses et repasseuses, lingères, couturières et chemisières ne suffiront pas à la consommation (honni soit qui mal y pense) du royaume; toujours en la supposant invariable, selon notre manière de raisonner.

Il est vrai que cette supposition pourra être contestée par de froids théoriciens, car les robes seront plus chères et les chemises aussi. Autant ils en disent du fer, que la France tire de nos mines, comparé à celui

---

[73] 1. Combinaison de quatre numéros pris ensemble à la loterie et sortis ensemble. 2. Gros gain survenu par coup de fortune. (NDE)

qu'elle pourrait vendanger sur nos coteaux. Cet argument n'est donc pas plus recevable contre la *gaucherie* que contre la *protection*; car cette cherté même est le résultat et le signe de l'excédant d'efforts et de travaux qui est justement la base sur laquelle, dans un cas comme dans l'autre, nous prétendons fonder la prospérité de la classe ouvrière.

Oui, nous nous faisons un touchant tableau de la prospérité de l'industrie couturière. Quel mouvement! quelle activité! quelle vie! Chaque robe occupera cent doigts au lieu de dix. Il n'y aura plus une jeune fille oisive, et nous n'avons pas besoin. Sire, de signaler à votre perspicacité les conséquences morales de cette grande révolution. Non-seulement il y aura plus de filles occupées, mais chacune d'elles gagnera davantage, car elles ne pourront suffire à la demande; et si la concurrence se montre encore, ce ne sera plus entre les ouvrières qui font les robes, mais entre les belles dames qui les portent.

Vous le voyez, Sire, notre proposition n'est pas seulement conforme aux traditions économiques du gouvernement, elle est encore essentiellement morale et démocratique.

Pour apprécier ses effets, supposons-la réalisée, transportons-nous par la pensée dans l'avenir; imaginons le système en action depuis vingt ans. L'oisiveté est bannie du pays; l'aisance et la concorde, le contentement et la moralité ont pénétré avec le travail dans toutes les familles; plus de misère, plus de prostitution. La main gauche étant fort gauche à la besogne, l'ouvrage surabonde et la rémunération est satisfaisante. Tout s'est arrangé là-dessus; les ateliers se sont peuplés en conséquence. N'est-il pas vrai, Sire, que si, tout à coup, des utopistes venaient réclamer la liberté de la main droite, ils jetteraient l'alarme dans le pays? N'est-il pas vrai que cette prétendue réforme bouleverserait toutes les existences? Donc notre système est bon, puisqu'on ne le pourrait détruire sans douleurs.

Et cependant, nous avons le triste pressentiment qu'un jour il se formera (tant est grande la perversité humaine!) une association pour la liberté des mains droites.

Il nous semble déjà entendre les libre-dextéristes tenir, à la salle Montesquieu, ce langage :

« Peuple, tu te crois plus riche parce qu'on l'a ôté l'usage d'une main; tu ne vois que le surcroît de travail qui t'en revient. Mais regarde donc aussi la cherté qui en résulte, le décroissement forcé de toutes les consommations. Cette mesure n'a pas rendu plus abondante la source des salaires, le capital. Les eaux qui coulent de ce grand réservoir sont dirigées vers d'autres canaux, leur volume n'est pas augmenté, et le résultat définitif est, pour la nation en masse, une déperdition de bien-être égale à tout ce que des millions de mains droites peuvent produire de plus qu'un égal nombre de mains gauches. Donc, liguons-nous, et, au prix de quelques dérangements inévitables, conquérons le droit de travailler de toutes mains. »

Heureusement, Sire, il se formera une *association pour la défense du travail par la main gauche*, et les *Sinistristes* n'auront pas de peine à réduire à néant toutes ces généralités et idéalités, suppositions et abstractions, rêveries et utopies. Ils n'auront qu'à exhumer le *Moniteur industriel* de 1846 : ils y trouveront, contre la *liberté des échanges*, des arguments tout faits, qui pulvérisent si merveilleusement la *liberté de la main droite*, qu'il leur suffira de substituer un mot à l'autre.

« La ligue parisienne pour la liberté du commerce ne doutait pas du concours des ouvriers. Mais les ouvriers ne sont plus des hommes que l'on mène par le bout du nez. Ils ont les yeux ouverts et ils savent mieux l'économie politique que nos professeurs patentés... La *liberté du commerce*, ont-ils répondu, nous enlèverait notre travail, et le travail c'est notre propriété réelle, grande, souveraine : *avec le travail, avec beaucoup de travail, le prix des marchandises n'est jamais inaccessible.* Mais sans travail, le pain ne coûtât-il qu'un sou la livre, l'ouvrier est forcé de mourir de faim. Or, vos doctrines, au lieu d'augmenter la somme actuelle du travail en France, la diminueront, c'est-à-dire que vous nous réduirez à la misère. » (Numéro du 13 octobre 1846.) »

« Quand il y a trop de marchandises à vendre, leur prix s'abaisse à la vérité; mais comme le salaire diminue quand la marchandise perd de sa valeur, il en résulte qu'au lieu d'être en état d'acheter, nous ne pouvons plus rien acheter. C'est donc quand la marchandise est à vil prix que l'ouvrier est le plus malheureux. » (Gauthier de Rumilly, *Moniteur industriel* du 17 novembre.)

Il ne sera pas mal que les *Sinistristes* entremêlent quelques menaces dans leurs belles théories. En voici le modèle :

« Quoi! vouloir substituer le travail de la main droite à celui de la main gauche et amener ainsi l'abaissement forcé, sinon l'anéantissement du salaire, seule ressource de presque toute la nation!

Et cela au moment où des récoltes incomplètes imposent déjà de pénibles sacrifices à l'ouvrier, l'inquiètent sur son avenir, le rendent plus accessible aux mauvais conseils et prêt à sortir de cette conduite si sage qu'il a tenue jusqu'ici! »

Nous avons la confiance, Sire, que, grâce à des raisonnements si savants, si la lutte s'engage, la main gauche en sortira victorieuse.

Peut-être se formera-t-il aussi une association, dans le but de rechercher si la main droite et la main gauche n'ont pas tort toutes deux, et s'il n'y a point entre elles une troisième main, afin de tout concilier.

Après avoir peint les *Dextéristes* comme séduits par la *libéralité apparente d'un principe dont l'expérience n'a pas encore vérifié l'exactitude*, et les *Sinistristes* comme se cantonnant dans des positions acquises :

« Et l'on nie, dira-t-elle, qu'il y ait un troisième parti à prendre au milieu du conflit! et l'on ne voit pas que les ouvriers ont à se défendre à la fois et contre ceux qui ne veulent rien changer à la situation actuelle, parce qu'ils y trouvent avantage, et contre ceux qui rêvent un bouleversement économique dont ils n'ont calculé ni l'étendue ni la portée! » (*National* du 16 octobre.)

Nous ne voulons pourtant pas dissimuler à Votre Majesté, Sire, que notre projet a un côté vulnérable. On pourra nous dire : Dans vingt ans, toutes les mains gauches seront aussi habiles que le sont maintenant les mains droites, et vous ne pourrez plus compter sur la gaucherie pour accroître le travail national.

À cela, nous répondons que, selon de doctes médecins, la partie gauche du corps humain a une faiblesse naturelle tout à fait rassurante pour l'avenir du travail.

Et, après tout, consentez, Sire, à signer l'ordonnance, et un grand principe aura prévalu : *Toute richesse provient de l'intensité du travail.* Il nous sera facile d'en étendre et varier les applications. Nous décréterons, par exemple, qu'il ne sera plus permis de travailler qu'avec le pied. Cela n'est pas plus impossible (puisque cela s'est vu) que d'extraire du fer des vases de la Seine. On a vu même des hommes écrire avec le dos. Vous voyez, Sire, que les moyens d'accroître le travail national ne nous manqueront pas. En désespoir de cause, il nous resterait la ressource illimitée des amputations.

Enfin, Sire, si ce rapport n'était destiné à la publicité, nous appellerions votre attention sur la grande influence que tous les systèmes analogues à celui que nous vous soumettons sont de nature à donner aux hommes du pouvoir. Mais c'est une matière que nous nous réservons de traiter en conseil privé.

XVII. Domination par le travail

« De même qu'en temps de guerre on arrive à la domination par la supériorité des armes, peut-on, en temps de paix, arriver à la domination par la supériorité du travail ? »

Cette question est du plus haut intérêt, à une époque où on ne paraît pas mettre en doute que, dans le champ de l'industrie, comme sur le champ de bataille, *le plus fort écrase le plus faible.*

Pour qu'il en soit ainsi, il faut que l'on ait découvert, entre le travail qui s'exerce sur les choses et la violence qui s'exerce sur les hommes, une triste et décourageante analogie; car comment ces deux sortes d'actions seraient-elles identiques dans leurs effets, si elles étaient opposées par leur nature?

Et s'il est vrai qu'en industrie comme en guerre, la domination est le résultat nécessaire de la supériorité, qu'avons-nous à nous occuper de progrès, d'économie sociale, puisque nous sommes dans un monde où tout a été arrangé de telle sorte, par la Providence, qu'un même effet, l'oppression, sort fatalement des principes les plus opposés?

À propos de la politique toute nouvelle où la liberté commerciale entraîne l'Angleterre; beaucoup de personnes font cette objection qui préoccupe, j'en conviens, les esprits les plus sincères : « L'Angleterre fait-elle autre chose que poursuivre le même but par un autre moyen? N'aspire-t-elle pas toujours à l'universelle suprématie? Sûre de la supériorité de ses capitaux et de son travail, n'appelle-t-elle pas la libre concurrence pour étouffer l'industrie du continent, régner en souveraine, et conquérir le privilège de nourrir et vêtir les peuples ruinés? »

Il me serait facile de démontrer que ces alarmes sont chimériques; que notre prétendue infériorité est de beaucoup exagérée; qu'il n'est aucune de nos grandes industries qui, non-seulement ne résiste, mais encore ne se développe sous l'action de la concurrence extérieure, et que son effet

---

74 Tiré du *Libre-Échange*, n° du 14 février 1847. (Note de l'éditeur.)

infaillible est d'amener un accroissement de consommation générale, capable d'absorber à la fois les produits du dehors et ceux du dedans.

Aujourd'hui je veux attaquer l'objection de front, lui laissant toute sa force et tout l'avantage du terrain qu'elle a choisi. Mettant de côté les Anglais et les Français, je rechercherai, d'une manière générale, si, alors même que, par sa supériorité dans une branche d'industrie, un peuple vient à étouffer l'industrie similaire d'un autre peuple, celui-là a fait un pas vers la domination et celui-ci vers la dépendance; en d'autres termes, si tous deux ne gagnent pas dans l'opération, et si ce n'est pas le vaincu qui y gagne davantage.

Si l'on ne voit dans un produit que l'*occasion d'un travail*, il est certain que les alarmes des protectionistes sont fondées. À ne considérer le fer, par exemple, que dans ses rapports avec les maîtres de forges, on pourrait craindre que la concurrence d'un pays, où il serait un don gratuit de la nature, n'éteignît les hauts fourneaux dans un autre pays où il y aurait rareté de minerai et de combustible.

Mais est-ce là une vue complète du sujet? Le fer n'a-t-il des rapports qu'avec ceux qui le font? est-il étranger à ceux qui l'emploient? sa destination définitive, unique, est-elle d'être produit? et, s'il est utile, non à cause du travail dont il est l'occasion, mais à raison des qualités qu'il possède, des nombreux services auxquels sa dureté, sa malléabilité le rendent propre, ne s'ensuit-il pas que l'étranger ne peut en réduire le prix, même au point d'en empêcher la production chez nous, sans nous faire plus de bien, sous ce dernier rapport, qu'il ne nous fait de mal sous le premier?

Qu'on veuille bien considérer qu'il est une foule de choses que les étrangers, par les avantages naturels dont ils sont entourés, nous empêchent de produire directement, et à l'égard desquelles nous sommes placés, en réalité, dans la position hypothétique que nous examinons quant au fer. Nous ne produisons chez nous ni le thé, ni le café, ni l'or, ni l'argent. Est-ce à dire que notre travail en masse en est diminué? Non; seulement, pour créer la contre-valeur de ces choses, pour les acquérir par voie d'échange, nous détachons de notre travail général une portion *moins grande* qu'il n'en faudrait pour les produire nous-mêmes. Il nous en reste plus à consacrer à d'autres satisfactions.

Nous sommes plus riches, plus forts d'autant. Tout ce qu'a pu faire la rivalité extérieure, même dans les cas où elle nous interdit d'une manière absolue une forme déterminée de travail, c'est de l'économiser, d'accroître notre puissance productive. Est-ce là, pour l'étranger, le chemin de la *domination*?

Si l'on trouvait en France une mine d'or, il ne s'ensuit pas que nous eussions intérêt à l'exploiter. Il est même certain que l'entreprise devrait être négligée, si chaque once d'or absorbait plus de notre travail qu'une once d'or achetée au Mexique avec du drap. En ce cas, il vaudrait mieux continuer à voir nos mines dans nos métiers. — Ce qui est vrai de l'or l'est du fer.

L'illusion provient de ce qu'on ne voit pas une chose. C'est que la supériorité étrangère n'empêche jamais le travail national que sous une forme déterminée, et ne le rend superflu sous cette forme qu'en mettant à notre disposition le résultat même du travail ainsi anéanti. Si les hommes vivaient dans des cloches, sous une couche d'eau, et qu'ils dussent se pourvoir d'air par l'action de la pompe, il y aurait là une source immense de travail. Porter atteinte à ce travail, *en laissant les hommes dans cette condition*, ce serait leur infliger un effroyable dommage. Mais si le travail ne cesse que parce que la nécessité n'y est plus, parce que les hommes sont placés dans un autre milieu, où l'air est mis, sans effort, en contact avec leurs poumons, alors la perte de ce travail n'est nullement regrettable, si ce n'est aux yeux de ceux qui s'obstinent à n'apprécier, dans le travail, que le travail même.

C'est là précisément cette nature de travail qu'anéantissent graduellement les machines, la liberté commerciale, le progrès en tout genre; non le travail utile, mais le travail devenu superflu, surnuméraire, sans objet, sans résultat. Par contre, la protection le remet en œuvre; elle nous replace sous la couche d'eau, pour nous fournir l'occasion de pomper; elle nous force à demander l'or à la mine nationale inaccessible, plutôt qu'à nos métiers nationaux. Tout son effet est dans ce mot : *déperdition de forces*.

On comprend que je parle ici des effets généraux, et non des froissements temporaires qu'occasionne le passage d'un mauvais système à un bon. Un dérangement momentané accompagne nécessairement tout progrès. Ce peut être une raison pour adoucir la transition; ce n'en est pas une pour interdire systématiquement tout progrès, encore moins pour le méconnaître.

On nous représente l'industrie comme une lutte. Cela n'est pas vrai, ou cela n'est vrai que si l'on se borne à considérer chaque industrie dans ses effets, sur une autre industrie similaire, en les isolant toutes deux, par la pensée, du reste de l'humanité. Mais il y a autre chose; il y a les effets sur la consommation, sur le bien-être général.

Voilà pourquoi il n'est pas permis d'assimiler, comme on le fait, le travail à la guerre.

Dans la guerre, *le plus fort accable le plus faible*.

Dans le travail, *le plus fort communique de la force au plus faible*. Cela détruit radicalement l'analogie.

Les Anglais ont beau être forts et habiles, avoir des capitaux énormes et *amortis*, disposer de deux grandes puissances de production, le fer et le feu; tout cela se traduit en *bon marché* du produit. Et qui gagne au bon marché du produit? Celui qui l'achète.

Il n'est pas en leur puissance d'anéantir d'une manière absolue une portion quelconque de notre travail. Tout ce qu'ils peuvent faire, c'est de le rendre superflu pour un résultat acquis, de donner l'air en même temps qu'ils suppriment la pompe, d'accroître ainsi notre force disponible, et de rendre, chose remarquable, leur prétendue domination d'autant plus impossible que leur supériorité serait plus incontestable.

Ainsi nous arrivons, par une démonstration rigoureuse et consolante, à cette conclusion, que le *travail* et la *violence*, si opposés par leur nature, ne le sont pas moins, quoi qu'en disent protectionistes et socialistes, par leurs effets.

Il nous a suffi pour cela de distinguer entre du travail *anéanti* et du travail *économisé*.

Avoir moins de fer *parce qu'on* travaille moins, ou avoir plus de fer quoiqu'on travaille moins, ce sont choses plus que différentes; elles sont opposées. Les protectionistes les confondent, nous ne les confondons pas. Voilà tout.

Qu'on se persuade bien une chose. Si les Anglais mettent en œuvre beaucoup d'activité, de travail de capitaux, d'intelligence, de forces naturelles, ce n'est pas pour nos beaux yeux. C'est pour se donner à eux-mêmes beaucoup de satisfactons, en échange de leurs produits. Ils veulent certainement recevoir au moins autant qu'ils donnent, *et ils fabriquent chez eux le paiement de ce qu'ils achètent ailleurs.* Si donc ils nous inondent de leurs produits, c'est qu'ils entendent être inondés des nôtres. Dans ce cas, le meilleur moyen d'en avoir beaucoup pour nous-mêmes, c'est d'être libres de choisir, pour l'acquisition, entre ces deux procédés : production immédiate, production médiate. Tout le machiavélisme britannique ne nous fera pas faire un mauvais choix.

Cessons donc d'assimiler puérilement la concurrence industrielle à la guerre; fausse assimilation qui tire tout ce qu'elle a de spécieux de ce qu'on isole deux industries rivales pour juger les effets de la concurrence. Sitôt qu'on fait entrer en ligne de compte l'effet produit sur le bien-être général, l'analogie disparaît.

Dans une bataille, celui qui est tué est bien tué, et l'armée est affaiblie d'autant. En industrie, une usine ne succombe qu'autant que l'ensemble du travail national remplace ce qu'elle produisait, *avec un excédant.* Imaginons un état de choses où, pour un homme resté sur le carreau, il en ressuscite deux pleins de force et de vigueur. S'il est une planète où les choses se passent ainsi, il faut convenir que la guerre s'y fait, dans des conditions si différentes de ce que nous la voyons ici-bas, qu'elle n'en mérite pas même le nom.

Or, c'est là le caractère distinctif de ce qu'on a nommé si mal à propos *guerre industrielle.*

Que les Belges et les Anglais baissent le prix de leur fer, s'ils le peuvent, qu'ils le baissent encore et toujours, jusqu'à l'anéantir. Ils peuvent bien par là éteindre un de nos hauts fourneaux, tuer un de nos soldats; mais je les défie d'empêcher qu'aussitôt, et par une conséquence nécessaire de ce bon marché lui-même, mille autres industries ne ressuscitent, ne se développent, plus profitables que l'industrie mise hors de combat.

Concluons que la domination par le travail est impossible et contradictoire, puisque toute supériorité qui se manifeste chez un peuple se traduit en bon marché et n'aboutit qu'à communiquer de la force à tous les autres. Bannissons de l'économie politique toutes ces expressions empruntées au vocabulaire des batailles : *Lutter à armes égales, vaincre, écraser, étouffer, être battu, invasion, tribut.* Que signifient ces locutions? Pressez-les, et il n'en sort rien... Nous nous trompons, il en sort d'absurdes erreurs et de funestes préjugés. Ce sont ces mots qui arrêtent la fusion des peuples, leur pacifique, universelle, indissoluble alliance, et le progrès de l'humanité!

FIN

www.ingramcontent.com/pod-product-compliance
Lightning Source LLC
Chambersburg PA
CBHW060007210326
41520CB00009B/846